I0211716

DINAMARQUÊS

VOCABULÁRIO

PORTUGUÊS BRASILEIRO

PORTUGUÊS
DINAMARQUÊS

Para alargar o seu léxico e apurar
as suas competências linguísticas

9000 palavras

Vocabulário Português Brasileiro-Dinamarquês - 9000 palavras
Por Andrey Taranov

Os vocabulários da T&P Books destinam-se a ajudar a aprender, a memorizar, e a rever palavras estrangeiras. O dicionário é dividido em temas, cobrindo todas as principais esferas de atividades quotidianas, negócios, ciência, cultura, etc.

O processo de aprendizagem, utilizando os dicionários baseados em temáticas da T&P Books dá-lhe as seguintes vantagens:

* Informação de origem corretamente agrupada predetermina o sucesso em fases subsequentes da memorização de palavras
* Disponibilização de palavras derivadas da mesma raiz, o que permite a memorização de unidades de texto (em vez de palavras separadas)
* Pequenas unidades de palavras facilitam o processo de estabelecimento de vínculos associativos necessários para a consolidação do vocabulário
* O nível de conhecimento da língua pode ser estimado pelo número de palavras aprendidas

T&P Books Publishing
www.tpbooks.com

ISBN: 978-1-78767-278-9

Este livro também está disponível em formato E-book.
Por favor visite www.tpbooks.com ou as principais livrarias on-line.

VOCABULÁRIO DINAMARQUÊS
palavras mais úteis

Os vocabulários da T&P Books destinam-se a ajudar a aprender, a memorizar, e a rever palavras estrangeiras. O vocabulário contém mais de 9000 palavras de uso comum organizadas tematicamente.

O vocabulário contém as palavras mais comummente usadas
Recomendado como adicional para qualquer curso de línguas
Satisfaz as necessidades dos iniciados e dos alunos avançados de línguas estrangeiras
Conveniente para o uso diário, sessões de revisão e atividades de auto-teste
Permite avaliar o seu vocabulário

Características especias do vocabulário

- As palavras estão organizadas de acordo com o seu significado, e não por ordem alfabética
- As palavras são apresentadas em três colunas para facilitar os processos de revisão e auto-teste
- As palavras compostas são divididas em pequenos blocos para facilitar o processo de aprendizagem
- O vocabulário oferece uma transcrição simples e adequada de cada palavra estrangeira

O vocabulário contém 256 tópicos incluindo:

Conceitos básicos, Números, Cores, Meses, Estações do ano, Unidades de medida, Roupas & Acessórios, Alimentos & Nutrição, Restaurante, Membros da Família, Parentes, Caráter, Sentimentos, Emoções, Doenças, Cidade, Passeios, Compras, Dinheiro, Casa, Lar, Escritório, Trabalho no Escritório, Importação & Exportação, Marketing, Pesquisa de Emprego, Esportes, Educação, Computador, Internet, Ferramentas, Natureza, Países, Nacionalidades e muito mais ...

TABELA DE CONTEÚDOS

GUIA DE PRONUNCIAÇÃO

Letra	Exemplo Dinamarquês	Alfabeto fonético T&P	Exemplo Português
Aa	Afrika, kompas	[æ], [ɑ], [ɑ:]	semana
Bb	barberblad	[b]	barril
Cc	cafe, creme	[k]	aquilo
Cc ¹	koncert	[s]	sanita
Dd	direktør	[d]	dentista
Dd ²	facade	[ð]	[z] - fricativa dental sonora não-sibilante
Ee	belgier	[e], [ə]	mover
Ee ³	elevator	[ɛ]	mesquita
Ff	familie	[f]	safári
Gg	mango	[g]	gosto
Hh	høne, knurhår	[h]	[h] aspirada
Ii	kolibri	[i], [i:]	sinônimo
Jj	legetøj	[j]	Vietnã
Kk	leksikon	[k]	aquilo
Ll	leopard	[l]	libra
Mm	marmor	[m]	magnólia
Nn	natur, navn	[n]	natureza
ng	omfang	[ŋ]	alcançar
nk	punktum	[ŋ]	alcançar
Oo	fortov	[o], [ɔ]	noite
Pp	planteolie	[p]	presente
Qq	sequoia	[k]	aquilo
Rr	seriøs	[ʁ]	[r] vibrante
Ss	selskab	[s]	sanita
Tt	strøm, trappe	[t]	tulipa
Uu	blæksprutte	[u:]	blusa
Vv	børnehave	[ʋ]	fava
Ww	whisky	[w]	página web
Xx	Luxembourg	[ks]	perplexo
Yy	lykke	[y], [ø]	trabalho
Zz	Venezuela	[s]	sanita
Ææ	ærter	[ɛ], [ɛ:]	mover
Øø	grønsager	[ø], [œ]	milhões
Åå	åbent, afgå	[ɔ], [ɔ:]	fava

11

Comentários

[1] antes de e, i
[2] depois de uma vogal acentuada
[3] no início de palavras

ABREVIATURAS
usadas no vocabulário

Abreviaturas do Português

adj	-	adjetivo
adv	-	advérbio
anim.	-	animado
conj.	-	conjunção
desp.	-	esporte
etc.	-	Etcetera
ex.	-	por exemplo
f	-	nome feminino
f pl	-	feminino plural
fem.	-	feminino
inanim.	-	inanimado
m	-	nome masculino
m pl	-	masculino plural
m, f	-	masculino, feminino
masc.	-	masculino
mat.	-	matemática
mil.	-	militar
pl	-	plural
prep.	-	preposição
pron.	-	pronome
sb.	-	sobre
sing.	-	singular
v aux	-	verbo auxiliar
vi	-	verbo intransitivo
vi, vt	-	verbo intransitivo, transitivo
vr	-	verbo reflexivo
vt	-	verbo transitivo

Abreviaturas do Dinamarquês

f	-	gênero comum
f pl	-	gênero comum plural
i	-	neutro
i pl	-	neutro plural
i, f	-	neutro, gênero comum
ngn.	-	alguém
pl	-	plural

CONCEITOS BÁSICOS

Conceitos básicos. Parte 1

1. Pronomes

eu	jeg	['jɑj]
você	du	[du]
ele	han	['han]
ela	hun	['hun]
ele, ela (neutro)	den, det	['dɘn], [de]
nós	vi	['vi]
vocês	I	[i]
eles, elas	de	['di]

2. Cumprimentos. Saudações. Despedidas

Oi!	Hej!	['hɑj]
Olá!	Hallo! Goddag!	[ha'lo], [go'dæˀ]
Bom dia!	Godmorgen!	[go'mɒːɒn]
Boa tarde!	Goddag!	[go'dæˀ]
Boa noite!	Godaften!	[go'aftɘn]
cumprimentar (vt)	at hilse	[ʌ 'hilsə]
Oi!	Hej!	['hɑj]
saudação (f)	hilsen (f)	['hilsɘn]
saudar (vt)	at hilse	[ʌ 'hilsə]
Como você está?	Hvordan har De det?	[vɒ'dan ha di de]
Como vai?	Hvordan går det?	[vɒ'dan gɒː de]
E aí, novidades?	Hvad nyt?	['vað 'nyt]
Tchau!	Farvel!	[fa'vɛl]
Até logo!	Hej hej!	['hɑj 'hɑj]
Até breve!	Hej så længe!	['hɑj sʌ 'lɛŋə]
Adeus!	Farvel!	[fa'vɛl]
despedir-se (dizer adeus)	at sige farvel	[ʌ 'siː fa'vɛl]
Até mais!	Hej hej!	['hɑj 'hɑj]
Obrigado! -a!	Tak!	['tak]
Muito obrigado! -a!	Mange tak!	['mɑŋə 'tak]
De nada	Velbekomme	['vɛlbɘ'kʌmˀə]
Não tem de quê	Det var så lidt!	[de vaˀ sʌ let]
Não foi nada!	Det var så lidt!	[de vaˀ sʌ let]
Desculpa!	Undskyld, ...	['ɔnˌskylˀ, ...]
Desculpe!	Undskyld mig, ...	['ɔnˌskylˀ mɑj, ...]

desculpar (vt)	at undskylde	[ʌ 'ɔnˌskyl'ə]
desculpar-se (vr)	at undskylde sig	[ʌ 'ɔnˌskyl'ə sɑj]
Me desculpe	Om forladelse	[ʌm fʌ'læ'ðəlsə]
Desculpe!	Undskyld mig!	['ɔnˌskyl' mɑj]
perdoar (vt)	at tilgive	[ʌ 'telˌgi']
Não faz mal	Det gør ikke noget	[de 'gɶɡ 'ekə 'nɔːəð]
por favor	værsgo	['væɡ'sgo']
Não se esqueça!	Husk!	['husk]
Com certeza!	Selvfølgelig!	[sɛl'føljəli]
Claro que não!	Naturligvis ikke!	[na'tuɡ'li'vi's 'ekə]
Está bem! De acordo!	OK! Jeg er enig!	[ɔw'kɛj], ['jɑj 'æɡ 'eːni]
Chega!	Så er det nok!	['sʌ æɡ de 'nʌk]

3. Como se dirigir a alguém

Desculpe ...	Undskyld, ...	['ɔnˌskyl', ...]
senhor	herre, hr.	['hæɡʌ], [hæɡ]
senhora	frue, fr.	['fɤuːə], [fɤu]
senhorita	frøken	['fɤɶ'kən]
jovem	ung mand	['ɔŋ' 'man']
menino	lille dreng	['lilə 'dɤaŋ']
menina	frøken	['fɤɶ'kən]

4. Números cardinais. Parte 1

zero	nul	['nɔl]
um	en	['en]
dois	to	['to']
três	tre	['tɤɛ']
quatro	fire	['fi'ʌ]
cinco	fem	['fɛm']
seis	seks	['sɛks]
sete	syv	['syw']
oito	otte	['ɔːtə]
nove	ni	['ni']
dez	ti	['ti']
onze	elleve	['ɛlvə]
doze	tolv	['tʌl']
treze	tretten	['tɤatən]
catorze	fjorten	['fjoɡtən]
quinze	femten	['fɛmtən]
dezesseis	seksten	['sɑjstən]
dezessete	sytten	['søtən]
dezoito	atten	['atən]
dezenove	nitten	['netən]
vinte	tyve	['tyːvə]
vinte e um	enogtyve	['eːnʌˌtyːvə]

15

vinte e dois	toogtyve	['to:ʌˌty:və]
vinte e três	treogtyve	['tʁɛ:ʌˌty:və]
trinta	tredive	['tʁaðvə]
trinta e um	enogtredive	['e:nʌˌtʁaðvə]
trinta e dois	toogtredive	['to:ʌˌtʁaðvə]
trinta e três	treogtredive	['tʁɛ:ʌˌtʁaðvə]
quarenta	fyrre	['fœɐ̯ʌ]
quarenta e um	enogfyrre	['e:nʌˌfœɐ̯ʌ]
quarenta e dois	toogfyrre	['to:ʌˌfœɐ̯ʌ]
quarenta e três	treogfyrre	['tʁɛ:ʌˌfœɐ̯ʌ]
cinquenta	halvtreds	[hal'tʁɛs]
cinquenta e um	enoghalvtreds	['e:nʌ halˌtʁɛs]
cinquenta e dois	tooghalvtreds	['to:ʌ halˌtʁɛs]
cinquenta e três	treoghalvtreds	['tʁɛ:ʌ halˌtʁɛs]
sessenta	tres	['tʁɛs]
sessenta e um	enogtres	['e:nʌˌtʁɛs]
sessenta e dois	toogtres	['to:ʌˌtʁɛs]
sessenta e três	treogtres	['tʁɛ:ʌˌtʁɛs]
setenta	halvfjerds	[hal'fjæɐ̯s]
setenta e um	enoghalvfjerds	['e:nʌ hal'fjæɐ̯s]
setenta e dois	tooghalvfjerds	['to:ʌ hal'fjæɐ̯s]
setenta e três	treoghalvfjerds	['tʁɛ:ʌ hal'fjæɐ̯s]
oitenta	firs	['fiɐ̯ˀs]
oitenta e um	enogfirs	['e:nʌˌ'fiɐ̯ˀs]
oitenta e dois	toogfirs	['to:ʌˌfiɐ̯ˀs]
oitenta e três	treogfirs	['tʁɛ:ʌˌfiɐ̯ˀs]
noventa	halvfems	[hal'fɛmˀs]
noventa e um	enoghalvfems	['e:nʌ halˌfɛmˀs]
noventa e dois	tooghalvfems	['to:ʌ halˌfɛmˀs]
noventa e três	treoghalvfems	['tʁɛ:ʌ halˌfɛmˀs]

5. Números cardinais. Parte 2

cem	hundrede	['hunʌðə]
duzentos	tohundrede	['tɔwˌhunʌðə]
trezentos	trehundrede	['tʁɛˌhunʌðə]
quatrocentos	firehundrede	['fiɐ̯ˌhunʌðə]
quinhentos	femhundrede	['fɛmˌhunʌðə]
seiscentos	sekshundrede	['sɛksˌhunʌðə]
setecentos	syvhundrede	['sywˌhunʌðə]
oitocentos	ottehundrede	['ɔ:təˌhunʌðə]
novecentos	nihundrede	['niˌhunʌðə]
mil	tusind	['tuˀsən]
dois mil	totusind	['toˌtuˀsən]
três mil	tretusind	['tʁɛˌtuˀsən]

16

dez mil	titusind	['ti̩tu'sən]
cem mil	hundredetusind	['hunʌðə̩tu'sən]
um milhão	million (f)	[mili'o'n]
um bilhão	milliard (f)	[mili'ɑ'd]

6. Números ordinais

primeiro (adj)	første	['fœɐ̯stə]
segundo (adj)	anden	['anən]
terceiro (adj)	tredje	['tʁɛðjə]
quarto (adj)	fjerde	['fjɛːʌ]
quinto (adj)	femte	['fɛmtə]

sexto (adj)	sjette	['ɕɛːtə]
sétimo (adj)	syvende	['syw'ənə]
oitavo (adj)	ottende	['ʌtənə]
nono (adj)	niende	['ni'ənə]
décimo (adj)	tiende	['ti'ənə]

7. Números. Frações

fração (f)	brøk (f)	['bʁœ'k]
um meio	en halv	[en 'hal']
um terço	en tredjedel	[en 'tʁɛðjə̩de'l]
um quarto	en fjerdedel	[en 'fjɛːʌ̩de'l]

um oitavo	en ottendedel	[en 'ʌtənə̩de'l]
um décimo	en tiendedel	[en 'tiənə̩de'l]
dois terços	to tredjedele	['to: 'tʁɛðjə̩deːlə]
três quartos	tre fjerdedele	['tʁɛ: 'fjɛːʌ̩de'lə]

8. Números. Operações básicas

subtração (f)	subtraktion (f)	[subtʁak'ɕo'n]
subtrair (vi, vt)	at subtrahere	[ʌ subtʁɑ'he'ʌ]
divisão (f)	division (f)	[divi'ɕo'n]
dividir (vt)	at dividere	[ʌ divi'de'ʌ]

adição (f)	addition (f)	[adi'ɕo'n]
somar (vt)	at addere	[ʌ a'de'ʌ]
adicionar (vt)	at addere	[ʌ a'de'ʌ]
multiplicação (f)	multiplikation (f)	[multiplika'ɕo'n]
multiplicar (vt)	at multiplicere	[ʌ multipli'se'ʌ]

9. Números. Diversos

algarismo, dígito (m)	ciffer (i)	['sifʌ]
número (m)	tal (i)	['tal]

numeral (m)	talord (i)	['tal͜ˌoˀg̊]
menos (m)	minus (i)	['miːnus]
mais (m)	plus (i)	['plus]
fórmula (f)	formel (f)	['fɒˀməl]

cálculo (m)	beregning (f)	[be'ʁɑjˀnen]
contar (vt)	at tælle	[ʌ 'tɛlə]
calcular (vt)	at tælle op	[ʌ 'tɛlə 'ʌp]
comparar (vt)	at sammenligne	[ʌ 'samənˌliˀnə]

| Quanto? | Hvor meget? | [vɒˀ 'maɑð] |
| Quantos? -as? | Hvor mange? | [vɒˀ 'maŋə] |

soma (f)	sum (f)	['sɔmˀ]
resultado (m)	resultat (i)	[ʁɛsul'tæˀt]
resto (m)	rest (f)	['ʁast]

alguns, algumas …	nogle få …	['noːlə fɔˀ …]
poucos, poucas	få, ikke mange	['fɔˀ], ['ekə 'maŋə]
um pouco de …	lidt	['let]
resto (m)	øvrig (i)	['øwʁi]
um e meio	halvanden	[hal'anən]
dúzia (f)	dusin (i)	[du'siˀn]

ao meio	i to halvdele	[i 'toː 'haldeːlə]
em partes iguais	jævnt	['jɛwˀnt]
metade (f)	halvdel (f)	['haldeˀl]
vez (f)	gang (f)	['gaŋˀ]

10. Os verbos mais importantes. Parte 1

abrir (vt)	at åbne	[ʌ 'ɔːbnə]
acabar, terminar (vt)	at slutte	[ʌ 'slutə]
aconselhar (vt)	at råde	[ʌ 'ʁɔːðə]
adivinhar (vt)	at gætte	[ʌ 'gɛtə]
advertir (vt)	at advare	[ʌ 'aðˌvaˀa]

ajudar (vt)	at hjælpe	[ʌ 'jɛlpə]
almoçar (vi)	at spise frokost	[ʌ 'spiːsə 'fʁɔkʌst]
alugar (~ um apartamento)	at leje	[ʌ 'lajə]
amar (pessoa)	at elske	[ʌ 'ɛlskə]
ameaçar (vt)	at true	[ʌ 'tʁuːə]

anotar (escrever)	at skrive ned	[ʌ 'skʁiːvə 'neðˀ]
apressar-se (vr)	at skynde sig	[ʌ 'skønə saj]
arrepender-se (vr)	at beklage	[ʌ be'klæˀjə]
assinar (vt)	at underskrive	[ʌ 'ɔnʌˌskʁiˀvə]
brincar (vi)	at spøge	[ʌ 'spøːjə]

brincar, jogar (vi, vt)	at lege	[ʌ 'lajə]
buscar (vt)	at søge …	[ʌ 'søːə …]
caçar (vi)	at jage	[ʌ 'jæːjə]
cair (vi)	at falde	[ʌ 'falə]
cavar (vt)	at grave	[ʌ 'gʁaːvə]

chamar (~ por socorro)	at tilkalde	[ʌ 'telˌkal'ə]
chegar (vi)	at ankomme	[ʌ 'anˌkʌm'ə]
chorar (vi)	at græde	[ʌ 'gʁa:ðə]
começar (vt)	at begynde	[ʌ be'gøn'ə]
comparar (vt)	at sammenligne	[ʌ 'samənˌli'nə]
concordar (dizer "sim")	at samtykke	[ʌ 'samˌtykə]

confiar (vt)	at stole på	[ʌ 'sto:lə pɔ']
confundir (equivocar-se)	at forveksle	[ʌ fʌ'vɛkslə]
conhecer (vt)	at kende	[ʌ 'kɛnə]
contar (fazer contas)	at tælle	[ʌ 'tɛlə]
contar com ...	at regne med ...	[ʌ 'ʁajnə mɛ ...]
continuar (vt)	at fortsætte	[ʌ 'fɒ:tˌsɛtə]

controlar (vt)	at kontrollere	[ʌ kʌntʁo'le'ʌ]
convidar (vt)	at indbyde, at invitere	[ʌ 'enˌby'ðə], [ʌ envi'te'ʌ]
correr (vi)	at løbe	[ʌ 'lø:bə]
criar (vt)	at oprette, at skabe	[ʌ 'ʌbˌʁatə], [ʌ 'skæ:bə]
custar (vt)	at koste	[ʌ 'kʌstə]

11. Os verbos mais importantes. Parte 2

dar (vt)	at give	[ʌ 'gi']
dar uma dica	at give et vink	[ʌ 'gi' et 'veŋ'k]
decorar (enfeitar)	at pryde	[ʌ 'pʁy:ðə]
defender (vt)	at forsvare	[ʌ fʌ'svɑ'ɑ]
deixar cair (vt)	at tabe	[ʌ 'tæ:bə]

descer (para baixo)	at gå ned	[ʌ gɔ' 'neð']
desculpar (vt)	at tilgive	[ʌ 'telˌgi']
desculpar-se (vr)	at undskylde sig	[ʌ 'ɔnˌskyl'ə saj]
dirigir (~ uma empresa)	at styre, at lede	[ʌ 'sty:ʌ], [ʌ 'le:ðə]
discutir (notícias, etc.)	at diskutere	[ʌ disku'te'ʌ]

disparar, atirar (vi)	at skyde	[ʌ 'sky:ðə]
dizer (vt)	at sige	[ʌ 'si:]
duvidar (vt)	at tvivle	[ʌ 'tviwlə]
encontrar (achar)	at finde	[ʌ 'fenə]
enganar (vt)	at snyde	[ʌ 'sny:ðə]

entender (vt)	at forstå	[ʌ fʌ'stɔ']
entrar (na sala, etc.)	at komme ind	[ʌ 'kʌmə ˌen']
enviar (uma carta)	at sende	[ʌ 'sɛnə]
errar (enganar-se)	at tage fejl	[ʌ 'tæ' faj'l]
escolher (vt)	at vælge	[ʌ 'vɛljə]

esconder (vt)	at gemme	[ʌ 'gɛmə]
escrever (vt)	at skrive	[ʌ 'skʁi:və]
esperar (aguardar)	at vente	[ʌ 'vɛntə]
esperar (ter esperança)	at håbe	[ʌ 'hɔ:bə]
esquecer (vt)	at glemme	[ʌ 'glɛmə]

estudar (vt)	at studere	[ʌ stu'de'ʌ]
exigir (vt)	at kræve	[ʌ 'kʁɛ:və]

| existir (vi) | at eksistere | [ʌ ɛksi'steˀʌ] |
| explicar (vt) | at forklare | [ʌ fʌ'klɑˀɑ] |

falar (vi)	at tale	[ʌ 'tæːlə]
faltar (a la escuela, etc.)	at forsømme	[ʌ fʌ'sœmˀə]
fazer (vt)	at gøre	[ʌ 'gœːʌ]
ficar em silêncio	at tie	[ʌ 'tiːə]
gabar-se (vr)	at prale	[ʌ 'pʁɑːlə]

gostar (apreciar)	at kunne lide	[ʌ 'kunə 'liːðə]
gritar (vi)	at skrige	[ʌ 'skʁiːə]
guardar (fotos, etc.)	at beholde	[ʌ be'hʌlˀə]
informar (vt)	at informere	[ʌ enfɒ'meˀʌ]
insistir (vi)	at insistere	[ʌ ensi'steˀʌ]

insultar (vt)	at fornærme	[ʌ fʌ'næɐ̯ˀmə]
interessar-se (vr)	at interessere sig	[ʌ entʁə'seˀʌ sɑj]
ir (a pé)	at gå	[ʌ 'gɔˀ]
ir nadar	at bade	[ʌ 'bæˀðə]
jantar (vi)	at spise aftensmad	[ʌ 'spiːsə 'ɑftəns͵mɑð]

12. Os verbos mais importantes. Parte 3

ler (vt)	at læse	[ʌ 'lɛːsə]
libertar, liberar (vt)	at befri	[ʌ be'fʁiˀ]
matar (vt)	at dræbe, at myrde	[ʌ 'dʁɛːbə], [ʌ 'myɐ̯də]
mencionar (vt)	at omtale, at nævne	[ʌ 'ʌm͵tæːlə], [ʌ 'nɛwnə]
mostrar (vt)	at vise	[ʌ 'viːsə]

mudar (modificar)	at ændre	[ʌ 'ɛndʁʌ]
nadar (vi)	at svømme	[ʌ 'svœmə]
negar-se a ... (vr)	at vægre sig	[ʌ 'vɛːjʁʌ sɑj]
objetar (vt)	at indvende	[ʌ 'enˀ͵vɛnˀə]

observar (vt)	at observere	[ʌ ʌbsæɐ̯'veˀʌ]
ordenar (mil.)	at beordre	[ʌ be'ɒˀdʁʌ]
ouvir (vt)	at høre	[ʌ 'høːʌ]
pagar (vt)	at betale	[ʌ be'tæˀlə]
parar (vi)	at standse	[ʌ 'stansə]

parar, cessar (vt)	at stoppe, at slutte	[ʌ 'stʌpə], [ʌ 'slutə]
participar (vi)	at deltage	[ʌ 'del͵tæˀ]
pedir (comida, etc.)	at bestille	[ʌ be'stelˀə]
pedir (um favor, etc.)	at bede	[ʌ 'beˀðə]
pegar (tomar)	at tage	[ʌ 'tæˀ]

pegar (uma bola)	at fange	[ʌ 'faŋə]
pensar (vi, vt)	at tænke	[ʌ 'tɛŋkə]
perceber (ver)	at bemærke	[ʌ be'mæɐ̯kə]
perdoar (vt)	at tilgive	[ʌ 'tel͵giˀ]
perguntar (vt)	at spørge	[ʌ 'spœɐ̯ʌ]

| permitir (vt) | at tillade | [ʌ 'te͵læˀðə] |
| pertencer a ... (vi) | at tilhøre ... | [ʌ 'tel͵høˀʌ ...] |

planejar (vt)	at planlægge	[ʌ 'plæːn̩ˌlɛgə]
poder (~ fazer algo)	at kunne	[ʌ 'kunə]
possuir (uma casa, etc.)	at besidde, at eje	[ʌ be'sið'ə], [ʌ 'ɑjə]

preferir (vt)	at foretrække	[ʌ fɒːɒ'tʁakə]
preparar (vt)	at lave	[ʌ 'læːvə]
prever (vt)	at forudse	[ʌ 'fɒuðˌse']
prometer (vt)	at love	[ʌ 'lɔːvə]
pronunciar (vt)	at udtale	[ʌ 'uðˌtæːlə]

propor (vt)	at foreslå	[ʌ 'fɒːɒˌslɔ']
punir (castigar)	at straffe	[ʌ 'stʁafə]
quebrar (vt)	at bryde	[ʌ 'bʁyːðə]
queixar-se de ...	at klage	[ʌ 'klæːjə]
querer (desejar)	at ville	[ʌ 'vilə]

13. Os verbos mais importantes. Parte 4

ralhar, repreender (vt)	at skælde	[ʌ 'skɛlə]
recomendar (vt)	at anbefale	[ʌ 'anbeˌfæ'lə]
repetir (dizer outra vez)	at gentage	[ʌ 'gɛnˌtæ']
reservar (~ um quarto)	at reservere	[ʌ ʁɛsæʁ'veʔʌ]
responder (vt)	at svare	[ʌ 'svɑːɑ]

rezar, orar (vi)	at bede	[ʌ 'beʔðə]
rir (vi)	at le, at grine	[ʌ 'leʔ], [ʌ 'gʁiːnə]
roubar (vt)	at stjæle	[ʌ 'stjɛːlə]
saber (vt)	at vide	[ʌ 'viːðə]
sair (~ de casa)	at gå ud	[ʌ 'gɔʔ uðʔ]

salvar (resgatar)	at redde	[ʌ 'ʁɛðə]
seguir (~ alguém)	at følge efter ...	[ʌ 'føljə 'ɛftʌ ...]
sentar-se (vr)	at sætte sig	[ʌ 'sɛtə sɑj]
ser necessário	at være behøvet	[ʌ 'vɛːʌ be'hø'vəð]

ser, estar	at være	[ʌ 'vɛːʌ]
significar (vt)	at betyde	[ʌ be'ty'ðə]
sorrir (vi)	at smile	[ʌ 'smiːlə]
subestimar (vt)	at undervurdere	[ʌ 'ɔnʌvuʁ'deʔʌ]
surpreender-se (vr)	at blive forundret	[ʌ 'bliːə fʌ'ɔn'dʁʌð]

tentar (~ fazer)	at prøve	[ʌ 'pʁœːwə]
ter (vt)	at have	[ʌ 'hæːvə]
ter fome	at være sulten	[ʌ 'vɛːʌ 'sultən]

ter medo	at frygte	[ʌ 'fʁœgtə]
ter sede	at være tørstig	[ʌ 'vɛːʌ 'tœʁsti]
tocar (com as mãos)	at røre	[ʌ 'ʁœːʌ]
tomar café da manhã	at spise morgenmad	[ʌ 'spiːsə 'mɒːɒnˌmað]
trabalhar (vi)	at arbejde	[ʌ 'ɑːˌbɑjʔdə]
traduzir (vt)	at oversætte	[ʌ 'ɒwʌˌsɛtə]

unir (vt)	at forene	[ʌ fʌ'enə]
vender (vt)	at sælge	[ʌ 'sɛljə]

ver (vt)	at se	[ʌ 'seˀ]
virar (~ para a direita)	at svinge	[ʌ 'sveŋə]
voar (vi)	at flyve	[ʌ 'fly:və]

14. Cores

cor (f)	farve (f)	['faːvə]
tom (m)	nuance (f)	[ny'aŋsə]
tonalidade (m)	farvetone (f)	['faːvəˌtoːnə]
arco-íris (m)	regnbue (f)	['ʁɑjnˌbuːə]

branco (adj)	hvid	['við ˀ]
preto (adj)	sort	['soɡ̊t]
cinza (adj)	grå	['gʁɔˀ]

verde (adj)	grøn	['gʁœnˀ]
amarelo (adj)	gul	['guˀl]
vermelho (adj)	rød	['ʁœðˀ]

azul (adj)	blå	['blɔˀ]
azul claro (adj)	lyseblå	['lysəˌblɔˀ]
rosa (adj)	rosa	['ʁoːsa]
laranja (adj)	orange	[o'ʁɑŋɕə]
violeta (adj)	violblå	[vi'olˌblɔˀ]
marrom (adj)	brun	['bʁuˀn]

| dourado (adj) | guld- | ['gul-] |
| prateado (adj) | sølv- | ['søl-] |

bege (adj)	beige	['bɛːɕ]
creme (adj)	cremefarvet	['kʁɛːmˌfaˀvəð]
turquesa (adj)	turkis	[tyɡ̊'kiˀs]
vermelho cereja (adj)	kirsebærrød	['kiɡ̊səbæɡ̊ˌʁœðˀ]
lilás (adj)	lilla	['lela]
carmim (adj)	hindbærrød	['henbæɡ̊ˌʁœðˀ]

claro (adj)	lys	['lyˀs]
escuro (adj)	mørk	['mœɡ̊k]
vivo (adj)	klar	['klɑˀ]

de cor	farve-	['faːvə-]
a cores	farve	['faːvə]
preto e branco (adj)	sort-hvid	['soɡ̊t'viðˀ]
unicolor (de uma só cor)	ensfarvet	['ensˌfaˀvəð]
multicolor (adj)	mangefarvet	['mɑŋəˌfaːvəð]

15. Questões

Quem?	Hvem?	['vɛmˀ]
O que?	Hvad?	['vað]
Onde?	Hvor?	['vɒˀ]
Para onde?	Hvorhen?	['vɒˀˌhɛn]

De onde?	Hvorfra?	['vɒˀˌfʁɑˀ]
Quando?	Hvornår?	[vɒˈnɒˀ]
Para quê?	Hvorfor?	['vɔfʌ]
Por quê?	Hvorfor?	['vɔfʌ]

Para quê?	For hvad?	[fʌ 'vað]
Como?	Hvordan?	[vɒˈdan]
Qual (~ é o problema?)	Hvilken?	['velkən]
Qual (~ deles?)	Hvilken?	['velkən]

A quem?	Til hvem?	[tel 'vɛmˀ]
De quem?	Om hvem?	[ʌm 'vɛmˀ]
Do quê?	Om hvad?	[ʌm 'vað]
Com quem?	Med hvem?	[mɛ 'vɛmˀ]

Quantos? -as?	Hvor mange?	[vɒˀ 'mɑŋə]
Quanto?	Hvor meget?	[vɒˀ 'mɑɑð]
De quem? (masc.)	Hvis?	['ves]

16. Preposições

com (prep.)	med	[mɛ]
sem (prep.)	uden	['uðən]
a, para (exprime lugar)	til	['tel]
sobre (ex. falar ~)	om	[ʌm]
antes de ...	før	['føˀɐ̯]
em frente de ...	foran ...	['fɒ:'anˀ ...]

debaixo de ...	under	['ɔnʌ]
sobre (em cima de)	over	['ɒwʌ]
em ..., sobre ...	på	[pɔ]
de, do (sou ~ Rio de Janeiro)	fra	['fʁɑˀ]
de (feito ~ pedra)	af	[a]

| em (~ 3 dias) | om | [ʌm] |
| por cima de ... | over | ['ɒwʌ] |

17. Palavras funcionais. Advérbios. Parte 1

Onde?	Hvor?	['vɒˀ]
aqui	her	['hɛˀɐ̯]
lá, ali	der	['dɛˀɐ̯]

| em algum lugar | et sted | [et 'stɛð] |
| em lugar nenhum | ingen steder | ['eŋən ˌstɛ:ðʌ] |

| perto de ... | ved | [ve] |
| perto da janela | ved vinduet | [ve 'venduəð] |

Para onde?	Hvorhen?	['vɒˀˌhɛn]
aqui	herhen	['hɛˀɐ̯ˌhɛn]
para lá	derhen	['dɛˀɐ̯ˌhɛn]

daqui	herfra	['hɛˀɐ̯ˌfʁɑˀ]
de lá, dali	derfra	['dɛˀɐ̯ˌfʁɑˀ]
perto	nær	['nɛˀɐ̯]
longe	langt	['laŋˀt]
perto de …	nær	['nɛˀɐ̯]
à mão, perto	i nærheden	[i 'nɛɐ̯ˌheðˀən]
não fica longe	ikke langt	['ekə 'laŋˀt]
esquerdo (adj)	venstre	['vɛnstʁʌ]
à esquerda	til venstre	[te 'vɛnstʁʌ]
para a esquerda	til venstre	[te 'vɛnstʁʌ]
direito (adj)	højre	['hʌjʁʌ]
à direita	til højre	[te 'hʌjʁʌ]
para a direita	til højre	[te 'hʌjʁʌ]
em frente	foran	['fɒːˈanˀ]
da frente	for-, ante-	[fʌ-], [antə'-]
adiante (para a frente)	fremad	['fʁam̩ˀˌað]
atrás de …	bagved	['bæˀjˌve]
de trás	bagpå	['bæˀjˌpɔˀ]
para trás	tilbage	[te'bæːjə]
meio (m), metade (f)	midte (f)	['metə]
no meio	i midten	[i 'metən]
do lado	fra siden	[fʁɑ 'siðən]
em todo lugar	overalt	[ɒwʌ'alˀt]
por todos os lados	rundtomkring	['ʁɔnˀdʌmˌkʁɛŋˀ]
de dentro	indefra	['enəˌfʁɑˀ]
para algum lugar	et sted	[et 'stɛð]
diretamente	ligeud	['liːəˈuðˀ]
de volta	tilbage	[te'bæːjə]
de algum lugar	et eller andet sted fra	[ed 'ɛlʌ 'anəð stɛð fʁɑˀ]
de algum lugar	fra et sted	[fʁɑ ed 'stɛð]
em primeiro lugar	for det første	[fʌ de 'fœɐ̯stə]
em segundo lugar	for det andet	[fʌ de 'anəð]
em terceiro lugar	for det tredje	[fʌ de 'tʁɛðjə]
de repente	pludseligt	['plusəlit]
no início	i begyndelsen	[i be'gønˀəlsən]
pela primeira vez	for første gang	[fʌ 'fœɐ̯stə gaŋˀ]
muito antes de …	længe før …	['lɛŋə føˀɐ̯ …]
de novo	på ny	[pɔ 'nyˀ]
para sempre	for evigt	[fʌ 'eːvið]
nunca	aldrig	['aldʁi]
de novo	igen	[i'gɛn]
agora	nu	['nu]
frequentemente	ofte	['ʌftə]

24

então	da, dengang	['da], ['dɛnˀ‚gɑŋˀ]
urgentemente	omgående	['ʌm‚gɔˀənə]
normalmente	vanligvis	['væ:nli‚viˀs]

a propósito, ...	for resten ...	[fʌ 'ʁastən ...]
é possível	muligt, muligvis	['mu:lit], ['mu:li‚viˀs]
provavelmente	sandsynligvis	[san'syˀnli‚viˀs]
talvez	måske	[mɔ'skeˀ]
além disso, ...	desuden, ...	[des'u:ðən, ...]
por isso ...	derfor ...	['dɛˀɡfʌ ...]
apesar de ...	på trods af ...	[pɔ 'tʁʌs æˀ ...]
graças a ...	takket være ...	['tɑkəð ‚vɛˀʌ ...]

que (pron.)	hvad	['vað]
que (conj.)	at	[at]
algo	noget	['nɔ:əð]
alguma coisa	noget	['nɔ:əð]
nada	ingenting	['eŋən'tenˀ]

quem	hvem	['vɛmˀ]
alguém (~ que ...)	nogen	['noən]
alguém (com ~)	nogen	['noən]

ninguém	ingen	['eŋən]
para lugar nenhum	ingen steder	['eŋən ‚stɛ:ðʌ]
de ninguém	ingens	['eŋəns]
de alguém	nogens	['noəns]

tão	så	['sʌ]
também (gostaria ~ de ...)	også	['ʌsə]
também (~ eu)	også	['ʌsə]

18. Palavras funcionais. Advérbios. Parte 2

Por quê?	Hvorfor?	['vɔfʌ]
por alguma razão	af en eller anden grund	[a en 'ɛlʌ 'anən 'gʁɔnˀ]
porque ...	fordi ...	[fʌ'diˀ ...]
por qualquer razão	af en eller anden grund	[a en 'ɛlʌ 'anən 'gʁɔnˀ]

e (tu ~ eu)	og	[ʌ]
ou (ser ~ não ser)	eller	[ɛlʌ]
mas (porém)	men	['mɛn]
para (~ a minha mãe)	for, til	[fʌ], [tel]

muito, demais	for, alt for	[fʌ], ['alˀt fʌ]
só, somente	bare, kun	['ba:ɑ], ['kɔn]
exatamente	præcis	[pʁɛ'siˀs]
cerca de (~ 10 kg)	cirka	['siɡka]

aproximadamente	omtrent	[ʌm'tʁanˀt]
aproximado (adj)	omtrentlig	[ʌm'tʁanˀtli]
quase	næsten	['nɛstən]
resto (m)	rest (f)	['ʁast]
o outro (segundo)	den anden	[dən 'anən]

25

outro (adj)	andre	['andʁʌ]
cada (adj)	hver	['vɛʔɐ̯]
qualquer (adj)	hvilken som helst	['velkən sʌm 'hɛlʔst]
muito, muitos, muitas	megen, meget	['majən], ['maɑð]
muitas pessoas	mange	['maŋə]
todos	alle	['alə]

em troca de ...	til gengæld for ...	[tel 'gɛnˌgɛlʔ fʌ ...]
em troca	i stedet for	[i 'stɛðə fʌ]
à mão	i hånden	[i 'hʌnən]
pouco provável	næppe	['nɛpə]

provavelmente	sandsynligvis	[san'syʔnliˌviʔs]
de propósito	med vilje, forsætlig	[mɛ 'viljə], [fʌ'sɛtli]
por acidente	tilfældigt	[te'fɛlʔdit]

muito	meget	['maɑð]
por exemplo	for eksempel	[fʌ ɛk'sɛmʔpəl]
entre	imellem	[i'mɛlʔəm]
entre (no meio de)	blandt	['blant]
tanto	så meget	['sʌ 'maɑð]
especialmente	særligt	['sæɐ̯lit]

Conceitos básicos. Parte 2

19. Opostos

rico (adj)	rig	['ʁiˀ]
pobre (adj)	fattig	['fati]
doente (adj)	syg	['syˀ]
bem (adj)	frisk	['fʁɛsk]
grande (adj)	stor	['stoˀɐ̯]
pequeno (adj)	lille	['lilə]
rapidamente	hurtigt	['hoɐ̯tit]
lentamente	langsomt	['laŋˌsʌmt]
rápido (adj)	hurtig	['hoɐ̯ti]
lento (adj)	langsom	['laŋˌsʌmˀ]
alegre (adj)	glad	['glað]
triste (adj)	sørgmodig	[sœɐ̯w'moˀði]
juntos (ir ~)	sammen	['sɑmˀən]
separadamente	separat	[sepa'ʁɑˀt]
em voz alta (ler ~)	højt	['hɒjˀt]
para si (em silêncio)	for sig selv	[fʌ sɑj 'sɛlˀv]
alto (adj)	høj	['hʌjˀ]
baixo (adj)	lav	['læˀv]
profundo (adj)	dyb	['dyˀb]
raso (adj)	lille	['lilə]
sim	ja	[ja], ['jæɐ̯]
não	nej	['nɑjˀ]
distante (adj)	fjern	['fjæɐ̯ˀn]
próximo (adj)	nær	['nɛˀɐ̯]
longe	langt	['laŋˀt]
à mão, perto	i nærheden	[i 'nɛɐ̯ˌheðˀən]
longo (adj)	lang	['laŋˀ]
curto (adj)	kort	['kɒ:t]
bom (bondoso)	god	['goðˀ]
mal (adj)	ond	['ɔnˀ]
casado (adj)	gift	['gift]

solteiro (adj)	ugift	['uˌgift]
proibir (vt)	at forbyde	[ʌ fʌ'by'ðə]
permitir (vt)	at tillade	[ʌ 'teˌlæ'ðə]
fim (m)	slut (f)	['slut]
início (m)	begyndelse (f)	[be'gøn'əlsə]
esquerdo (adj)	venstre	['vɛnstʁʌ]
direito (adj)	højre	['hʌjʁʌ]
primeiro (adj)	første	['fœɐ̯stə]
último (adj)	sidste	['sistə]
crime (m)	forbrydelse (f)	[fʌ'bʁyð'əlsə]
castigo (m)	straf (f)	['stʁaf]
ordenar (vt)	at beordre	[ʌ be'ɒ'dʁʌ]
obedecer (vt)	at underordne sig	[ʌ 'ɔnʌˌɒ'dnə saj]
reto (adj)	ret	['ʁat]
curvo (adj)	krum	['kʁɔm']
paraíso (m)	paradis (i)	['pɑːɑˌdi's]
inferno (m)	helvede (i)	['hɛlvəðə]
nascer (vi)	at fødes	[ʌ 'fø:ðes]
morrer (vi)	at dø	[ʌ 'dø']
forte (adj)	stærk	['stæɐ̯k]
fraco, débil (adj)	svag	['svæ'j]
velho, idoso (adj)	gammel	['gaməl]
jovem (adj)	ung	['ɔŋ']
velho (adj)	gammel	['gaməl]
novo (adj)	ny	['ny']
duro (adj)	hård	['hɒ']
macio (adj)	blød	['blø'ð]
quente (adj)	varm	['vɑ'm]
frio (adj)	kold	['kʌl']
gordo (adj)	tyk	['tyk]
magro (adj)	tynd	['tøn']
estreito (adj)	smal	['smal']
largo (adj)	bred	['bʁɛð']
bom (adj)	god	['goð']
mau (adj)	dårlig	['dɒːli]
valente, corajoso (adj)	tapper	['tapʌ]
covarde (adj)	fej, krysteragtig	['faj'], ['kʁystʌˌagdi]

20. Dias da semana

segunda-feira (f)	mandag (f)	['man'da]
terça-feira (f)	tirsdag (f)	['tiɐ̯'sda]
quarta-feira (f)	onsdag (f)	['ɔn'sda]
quinta-feira (f)	torsdag (f)	['tɒ'sda]
sexta-feira (f)	fredag (f)	['fʁɛ'da]
sábado (m)	lørdag (f)	['lœɐ̯da]
domingo (m)	søndag (f)	['sœn'da]

hoje	i dag	[i 'dæ']
amanhã	i morgen	[i 'mɒːɒn]
depois de amanhã	i overmorgen	[i 'ɒwʌˌmɒːɒn]
ontem	i går	[i 'gɒ']
anteontem	i forgårs	[i 'fɒːˌgɒ's]

dia (m)	dag (f)	['dæ']
dia (m) de trabalho	arbejdsdag (f)	['ɑːbɑjdsˌdæ']
feriado (m)	festdag (f)	['fɛstˌdæ']
dia (m) de folga	fridag (f)	['fʁidæ']
fim (m) de semana	weekend (f)	['wiːˌkɛnd]

o dia todo	hele dagen	['heːlə 'dæ'ən]
no dia seguinte	næste dag	['nɛstə dæ']
há dois dias	for to dage siden	[fʌ to' 'dæ'ə 'siðən]
na véspera	dagen før	['dæ'ən fʌ]
diário (adj)	daglig	['dɑwli]
todos os dias	hver dag	['vɛɐ̯ 'dæ']

semana (f)	uge (f)	['uːə]
na semana passada	sidste uge	[i 'sistə 'uːə]
semana que vem	i næste uge	[i 'nɛstə 'uːə]
semanal (adj)	ugentlig	['uːəntli]
toda semana	hver uge	['vɛɐ̯ 'uːə]
duas vezes por semana	to gange om ugen	['to: 'gɑŋə ɒm 'uːən]
toda terça-feira	hver tirsdag	['vɛɐ̯ ˌtiɐ̯'sda]

21. Horas. Dia e noite

manhã (f)	morgen (f)	['mɒːɒn]
de manhã	om morgenen	[ʌm 'mɒːɒnən]
meio-dia (m)	middag (f)	['meda]
à tarde	om eftermiddagen	[ʌm 'ɛftʌmeˌdæ'ən]

tardinha (f)	aften (f)	['ɑftən]
à tardinha	om aftenen	[ʌm 'ɑftənən]
noite (f)	nat (f)	['nat]
à noite	om natten	[ʌm 'natən]
meia-noite (f)	midnat (f)	['miðˌnat]

segundo (m)	sekund (i)	[se'kɔn'd]
minuto (m)	minut (i)	[me'nut]
hora (f)	time (f)	['tiːmə]

meia hora (f)	en halv time	[en 'hal' 'ti:mə]
quarto (m) de hora	kvart (f)	['kvɑːt]
quinze minutos	femten minutter	['fɛmtən me'nutʌ]
vinte e quatro horas	døgn (i)	['dʌjˀn]

nascer (m) do sol	solopgang (f)	['soːl 'ʌpˌgɑŋˀ]
amanhecer (m)	daggry (i)	['dɑwˌgʁy:]
madrugada (f)	tidlig morgen (f)	['tiðli 'mɒːɒn]
pôr-do-sol (m)	solnedgang (f)	['soːl 'neðˌgɑŋˀ]

de madrugada	tidligt om morgenen	['tiðlit ʌm 'mɒːɒnən]
esta manhã	i morges	[i 'mɒːɒs]
amanhã de manhã	i morgen tidlig	[i 'mɒːɒn 'tiðli]

esta tarde	i eftermiddag	[i 'ɛftʌmeˌdæˀ]
à tarde	om eftermiddagen	[ʌm 'ɛftʌmeˌdæˀən]
amanhã à tarde	i morgen eftermiddag	[i 'mɒːɒn 'ɛftʌmeˌdæˀ]

| esta noite, hoje à noite | i aften | [i 'ɑftən] |
| amanhã à noite | i morgen aften | [i 'mɒːɒn 'ɑftən] |

às três horas em ponto	klokken tre præcis	['klʌkən tʁɛ pʁɛ'siˀs]
por volta das quatro	ved fire tiden	[ve 'fiˀʌ 'tiðən]
às doze	ved 12-tiden	[ve 'tʌl 'tiðən]

em vinte minutos	om 20 minutter	[ʌm 'tyːvə me'nutʌ]
em uma hora	om en time	[ʌm en 'tiːmə]
a tempo	i tide	[i 'tiːðə]

... um quarto para	kvart i ...	['kvɑːt i ...]
dentro de uma hora	inden for en time	['enənˀfʌ en 'tiːmə]
a cada quinze minutos	hvert 15 minut	['vɛˀg̊t 'fɛmtən me'nut]
as vinte e quatro horas	døgnet rundt	['dʌjneð 'ʁɔnˀt]

22. Meses. Estações

janeiro (m)	januar (f)	['januˌɑˀ]
fevereiro (m)	februar (f)	['febʁuˌɑˀ]
março (m)	marts (f)	['mɑːts]
abril (m)	april (f)	[a'pʁiˀl]
maio (m)	maj (f)	['mɑjˀ]
junho (m)	juni (f)	['juˀni]

julho (m)	juli (f)	['juˀli]
agosto (m)	august (f)	[ɑw'gɔst]
setembro (m)	september (f)	[sep'tɛmˀbʌ]
outubro (m)	oktober (f)	[ok'toˀbʌ]
novembro (m)	november (f)	[no'vɛmˀbʌ]
dezembro (m)	december (f)	[de'sɛmˀbʌ]

primavera (f)	forår (i)	['foːˌɒˀ]
na primavera	om foråret	[ʌm 'foːˌɒˀð]
primaveril (adj)	forårs-	['foːɒs-]
verão (m)	sommer (f)	['sʌmʌ]

| no verão | om sommeren | [ʌm 'sʌmʌən] |
| de verão | sommer- | ['sʌmʌ-] |

outono (m)	efterår (i)	['ɛftʌˌɒˀ]
no outono	om efteråret	[ʌm 'ɛftʌˌɒˀð]
outonal (adj)	efterårs-	['ɛftʌˌɒs-]

inverno (m)	vinter (f)	['venˀtʌ]
no inverno	om vinteren	[ʌm 'venˀtʌən]
de inverno	vinter-	['ventʌ-]
mês (m)	måned (f)	['mɔːnəð]
este mês	i denne måned	[i 'dɛnə 'mɔːnəð]
mês que vem	næste måned	['nɛstə 'mɔːnəð]
no mês passado	sidste måned	['sistə 'mɔːnəð]

um mês atrás	for en måned siden	[fʌ en 'mɔːnəð 'siðən]
em um mês	om en måned	[ʌm en 'mɔːnəð]
em dois meses	om 2 måneder	[ʌm to 'mɔːnəðʌ]
todo o mês	en hel måned	[en 'heːl 'mɔːnəð]
um mês inteiro	hele måneden	['heːlə 'mɔːnəðən]

mensal (adj)	månedlig	['mɔːnəðli]
mensalmente	månedligt	['mɔːnəðlit]
todo mês	hver måned	['vɛɐ̯ 'mɔːnəð]
duas vezes por mês	to gange om måneden	['to: 'gɑŋə ɒm 'mɔːnəðən]

ano (m)	år (i)	['ɒˀ]
este ano	i år	[i 'ɒˀ]
ano que vem	næste år	['nɛstə ɒˀ]
no ano passado	i fjor	[i 'fjoˀɐ̯]
há um ano	for et år siden	[fʌ ed ɒˀ 'siðən]
em um ano	om et år	[ʌm et 'ɒˀ]
dentro de dois anos	om 2 år	[ʌm to 'ɒˀ]
todo o ano	hele året	['heːlə 'ɒːɒð]
um ano inteiro	hele året	['heːlə 'ɒːɒð]

cada ano	hvert år	['vɛˀɐ̯t ɒˀ]
anual (adj)	årlig	['ɒːli]
anualmente	årligt	['ɒːlit]
quatro vezes por ano	fire gange om året	['fiˀʌ 'gɑŋə ɒm 'ɒːɒð]

data (~ de hoje)	dato (f)	['dæːto]
data (ex. ~ de nascimento)	dato (f)	['dæːto]
calendário (m)	kalender (f)	[ka'lɛnˀʌ]

meio ano	et halvt år	[et halˀt 'ɒˀ]
seis meses	halvår (i)	['halvˌɒˀ]
estação (f)	årstid (f)	['ɒːsˌtiðˀ]
século (m)	århundrede (i)	[ɒ'hunʁʌðə]

23. Tempo. Diversos

| tempo (m) | tid (f) | ['tiðˀ] |
| momento (m) | øjeblik (i) | ['ʌjəˌblek] |

instante (m)	øjeblik (i)	['ʌjəˌblek]
instantâneo (adj)	øjeblikkelig	['ʌjəˌblekəli]
lapso (m) de tempo	tidsafsnit (i)	['tiðsˌskʁɛft]
vida (f)	liv (i)	['liwˀ]
eternidade (f)	evighed (f)	['e:viˌheðˀ]

época (f)	epoke (f)	[e'po:kə]
era (f)	æra (f)	['ɛ:ʁɑ]
ciclo (m)	cyklus (f)	['syklus]
período (m)	periode (f)	[pæʁi'o:ðə]
prazo (m)	sigt (f)	['segt]

futuro (m)	fremtid (f)	['fʁamˌtiðˀ]
futuro (adj)	fremtidig	['fʁamˌtiðˀi]
da próxima vez	næste gang	['nɛstə gaŋˀ]
passado (m)	fortid (f)	['fɒ:tiðˀ]
passado (adj)	forrige, forleden	['fɒ:iə], [fʌ'leðˀən]
na última vez	sidste gang	['sistə ˌgaŋˀ]
mais tarde	senere	['seˀnʌʌ]
depois de ...	efter	['ɛftʌ]
atualmente	for nærværende	[fʌ 'nɛʁ̩ˌvɛˀʌnə]
agora	nu	['nu]
imediatamente	umiddelbart	['uˌmiðˀəlˌbɑˀð]
em breve	snart	['snɑˀt]
de antemão	på forhånd	[pɔ 'fɒ:ˌhʌnˀ]

há muito tempo	for lang tid siden	[fʌ laŋˀ tið 'siðən]
recentemente	nylig, nyligt	['ny:li], ['ny:lið]
destino (m)	skæbne (f)	['skɛ:bnə]
recordações (f pl)	erindring (f)	[e'ʁɛnˀdʁɛŋ]
arquivo (m)	arkiv (i)	[ɑ'kiwˀ]
durante ...	under ...	['ɔnʌ ...]
durante muito tempo	længe	['lɛŋə]
pouco tempo	ikke længe	['ekə 'lɛŋə]
cedo (levantar-se ~)	tidligt	['tiðlit]
tarde (deitar-se ~)	sent	['seˀn]

para sempre	for altid	[fʌ 'alˀtið]
começar (vt)	at begynde	[ʌ be'gønˀə]
adiar (vt)	at udsætte	[ʌ 'uðˌsɛtə]

ao mesmo tempo	samtidigt	['samˌtiðˀit]
permanentemente	altid, stadig	['alˀtið], ['sdæ:ði]
constante (~ ruído, etc.)	konstant	[kʌn'stanˀt]
temporário (adj)	midlertidig, temporær	['miðˀlʌˌtiðˀi], [tɛmbo'ʁɛˀg̊]

às vezes	af og til	['æˀ ʌ 'tel]
raras vezes, raramente	sjælden, sjældent	['ɕɛlən], ['ɕɛlənt]
frequentemente	ofte	['ʌftə]

24. Linhas e formas

quadrado (m)	kvadrat (i)	[kva'dʁɑˀt]
quadrado (adj)	kvadratisk	[kva'dʁɑˀtisk]

círculo (m)	cirkel (f)	['siɐ̞kəl]
redondo (adj)	rund	['ʁɔnʔ]
triângulo (m)	trekant (f)	['tʁɛ̞ˌkanʔt]
triangular (adj)	trekantet	['tʁɛ̞ˌkanʔtəð]

oval (f)	oval (f)	[o'væ'l]
oval (adj)	oval	[o'væ'l]
retângulo (m)	rektangel (i)	['ʁakˌtaŋʔəl]
retangular (adj)	retvinklet	['ʁatˌveŋʔkləð]

pirâmide (f)	pyramide (f)	[pyɒ'mi:ðə]
losango (m)	rombe (f)	['ʁʌmbə]
trapézio (m)	trapez (i, f)	[tʁɑ'pɛts]
cubo (m)	terning (f)	['tæɐ̞neŋ]
prisma (m)	prisme (i, f)	['pʁismə]

circunferência (f)	omkreds (f)	['ʌmˌkʁɛ's]
esfera (f)	sfære (f)	['sfɛ:ʌ]
globo (m)	kugle (f)	['ku:lə]
diâmetro (m)	diameter (f)	['diaˌme'tʌ]
raio (m)	radius (f)	['ʁɑʔdjus]
perímetro (m)	perimeter (i, f)	[peɐ̞i'me'tʌ]
centro (m)	midtpunkt, centrum (i)	['medˌpɔŋʔt], ['sɛntʁɔm]

horizontal (adj)	horisontal	[hɒisʌn'tæ'l]
vertical (adj)	lodret, lod-	['lʌðˌʁat], ['lʌð-]
paralela (f)	parallel (f)	[pɑɑ'lɛl']
paralelo (adj)	parallel	[pɑɑ'lɛl']

linha (f)	linje (f)	['linjə]
traço (m)	streg (f)	['stʁɑjʔ]
reta (f)	lige linje (f)	['li:ə 'linjə]
curva (f)	kurve (f)	['kuɐ̞wə]
fino (linha ~a)	tynd	['tønʔ]
contorno (m)	kontur (f)	[kɔn'tuɐ̞ʔ]

interseção (f)	skæringspunkt (i)	['skɛ:ɐ̞ensˌpɔŋʔt]
ângulo (m) reto	ret vinkel (f)	['ʁat 'veŋʔkəl]
segmento (m)	segment (i)	[seg'mɛnʔt]
setor (m)	sektor (f)	['sɛktʌ]
lado (de um triângulo, etc.)	side (f)	['si:ðə]
ângulo (m)	vinkel (f)	['veŋʔkəl]

25. Unidades de medida

peso (m)	vægt (f)	['vɛgt]
comprimento (m)	længde (f)	['lɛŋʔdə]
largura (f)	bredde (f)	['bʁɛ'də]
altura (f)	højde (f)	['hʌjʔdə]
profundidade (f)	dybde (f)	['dybdə]
volume (m)	rumfang (i)	['ʁɔmˌfaŋʔ]
área (f)	areal (i)	[ˌɑ:e'æ'l]
grama (m)	gram (i)	['gʁɑmʔ]
miligrama (m)	milligram (i)	['miliˌgʁɑmʔ]

quilograma (m)	kilogram (i)	['kilo,gʁam']
tonelada (f)	ton (i, f)	['tʌn']
libra (453,6 gramas)	pund (i)	['pun']
onça (f)	ounce (f)	['awns]

metro (m)	meter (f)	['me'tʌ]
milímetro (m)	millimeter (f)	['mili,me'tʌ]
centímetro (m)	centimeter (f)	['sɛnti,me'tʌ]
quilômetro (m)	kilometer (f)	['kilo,me'tʌ]
milha (f)	mil (f)	['mi'l]

polegada (f)	tomme (f)	['tʌmə]
pé (304,74 mm)	fod (f)	['fo'ð]
jarda (914,383 mm)	yard (f)	['ja:d]

| metro (m) quadrado | kvadratmeter (f) | [kva'dʁa't,me'tʌ] |
| hectare (m) | hektar (f) | [hɛk'ta'] |

litro (m)	liter (f)	['litʌ]
grau (m)	grad (f)	['gʁa'ð]
volt (m)	volt (f)	['vʌl't]
ampère (m)	ampere (f)	[am'pɛ:ɡ̌]
cavalo (m) de potência	hestekraft (f)	['hɛstə,kʁaft]

quantidade (f)	mængde (f)	['mɛŋ'də]
um pouco de ...	lidt ...	['let ...]
metade (f)	halvdel (f)	['halde'l]
dúzia (f)	dusin (i)	[du'si'n]
peça (f)	stykke (i)	['støkə]

| tamanho (m), dimensão (f) | størrelse (f) | ['stœɡ̌ʌlsə] |
| escala (f) | målestok (f) | ['mɔ:lə,stʌk] |

mínimo (adj)	minimal	[mini'mæ'l]
menor, mais pequeno	mindst	['men'st]
médio (adj)	middel	['mið'əl]
máximo (adj)	maksimal	[maksi'mæ'l]
maior, mais grande	størst	['stœɡ̌st]

26. Recipientes

pote (m) de vidro	glaskrukke (f)	['glas,kʁɔkə]
lata (~ de cerveja)	dåse (f)	['dɔ:sə]
balde (m)	spand (f)	['span']
barril (m)	tønde (f)	['tønə]

bacia (~ de plástico)	balje (f)	['baljə]
tanque (m)	tank (f)	['taŋ'k]
cantil (m) de bolso	lommelærke (f)	['lʌmə,læɡ̌kə]
galão (m) de gasolina	dunk (f)	['dɔŋ'k]
cisterna (f)	tank (f)	['taŋ'k]

| caneca (f) | krus (i) | ['kʁu's] |
| xícara (f) | kop (f) | ['kʌp] |

pires (m)	underkop (f)	['ɔnʌˌkʌp]
copo (m)	glas (i)	['glas]
taça (f) de vinho	vinglas (i)	['viːnˌglas]
panela (f)	gryde (f)	['gʁyːðə]
garrafa (f)	flaske (f)	['flaskə]
gargalo (m)	flaskehals (f)	['flaskəˌhalʔs]
jarra (f)	karaffel (f)	[kɑ'ʁafəl]
jarro (m)	kande (f)	['kanə]
recipiente (m)	beholder (f)	[be'hʌlʔʌ]
pote (m)	potte (f)	['pʌtə]
vaso (m)	vase (f)	['væːsə]
frasco (~ de perfume)	flakon (f)	[fla'kʌŋ]
frasquinho (m)	flaske (f)	['flaskə]
tubo (m)	tube (f)	['tuːbə]
saco (ex. ~ de açúcar)	sæk (f)	['sɛk]
sacola (~ plastica)	pose (f)	['poːsə]
maço (de cigarros, etc.)	pakke (f)	['pakə]
caixa (~ de sapatos, etc.)	æske (f)	['ɛskə]
caixote (~ de madeira)	kasse (f)	['kasə]
cesto (m)	kurv (f)	['kuɐ̯ʔw]

27. Materiais

material (m)	materiale (i)	[matʁi'æːlə]
madeira (f)	træ (i)	['tʁɛʔ]
de madeira	af træ, træ-	[a 'tʁɛ], ['tʁɛ-]
vidro (m)	glas (i)	['glas]
de vidro	af glas, glas-	[a 'glas], ['glas-]
pedra (f)	sten (f)	['steʔn]
de pedra	af sten, sten-	[a 'sten], ['sten-]
plástico (m)	plastic (i, f)	['plastik]
plástico (adj)	plastic-	['plastik-]
borracha (f)	gummi (i, f)	['gomi]
de borracha	gummi-	['gomi-]
tecido, pano (m)	tøj, stof (i)	['tʌj], ['stʌf]
de tecido	i stof, stof-	[i 'stʌf], ['stʌf-]
papel (m)	papir (i)	[pa'piɐ̯ʔ]
de papel	papir-	[pa'piɐ̯-]
papelão (m)	pap, karton (i, f)	['pap], [kɑ'tʌŋ]
de papelão	pap-, karton-	['pap-], [kɑ'tʌŋ-]
polietileno (m)	polyætylen (i, f)	['polyɛtyˌleʔn]
celofane (m)	cellofan (i)	[sɛlo'fæʔn]

linóleo (m) — linoleum (i) — [li'no'ljom]
madeira (f) compensada — krydsfiner (f) — ['kʁys fi'ne'g̊]

porcelana (f) — porcelæn (i) — [pɒsə'lɛ'n]
de porcelana — af porcelæn — [a pɒsə'lɛ'n]
argila (f), barro (m) — ler (i) — ['le'g̊]
de barro — af ler, ler- — [a 'le'g̊], ['leg̊-]
cerâmica (f) — keramik (f) — [keɑ'mik]
de cerâmica — keramik- — [keɑ'mik-]

28. Metais

metal (m) — metal (i) — [me'tal]
metálico (adj) — af metal, metal- — [a me'tal], [me'tal-]
liga (f) — legering (f) — [le'ge'g̊eŋ]

ouro (m) — guld (i) — ['gul]
de ouro — af guld, guld- — [a 'gul], ['gul-]
prata (f) — sølv (i) — ['søl]
de prata — af sølv, sølv- — [a 'søl], ['søl-]

ferro (m) — jern (i) — ['jæg̊'n]
de ferro — af jern, jern- — [a 'jæg̊'n], ['jæg̊n-]
aço (m) — stål (i) — ['stɔ'l]
de aço (adj) — af stål, stål- — [a 'stɔ'l], ['stɔl-]
cobre (m) — kobber (i) — ['kɒw'ʌ]
de cobre — af kobber, kobber- — [a 'kɒw'ʌ], ['kɒwʌ-]

alumínio (m) — aluminium (i) — [alu'mi'njom]
de alumínio — af aluminium — [a alu'mi'njom]
bronze (m) — bronze (f) — ['bʁʌŋsə]
de bronze — af bronze, bronze- — [a 'bʁʌŋsə], ['bʁʌŋsə-]

latão (m) — messing (i, f) — ['mɛseŋ]
níquel (m) — nikkel (i) — ['nekəl]
platina (f) — platin (i) — [pla'ti'n]
mercúrio (m) — kviksølv (i) — ['kvik͵søl]
estanho (m) — tin (i) — ['ten]
chumbo (m) — bly (i) — ['bly']
zinco (m) — zink (i, f) — ['seŋ'k]

O SER HUMANO

O ser humano. O corpo

29. Humanos. Conceitos básicos

ser (m) humano	menneske (i)	['mɛnəskə]
homem (m)	mand (f)	['manʔ]
mulher (f)	kvinde (f)	['kvenə]
criança (f)	barn (i)	['baʔn]
menina (f)	pige (f)	['pi:ə]
menino (m)	dreng (f)	['dʁaŋʔ]
adolescente (m)	teenager (f)	['ti:n,ɛjtɕʌ]
velho (m)	gammel mand (f)	['gaməl 'manʔ]
velha (f)	gammel dame (f)	['gaməl 'dæ:mə]

30. Anatomia humana

organismo (m)	organisme (f)	[ɒga'nismə]
coração (m)	hjerte (i)	['jæɐ̯tə]
sangue (m)	blod (i)	['bloʔð]
artéria (f)	arterie (f)	[a'te'ɐ̯iə]
veia (f)	vene (f)	['ve:nə]
cérebro (m)	hjerne (f)	['jæɐ̯nə]
nervo (m)	nerve (f)	['næɐ̯və]
nervos (m pl)	nerver (f pl)	['næɐ̯vʌ]
vértebra (f)	ryghvirvel (f)	['ʁɶg,viɐ̯ʔwəl]
coluna (f) vertebral	rygrad (f)	['ʁɶg,ʁɑʔð]
estômago (m)	mavesæk (f)	['mæ:və,sɛk]
intestinos (m pl)	tarmer (f pl)	['tɑʔmʌ]
intestino (m)	tarm (f)	['tɑʔm]
fígado (m)	lever (f)	['lew'ʌ]
rim (m)	nyre (f)	['ny:ʌ]
osso (m)	ben (i)	['beʔn]
esqueleto (m)	skelet (i)	[ske'lɛt]
costela (f)	ribben (i)	['ʁi,beʔn]
crânio (m)	hovedskal (f)	['ho:əð,skalʔ]
músculo (m)	muskel (f)	['muskəl]
bíceps (m)	biceps (f)	['bi,sɛps]
tríceps (m)	triceps (f)	['tʁi:sɛps]
tendão (m)	sene (f)	['se:nə]
articulação (f)	led (i)	['leð]

pulmões (m pl)	lunger (f pl)	['loŋʌ]
órgãos (m pl) genitais	kønsdele, genitalier (pl)	['kœnˌsde:lə], [geni'tæˀljʌ]
pele (f)	hud (f)	['huðˀ]

31. Cabeça

cabeça (f)	hoved (i)	['ho:əð]
rosto, cara (f)	ansigt (i)	['ansegt]
nariz (m)	næse (f)	['nɛ:sə]
boca (f)	mund (f)	['mɔnˀ]

olho (m)	øje (i)	['ʌjə]
olhos (m pl)	øjne (i pl)	['ʌjnə]
pupila (f)	pupil (f)	[pu'piˀl']
sobrancelha (f)	øjenbryn (i)	['ʌjənˌbʁyˀn]
cílio (f)	øjenvippe (f)	['ʌjənˌvepə]
pálpebra (f)	øjenlåg (i)	['ʌjənˌlɔˀw]

língua (f)	tunge (f)	['toŋə]
dente (m)	tand (f)	['tanˀ]
lábios (m pl)	læber (f pl)	['lɛ:bʌ]
maçãs (f pl) do rosto	kindben (i pl)	['kenˌbeˀn]
gengiva (f)	tandkød (i)	['tanˌkøð]
palato (m)	gane (f)	['gæ:nə]

narinas (f pl)	næsebor (i pl)	['nɛ:səˌboˀɐ̯]
queixo (m)	hage (f)	['hæ:jə]
mandíbula (f)	kæbe (f)	['kɛ:bə]
bochecha (f)	kind (f)	['kenˀ]

testa (f)	pande (f)	['panə]
têmpora (f)	tinding (f)	['tenəŋ]
orelha (f)	øre (i)	['ø:ʌ]
costas (f pl) da cabeça	nakke (f)	['nɑkə]
pescoço (m)	hals (f)	['hal's]
garganta (f)	strube, hals (f)	['stʁu:bə], ['hal's]

cabelo (m)	hår (i pl)	['hɒˀ]
penteado (m)	frisure (f)	[fʁi'syˀʌ]
corte (m) de cabelo	klipning (f)	['klepnəŋ]
peruca (f)	paryk (f)	[pɑ'ʁœk]

bigode (m)	moustache (f)	[mu'stæ:ɕ]
barba (f)	skæg (i)	['skɛˀg]
ter (~ barba, etc.)	at have	[ʌ 'hæ:və]
trança (f)	fletning (f)	['flɛtnəŋ]
suíças (f pl)	bakkenbart (f)	['bɑkənˌbɑˀt]

ruivo (adj)	rødhåret	['ʁœðˌhɒˀɒ̯ð]
grisalho (adj)	grå	['gʁɔˀ]
careca (adj)	skaldet	['skaləð]
calva (f)	skaldet plet (f)	['skaləðˌplɛt]
rabo-de-cavalo (m)	hestehale (f)	['hɛstəˌhæ:lə]
franja (f)	pandehår (i)	['panəˌhɒˀ]

32. Corpo humano

| mão (f) | hånd (f) | ['hʌnˀ] |
| braço (m) | arm (f) | ['ɑˀm] |

dedo (m)	finger (f)	['feŋˀʌ]
dedo (m) do pé	tå (f)	['tɔˀ]
polegar (m)	tommel (f)	['tʌməl]
dedo (m) mindinho	lillefinger (f)	['lileˌfeŋˀʌ]
unha (f)	negl (f)	['nɑjˀl]

punho (m)	knytnæve (f)	['knytˌnɛːvə]
palma (f)	håndflade (f)	['hʌnˌflæːðə]
pulso (m)	håndled (i)	['hʌnˌleð]
antebraço (m)	underarm (f)	['ɔnʌˌɑːm]
cotovelo (m)	albue (f)	['alˌbuːə]
ombro (m)	skulder (f)	['skulʌ]

perna (f)	ben (i)	['beˀn]
pé (m)	fod (f)	['foˀð]
joelho (m)	knæ (i)	['knɛˀ]
panturrilha (f)	læg (f)	['lɛˀg]
quadril (m)	hofte (f)	['hʌftə]
calcanhar (m)	hæl (f)	['hɛˀl]

corpo (m)	krop (f)	['kʁʌp]
barriga (f), ventre (m)	mave (f)	['mæːvə]
peito (m)	bryst (i)	['bʁœst]
seio (m)	bryst (i)	['bʁœst]
lado (m)	side (f)	['siːðə]
costas (dorso)	ryg (f)	['ʁœg]
região (f) lombar	lænderyg (f)	['lɛneˌʁœg]
cintura (f)	midje, talje (f)	['miðjə], ['taljə]

umbigo (m)	navle (f)	['nɑwlə]
nádegas (f pl)	baller, balder (f pl)	['balʌ]
traseiro (m)	bag (f)	['bæˀj]

sinal (m), pinta (f)	skønhedsplet (f)	['skœnheðsˌplɛt]
sinal (m) de nascença	modermærke (i)	['moːðʌ'mæɐ̯kə]
tatuagem (f)	tatovering (f)	[tato've'ɡeŋ]
cicatriz (f)	ar (i)	['ɑˀ]

Vestuário & Acessórios

33. Roupa exterior. Casacos

roupa (f)	tøj (i), klæder (i pl)	['tʌj], ['klɛ:ðʌ]
roupa (f) exterior	overtøj (i)	['ɒwʌˌtʌj]
roupa (f) de inverno	vintertøj (i)	['ventʌˌtʌj]
sobretudo (m)	frakke (f)	['fʁakə]
casaco (m) de pele	pels (f), pelskåbe (f)	['pɛl's], ['pɛlsˌkɔ:bə]
jaqueta (f) de pele	pelsjakke (f)	['pɛlsˌjakə]
casaco (m) acolchoado	dynejakke (f)	['dy:nəjakə]
casaco (m), jaqueta (f)	jakke (f)	['jakə]
impermeável (m)	regnfrakke (f)	['ʁajnˌfʁakə]
a prova d'água	vandtæt	['vanˌtɛt]

34. Vestuário de homem & mulher

camisa (f)	skjorte (f)	['skjoɐtə]
calça (f)	bukser (pl)	['bɔksʌ]
jeans (m)	jeans (pl)	['dji:ns]
paletó, terno (m)	jakke (f)	['jakə]
terno (m)	jakkesæt (i)	['jakəˌsɛt]
vestido (ex. ~ de noiva)	kjole (f)	['kjo:lə]
saia (f)	nederdel (f)	['neðʌˌde'l]
blusa (f)	bluse (f)	['blu:sə]
casaco (m) de malha	strikket trøje (f)	['stʁɛkəð 'tʁʌjə]
casaco, blazer (m)	blazer (f)	['blɛjsʌ]
camiseta (f)	t-shirt (f)	['ti:ˌɕœ:t]
short (m)	shorts (pl)	['ɕɒ:ts]
training (m)	træningsdragt (f)	['tʁɛ:neŋsˌdʁagt]
roupão (m) de banho	badekåbe (f)	['bæ:ðəˌkɔ:bə]
pijama (m)	pyjamas (f)	[py'jæ:mas]
suéter (m)	sweater (f)	['swɛtʌ]
pulôver (m)	pullover (f)	[pul'ɔwʌ]
colete (m)	vest (f)	['vɛst]
fraque (m)	kjolesæt (i)	['kjo:ləˌsɛt]
smoking (m)	smoking (f)	['smo:keŋ]
uniforme (m)	uniform (f)	[uni'fɒ'm]
roupa (f) de trabalho	arbejdstøj (i)	['a:bajdsˌtʌj]
macacão (m)	kedeldragt, overall (f)	['keðəlˌdʁagt], ['ɒwɒˌɒ:l]
jaleco (m), bata (f)	kittel (f)	['kitəl]

35. Vestuário. Roupa interior

roupa (f) íntima	undertøj (i)	['ɔnʌˌtʌj]
cueca boxer (f)	boxershorts (pl)	['bʌgsʌˌɡɒ:ts]
calcinha (f)	trusser (pl)	['tʁusʌ]
camiseta (f)	undertrøje (f)	['ɔnʌˌtʁʌjə]
meias (f pl)	sokker (f pl)	['sʌkʌ]

camisola (f)	natkjole (f)	['natˌkjoːlə]
sutiã (m)	bh (f), brystholder (f)	[be'hɔˀ], ['bʁœstˌhʌlˀʌ]
meias longas (f pl)	knæstrømper (f pl)	['knɛˌstʁœmpʌ]
meias-calças (f pl)	strømpebukser (pl)	['stʁœmbəˌbɔksʌ]
meias (~ de nylon)	strømper (f pl)	['stʁœmpʌ]
maiô (m)	badedragt (f)	['bæːðəˌdʁɑgt]

36. Adereços de cabeça

chapéu (m), touca (f)	hue (f)	['huːə]
chapéu (m) de feltro	hat (f)	['hat]
boné (m) de beisebol	baseballkasket (f)	['bɛjsˌbɒːl ka'skɛt]
boina (~ italiana)	kasket (f)	[ka'skɛt]

boina (ex. ~ basca)	baskerhue (f)	['bɑːskʌˌhuːə]
capuz (m)	hætte (f)	['hɛtə]
chapéu panamá (m)	panamahat (f)	['panˀamaˌhat]
touca (f)	strikhue (f)	['stʁɛkˌhuə]

lenço (m)	tørklæde (i)	['tœɐ̯ˌklɛːðə]
chapéu (m) feminino	hat (f)	['hat]

capacete (m) de proteção	hjelm (f)	['jɛlˀm]
bibico (m)	skråhue (f)	['skʁʌˌhuːə]
capacete (m)	hjelm (f)	['jɛlˀm]

chapéu-coco (m)	bowlerhat (f)	['bɔwlʌˌhat]
cartola (f)	høj hat (f)	['hʌj 'hat]

37. Calçado

calçado (m)	sko (f)	['skoˀ]
botinas (f pl), sapatos (m pl)	støvler (f pl)	['stœwlʌ]
sapatos (de salto alto, etc.)	damesko (f pl)	['dæːməˌskoː]
botas (f pl)	støvler (f pl)	['stœwlʌ]
pantufas (f pl)	hjemmesko (f pl)	['jɛməˌskoˀ]

tênis (~ Nike, etc.)	tennissko, kondisko (f pl)	['tɛnisˌskoˀ], ['kʌndiˌskoˀ]
tênis (~ Converse)	kanvas sko (f pl)	['kanvas ˌskoˀ]
sandálias (f pl)	sandaler (f pl)	[san'dæːlʌ]

sapateiro (m)	skomager (f)	['skoˌmæːjʌ]
salto (m)	hæl (f)	['hɛˀl]

par (m)	par (i)	['pɑ]
cadarço (m)	snøre (f)	['snœ:ʌ]
amarrar os cadarços	at snøre	[ʌ 'snœ:ʌ]
calçadeira (f)	skohorn (i)	['sko̩hoɐ̯'n]
graxa (f) para calçado	skocreme (f)	['sko̩kɐɛ'm]

38. Têxtil. Tecidos

algodão (m)	bomuld (i, f)	['bʌ̩mul']
de algodão	i bomuld	[i 'bʌ̩mul']
linho (m)	hør (f)	['hœɐ̯]
de linho	i hør, hør-	[i 'hœɐ̯], ['hœɐ̯-]
seda (f)	silke (f)	['selkə]
de seda	i silke, silke-	[i 'selkə], ['selkə-]
lã (f)	uld (f)	['ul']
de lã	i uld, uld-	[i 'ul'], ['ul-]
veludo (m)	fløjl (i, f)	['flʌj'l]
camurça (f)	ruskind (i)	['ɐu̩sken']
veludo (m) cotelê	jernbanefløjl (i, f)	['jæɐ̯nbænə̩flʌj'l]
nylon (m)	nylon (i, f)	['nɑjlʌn]
de nylon	nylon-	['nɑjlʌn-]
poliéster (m)	polyester (i, f)	[poly'ɛstʌ]
de poliéster	polyester-	[poly'ɛstʌ-]
couro (m)	læder, skind (i)	['lɛð'ʌ], ['sken']
de couro	i læder, læder-	[i 'lɛ'ðʌ], ['lɛðʌ-]
pele (f)	pels (f)	['pɛl's]
de pele	pels-	['pɛls-]

39. Acessórios pessoais

luva (f)	handsker (f pl)	['hanskʌ]
mitenes (f pl)	vanter (f pl)	['van'tʌ]
cachecol (m)	halstørklæde (i)	['hals 'tœɐ̯̩klɛ:ðə]
óculos (m pl)	briller (pl)	['bɐɛlʌ]
armação (f)	brillestel (i)	['bɐɛlə̩stɛl']
guarda-chuva (m)	paraply (f)	[pɑɑ'ply']
bengala (f)	stok (f)	['stʌk]
escova (f) para o cabelo	hårbørste (f)	['hɒ̩bœɐ̯stə]
leque (m)	vifte (f)	['veftə]
gravata (f)	slips (i)	['sleps]
gravata-borboleta (f)	butterfly (f)	['bʌtʌ̩flɑj]
suspensórios (m pl)	seler (f pl)	['se:lʌ]
lenço (m)	lommetørklæde (i)	['lʌmə̩tœɐ̯klɛ:ðə]
pente (m)	kam (f)	['kɑm']
fivela (f) para cabelo	hårspænde (i)	['hɒ:̩spɛnə]

| grampo (m) | hårnål (f) | ['hɒːˌnɔˀl] |
| fivela (f) | spænde (i) | ['spɛnə] |

| cinto (m) | bælte (i) | ['bɛltə] |
| alça (f) de ombro | rem (f) | ['ʁam̩ˀ] |

bolsa (f)	taske (f)	['taskə]
bolsa (feminina)	dametaske (f)	['dæːmeːˌtaskə]
mochila (f)	rygsæk (f)	['ʁɶɡˌsɛk]

40. Vestuário. Diversos

moda (f)	mode (f)	['moːðə]
na moda (adj)	moderigtig	['moːðəˌʁɛgti]
estilista (m)	modedesigner (f)	['moːðə de'sɑjnʌ]

colarinho (m)	krave (f)	['kʁɑːvə]
bolso (m)	lomme (f)	['lʌmə]
de bolso	lomme-	['lʌmə-]
manga (f)	ærme (i)	['æɐmə]
ganchinho (m)	strop (f)	['stʁʌp]
bragueta (f)	gylp (f)	['gylˀp]

zíper (m)	lynlås (f)	['lynˌlɔˀs]
colchete (m)	hægte, lukning (f)	['hɛgtə], ['lɔknɛŋ]
botão (m)	knap (f)	['knap]
botoeira (casa de botão)	knaphul (i)	['knapˌhɔl]
soltar-se (vr)	at falde af	[ʌ 'falə 'æˀ]

costurar (vi)	at sy	[ʌ syˀ]
bordar (vt)	at brodere	[ʌ bʁo'deˀʌ]
bordado (m)	broderi (i)	[bʁodʌ'ʁiˀ]
agulha (f)	synål (f)	['synˌɔˀl]
fio, linha (f)	tråd (f)	['tʁɔˀð]
costura (f)	søm (f)	['sɶmˀ]

sujar-se (vr)	at smudse sig til	[ʌ 'smusə sɑ 'tel]
mancha (f)	plet (f)	['plɛt]
amarrotar-se (vr)	at blive krøllet	[ʌ 'bliːə 'kʁɶləð]
rasgar (vt)	at rive	[ʌ 'ʁiːvə]
traça (f)	møl (i)	['mɶl]

41. Cuidados pessoais. Cosméticos

pasta (f) de dente	tandpasta (f)	['tanˌpasta]
escova (f) de dente	tandbørste (f)	['tanˌbɶɐstə]
escovar os dentes	at børste tænder	[ʌ 'bɶɐstə 'tɛnʌ]

gilete (f)	skraber (f)	['skʁɑːbʌ]
creme (m) de barbear	barbercreme (f)	[bɑ'beˀɡˌkʁɛˀm]
barbear-se (vr)	at barbere sig	[ʌ bɑ'beˀʌ sɑj]
sabonete (m)	sæbe (f)	['sɛːbə]

xampu (m)	shampoo (f)	['ɕæːmˌpuː]
tesoura (f)	saks (f)	['sɑks]
lixa (f) de unhas	neglefil (f)	['najləˌfiˀl]
corta-unhas (m)	neglesaks (f)	['najləˌsɑks]
pinça (f)	pincet (f)	[pen'sɛt]

cosméticos (m pl)	kosmetik (f)	[kʌsmə'tik]
máscara (f)	ansigtsmaske (f)	['ansegts 'maskə]
manicure (f)	manicure (f)	[mani'kyːʌ]
fazer as unhas	at få manicure	[ʌ 'fɔˀ mani'kyːʌ]
pedicure (f)	pedicure (f)	[pedi'kyːʌ]

bolsa (f) de maquiagem	kosmetiktaske (f)	[kʌsmə'tikˌtaskə]
pó (de arroz)	pudder (i)	['puðˀʌ]
pó (m) compacto	pudderdåse (f)	['puðʌˌdɔːsə]
blush (m)	rouge (f)	['ʁuːɕ]

perfume (m)	parfume (f)	[pa'fyːmə]
água-de-colônia (f)	eau de toilette (f)	[ˌodətoa'lɛt]
loção (f)	lotion (f)	['lɔwɕən]
colônia (f)	eau de cologne (f)	[odəko'lʌnjə]

sombra (f) de olhos	øjenskygge (f)	['ʌjənˌskygə]
delineador (m)	eyeliner (f)	['aːjˌlajnʌ]
máscara (f), rímel (m)	mascara (f)	[ma'skɑːa]

batom (m)	læbestift (f)	['lɛːbəˌsteft]
esmalte (m)	neglelak (f)	['najləˌlak]
laquê (m), spray fixador (m)	hårspray (f)	['hɔːˌspʁɛj]
desodorante (m)	deodorant (f)	[deodo'ʁɑnˀt]

creme (m)	creme (f)	['kʁɛˀm]
creme (m) de rosto	ansigtscreme (f)	['ansegts 'kʁɛˀm]
creme (m) de mãos	håndcreme (f)	['hʌnˌkʁɛˀm]
creme (m) antirrugas	antirynke creme (f)	[antə'ʁœɳkə 'kʁɛˀm]
creme (m) de dia	dagcreme (f)	['dawˌkʁɛˀm]
creme (m) de noite	natcreme (f)	['natˌkʁɛˀm]
de dia	dag-	['daw-]
da noite	nat-	['nat-]

absorvente (m) interno	tampon (f)	[tam'pʌŋ]
papel (m) higiênico	toiletpapir (i)	[toa'lɛt pa'piˀ]
secador (m) de cabelo	hårtørrer (f)	['hɔːˌtœɐ̯ʌ]

42. Joalheria

joias (f pl)	smykker (i pl)	['smøkʌ]
precioso (adj)	ædel-	['ɛˀðəl-]
marca (f) de contraste	stempel (i)	['stɛmˀpəl]

anel (m)	ring (f)	['ʁeŋ]
aliança (f)	vielsesring (f)	['viˀəlsəsˌʁeŋˀ]
pulseira (f)	armbånd (i)	['aːmˌbʌnˀ]
brincos (m pl)	øreringe (f pl)	['øːʌˌʁeŋə]

colar (m)	halskæde (f)	['hals‚kɛ:ðə]
coroa (f)	krone (f)	['kʁo:nə]
colar (m) de contas	perlekæde (f)	['pæ̞ɡlə‚kɛ:ðə]

diamante (m)	diamant (f)	[dia'manˀt]
esmeralda (f)	smaragd (f)	[smɑ'ʁaw'd]
rubi (m)	rubin (f)	[ʁu'bi'n]
safira (f)	safir (f)	[sa'fiɡ']
pérola (f)	perler (f pl)	['pæɡlʌ]
âmbar (m)	rav (i)	['ʁaw]

43. Relógios de pulso. Relógios

relógio (m) de pulso	armbåndsur (i)	['ɑ:mbʌns‚uɡ']
mostrador (m)	urskive (f)	['uɡ‚ski:və]
ponteiro (m)	viser (f)	['vi:sʌ]
bracelete (em aço)	armbånd (i)	['ɑ:m‚bʌn']
bracelete (em couro)	urrem (f)	['uɡ‚ʁam']

pilha (f)	batteri (i)	[batʌ'ʁi']
acabar (vi)	at blive afladet	[ʌ 'bli:ə 'ɑw‚læ'ðəð]
trocar a pilha	at skifte et batteri	[ʌ 'skiftə et batʌ'ʁi']
estar adiantado	at gå for hurtigt	[ʌ gɔ' fʌ 'hoɡtit]
estar atrasado	at gå for langsomt	[ʌ gɔ' fʌ 'laŋ‚sʌmt]

relógio (m) de parede	vægur (i)	['vɛ:g‚uɡ']
ampulheta (f)	timeglas (i)	['ti:mə‚glas]
relógio (m) de sol	solur (i)	['so:l‚uɡ']
despertador (m)	vækkeur (i)	['vɛkə‚uɡ']
relojoeiro (m)	urmager (f)	['uɡ‚mæ'jʌ]
reparar (vt)	at reparere	[ʌ ʁɛpə'ʁɛ'ʌ]

45

Alimentação. Nutrição

44. Comida

carne (f)	kød (i)	['køð]
galinha (f)	høne (f)	['hœ:nə]
frango (m)	kylling (f)	['kyleŋ]
pato (m)	and (f)	['anˀ]
ganso (m)	gås (f)	['gɔˀs]
caça (f)	vildt (i)	['vilˀt]
peru (m)	kalkun (f)	[kal'kuˀn]

carne (f) de porco	flæsk (i)	['flɛsk]
carne (f) de vitela	kalvekød (i)	['kalvəˌkøð]
carne (f) de carneiro	lammekød (i)	['lɑməˌkøð]
carne (f) de vaca	oksekød (i)	['ʌksəˌkøð]
carne (f) de coelho	kanin (f)	[ka'niˀn]

linguiça (f), salsichão (m)	pølse (f)	['pølsə]
salsicha (f)	wienerpølse (f)	['viˀnʌˌpølsə]
bacon (m)	bacon (i, f)	['bɛjkʌn]
presunto (m)	skinke (f)	['skeŋkə]
pernil (m) de porco	skinke (f)	['skeŋkə]

patê (m)	pate, paté (f)	[pa'te]
fígado (m)	lever (f)	['lewˀʌ]
guisado (m)	kødfars (f)	['køðˌfɑˀs]
língua (f)	tunge (f)	['toŋə]

ovo (m)	æg (i)	['ɛˀg]
ovos (m pl)	æg (i pl)	['ɛˀg]
clara (f) de ovo	hvide (f)	['vi:ðə]
gema (f) de ovo	blomme (f)	['blʌmə]

peixe (m)	fisk (f)	['fesk]
mariscos (m pl)	fisk og skaldyr	[fesk 'ɒw 'skaldyɐˀ]
crustáceos (m pl)	krebsdyr (i pl)	['kʁabsˌdyɐˀ]
caviar (m)	kaviar (f)	['kaviˌɑˀ]

caranguejo (m)	krabbe (f)	['kʁɑbə]
camarão (m)	reje (f)	['ʁajə]
ostra (f)	østers (f)	['østʌs]
lagosta (f)	languster (f)	[laŋ'gustʌ]
polvo (m)	blæksprutte (f)	['blɛkˌspʁutə]
lula (f)	blæksprutte (f)	['blɛkˌspʁutə]

esturjão (m)	stør (f)	['støˀɐ]
salmão (m)	laks (f)	['lɑks]
halibute (m)	helleflynder (f)	['hɛləˌflønʌ]
bacalhau (m)	torsk (f)	['tɒ:sk]

cavala, sarda (f)	makrel (f)	[ma'kʁal']
atum (m)	tunfisk (f)	['tu:n,fesk]
enguia (f)	ål (f)	['ɔ'l]

truta (f)	ørred (f)	['œɐ̯ʌð]
sardinha (f)	sardin (f)	[sɑ'di'n]
lúcio (m)	gedde (f)	['geðə]
arenque (m)	sild (f)	['sil']

pão (m)	brød (i)	['bʁœð']
queijo (m)	ost (f)	['ɔst]
açúcar (m)	sukker (i)	['sɔkʌ]
sal (m)	salt (i)	['sal't]

arroz (m)	ris (f)	['ʁi's]
massas (f pl)	pasta (f)	['pasta]
talharim, miojo (m)	nudler (f pl)	['nuð'lʌ]

manteiga (f)	smør (i)	['smœɐ̯]
óleo (m) vegetal	vegetabilsk olie (f)	[vegeta'bi'lsk 'oljə]
óleo (m) de girassol	solsikkeolie (f)	['so:l,sekə ,oljə]
margarina (f)	margarine (f)	[mɑgɑ'ʁi:nə]

azeitonas (f pl)	oliven (f pl)	[o'li'vən]
azeite (m)	olivenolie (f)	[o'li'vən,oljə]

leite (m)	mælk (f)	['mɛl'k]
leite (m) condensado	kondenseret mælk (f)	[kʌndən'se'ʌð mɛl'k]
iogurte (m)	yoghurt (f)	['jo,guɐ̯'t]
creme (m) azedo	cremefraiche, syrnet fløde (f)	[kʁɛ:m'fʁɛ:ɕ], ['syɐ̯nəð 'flø:ðə]
creme (m) de leite	fløde (f)	['flø:ðə]

maionese (f)	mayonnaise (f)	[mɑjo'nɛ:s]
creme (m)	creme (f)	['kʁɛ'm]

grãos (m pl) de cereais	gryn (i)	['gʁy'n]
farinha (f)	mel (i)	['me'l]
enlatados (m pl)	konserves (f)	[kɔn'sæɐ̯vəs]

flocos (m pl) de milho	cornflakes (pl)	['koɐ̯n,flɛks]
mel (m)	honning (f)	['hʌneŋ]
geleia (m)	syltetøj (i)	['syltə,tʌj]
chiclete (m)	tyggegummi (i)	['tygə,gomi]

45. Bebidas

água (f)	vand (i)	['van']
água (f) potável	drikkevand (i)	['dʁɛkə,van']
água (f) mineral	mineralvand (i)	[minə'ʁal,van']

sem gás (adj)	uden brus	['uðən 'bʁu's]
gaseificada (adj)	med kulsyre	[mɛ 'bʁu's]
com gás	med brus	[mɛ 'bʁu's]

| gelo (m) | is (f) | ['i's] |
| com gelo | med is | [mɛ 'i's] |

não alcoólico (adj)	alkoholfri	['alkohʌlˌfʁi']
refrigerante (m)	alkoholfri drik (f)	['alkohʌlˌfʁi' 'dʁɛk]
refresco (m)	læskedrik (f)	['lɛskəˌdʁɛk]
limonada (f)	limonade (f)	[limo'næ:ðə]

bebidas (f pl) alcoólicas	alkoholiske drikke (f pl)	[alko'ho'liskə 'dʁɛkə]
vinho (m)	vin (f)	['vi'n]
vinho (m) branco	hvidvin (f)	['viðˌvi'n]
vinho (m) tinto	rødvin (f)	['ʁœðˌvi'n]

licor (m)	likør (f)	[li'kø'ɐ̯]
champanhe (m)	champagne (f)	[ɕam'panjə]
vermute (m)	vermouth (f)	['væɐ̯mut]

uísque (m)	whisky (f)	['wiski]
vodca (f)	vodka (f)	['vʌdka]
gim (m)	gin (f)	['djen]
conhaque (m)	cognac, konjak (f)	['kʌn'jɑg]
rum (m)	rom (f)	['ʁʌm']

café (m)	kaffe (f)	['kɑfə]
café (m) preto	sort kaffe (f)	['soɐ̯t 'kɑfə]
café (m) com leite	kaffe (f) med mælk	['kɑfə mɛ 'mɛl'k]
cappuccino (m)	cappuccino (f)	[kɑpu'tji:no]
café (m) solúvel	pulverkaffe (f)	['pɔlvʌˌkɑfə]

leite (m)	mælk (f)	['mɛl'k]
coquetel (m)	cocktail (f)	['kʌkˌtɛjl]
batida (f), milkshake (m)	milkshake (f)	['milkˌɕɛjk]

suco (m)	juice (f)	['dʒu:s]
suco (m) de tomate	tomatjuice (f)	[to'mæ:tˌdʒu:s]
suco (m) de laranja	appelsinjuice (f)	[ɑpəl'si'n 'dʒu:s]
suco (m) fresco	friskpresset juice (f)	['fʁɛskˌpʁasəð 'dʒu:s]

cerveja (f)	øl (i)	['øl]
cerveja (f) clara	lyst øl (i)	['lyst ˌøl]
cerveja (f) preta	mørkt øl (i)	['mœɐ̯kt ˌøl]

chá (m)	te (f)	['te']
chá (m) preto	sort te (f)	['soɐ̯t ˌte']
chá (m) verde	grøn te (f)	['gʁœn' ˌte']

46. Vegetais

| vegetais (m pl) | grøntsager (pl) | ['gʁɑntˌsæ'jʌ] |
| verdura (f) | grønt (i) | ['gʁœn't] |

tomate (m)	tomat (f)	[to'mæ't]
pepino (m)	agurk (f)	[a'guɐ̯k]
cenoura (f)	gulerod (f)	['guleˌʁo'ð]

batata (f)	kartoffel (f)	[kɑ'tʌfəl]
cebola (f)	løg (i)	['lʌjˀ]
alho (m)	hvidløg (i)	['við‚lʌjˀ]

couve (f)	kål (f)	['kɔˀl]
couve-flor (f)	blomkål (f)	['blʌm‚kɔˀl]
couve-de-bruxelas (f)	rosenkål (f)	['ʁoːsən‚kɔˀl]
brócolis (m pl)	broccoli (f)	['bʁʌkoli]

beterraba (f)	rødbede (f)	[ʁœð'beːðə]
berinjela (f)	aubergine (f)	[obæɡ'ɕiːn]
abobrinha (f)	squash, zucchini (f)	['sgwʌɕ], [su'kiːni]
abóbora (f)	græskar (i)	['gʁaskɑ]
nabo (m)	majroe (f)	['mɑj‚ʁoːə]

salsa (f)	persille (f)	[pæɡ'selə]
endro, aneto (m)	dild (f)	['dilˀ]
alface (f)	salat (f)	[sa'læˀt]
aipo (m)	selleri (f)	['selʌ‚ʁiˀ]
aspargo (m)	asparges (f)	[a'spɑˀs]
espinafre (m)	spinat (f)	[spi'næˀt]

ervilha (f)	ærter (f pl)	['æɡˀtʌ]
feijão (~ soja, etc.)	bønner (f pl)	['bœnʌ]
milho (m)	majs (f)	['mɑjˀs]
feijão (m) roxo	bønne (f)	['bœnə]

pimentão (m)	peber (i, f)	['pewʌ]
rabanete (m)	radiser (f pl)	[ʁɑ'disə]
alcachofra (f)	artiskok (f)	[‚ɑːti'skʌk]

47. Frutos. Nozes

fruta (f)	frugt (f)	['fʁɔgt]
maçã (f)	æble (i)	['ɛˀblə]
pera (f)	pære (f)	['pɛˀʌ]
limão (m)	citron (f)	[si'tʁoˀn]
laranja (f)	appelsin (f)	[apəl'siˀn]
morango (m)	jordbær (i)	['joɡ‚bæɡ]

tangerina (f)	mandarin (f)	[mandɑ'ʁiˀn]
ameixa (f)	blomme (f)	['blʌmə]
pêssego (m)	fersken (f)	['fæɡskən]
damasco (m)	abrikos (f)	[abʁi'koˀs]
framboesa (f)	hindbær (i)	['hen‚bæɡ]
abacaxi (m)	ananas (f)	['ananas]

banana (f)	banan (f)	[ba'næˀn]
melancia (f)	vandmelon (f)	['van me'loˀn]
uva (f)	drue (f)	['dʁuːə]
ginja (f)	kirsebær (i)	['kiɡsə‚bæɡ]
cereja (f)	morel (f)	[mo'ʁalˀ]
melão (m)	melon (f)	[me'loˀn]
toranja (f)	grapefrugt (f)	['gʁɛjp‚fʁɔgt]

49

abacate (m)	avokado (f)	[avoˈkæːdo]
mamão (m)	papaja (f)	[paˈpɑja]
manga (f)	mango (f)	[ˈmɑŋgo]
romã (f)	granatæble (i)	[gʁɑˈnæˀtˌɛːblə]

groselha (f) vermelha	ribs (i, f)	[ˈʁɛbs]
groselha (f) negra	solbær (i)	[ˈsoːlˌbæɡ]
groselha (f) espinhosa	stikkelsbær (i)	[ˈstekəlsˌbæɡ]
mirtilo (m)	blåbær (i)	[ˈblɔˀˌbæɡ]
amora (f) silvestre	brombær (i)	[ˈbʁʌomˌbæɡ]

passa (f)	rosin (f)	[ʁoˈsiˀn]
figo (m)	figen (f)	[ˈfiːən]
tâmara (f)	daddel (f)	[ˈdaðˀəl]

amendoim (m)	jordnød (f)	[ˈjoɐ̯ˌnøðˀ]
amêndoa (f)	mandel (f)	[ˈmanˀəl]
noz (f)	valnød (f)	[ˈvalˌnøðˀ]
avelã (f)	hasselnød (f)	[ˈhasəlˌnøðˀ]
coco (m)	kokosnød (f)	[ˈkoːkosˌnøðˀ]
pistaches (m pl)	pistacier (f pl)	[piˈstæːɕʌ]

48. Pão. Bolaria

pastelaria (f)	konditorvarer (f pl)	[kʌnˈditʌˌvɑːɑ]
pão (m)	brød (i)	[ˈbʁœðˀ]
biscoito (m), bolacha (f)	småkager (f pl)	[ˈsmʌˌkæːjʌ]

chocolate (m)	chokolade (f)	[ɕokoˈlæːðə]
de chocolate	chokolade-	[ɕokoˈlæːðə-]
bala (f)	konfekt, karamel (f)	[kɔnˈfɛkt], [kɑɑˈmɛlˀ]
doce (bolo pequeno)	kage (f)	[ˈkæːjə]
bolo (m) de aniversário	lagkage (f)	[ˈlɑwˌkæːjə]

| torta (f) | pie (f) | [ˈpɑːj] |
| recheio (m) | fyld (i, f) | [ˈfylˀ] |

geleia (m)	syltetøj (i)	[ˈsyltəˌtʌj]
marmelada (f)	marmelade (f)	[mɑməˈlæːðə]
wafers (m pl)	vaffel (f)	[ˈvɑfəl]
sorvete (m)	is (f)	[ˈiˀs]
pudim (m)	budding (f)	[ˈbuðeŋ]

49. Pratos cozinhados

prato (m)	ret (f)	[ˈʁat]
cozinha (~ portuguesa)	køkken (i)	[ˈkøkən]
receita (f)	opskrift (f)	[ˈʌpˌskʁɛft]
porção (f)	portion (f)	[pɒˈɕoˀn]

| salada (f) | salat (f) | [saˈlæˀt] |
| sopa (f) | suppe (f) | [ˈsɔpə] |

caldo (m)	bouillon (f)	[bul'jʌŋ]
sanduíche (m)	smørrebrød (i)	['smɑɐ̯ʌˌbʁœð']
ovos (m pl) fritos	spejlæg (i)	['spɑjlˌɛ'g]

| hambúrguer (m) | hamburger (f) | ['hæːmˌbœːgʌ] |
| bife (m) | bøf (f) | ['bøf] |

acompanhamento (m)	tilbehør (i)	['telbeˌhø'ɐ̯]
espaguete (m)	spaghetti (f)	[spa'gɛti]
purê (m) de batata	kartoffelmos (f)	[kɑ'tʌfəlˌmɔs]
pizza (f)	pizza (f)	['pidsa]
mingau (m)	grød (f)	['gʁœð']
omelete (f)	omelet (f)	[omə'lɛt]

fervido (adj)	kogt	['kʌgt]
defumado (adj)	røget	['ʁʌjəð]
frito (adj)	stegt	['stɛgt]
seco (adj)	tørret	['tɶɐ̯ʌð]
congelado (adj)	frossen	['fʁɔsən]
em conserva (adj)	syltet	['syltəð]

doce (adj)	sød	['søð']
salgado (adj)	saltet	['saltəð]
frio (adj)	kold	['kʌl']
quente (adj)	hed, varm	['heð'], ['vɑ'm]
amargo (adj)	bitter	['betʌ]
gostoso (adj)	lækker	['lɛkʌ]

cozinhar em água fervente	at koge	[ʌ 'kɔːwə]
preparar (vt)	at lave	[ʌ 'læːvə]
fritar (vt)	at stege	[ʌ 'stɑjə]
aquecer (vt)	at varme op	[ʌ 'vɑːmə ʌp]

salgar (vt)	at salte	[ʌ 'saltə]
apimentar (vt)	at pebre	[ʌ 'pewʁʌ]
ralar (vt)	at rive	[ʌ 'ʁiːvə]
casca (f)	skal, skræl (f)	['skal'], ['skʁal']
descascar (vt)	at skrælle	[ʌ 'skʁalə]

50. Especiarias

sal (m)	salt (i)	['sal't]
salgado (adj)	saltet	['saltəð]
salgar (vt)	at salte	[ʌ 'saltə]

pimenta-do-reino (f)	sort peber (i, f)	['soɐ̯t 'pewʌ]
pimenta (f) vermelha	rød peber (i, f)	['ʁœð 'pewʌ]
mostarda (f)	sennep (f)	['senʌp]
raiz-forte (f)	peberrod (f)	['pewʌˌʁo'ð]

condimento (m)	krydderi (i)	[kʁyðʌ'ʁi']
especiaria (f)	krydderi (i)	[kʁyðʌ'ʁi']
molho (~ inglês)	sovs, sauce (f)	['sɔw's]
vinagre (m)	eddike (f)	['ɛðikə]

51

anis estrelado (m)	anis (f)	['anis]
manjericão (m)	basilikum (f)	[ba'sil'ikɔm]
cravo (m)	nellike (f)	['nel'ekə]
gengibre (m)	ingefær (f)	['eŋə,fæɡ̊]
coentro (m)	koriander (f)	[kɒi'an'dʌ]
canela (f)	kanel (i, f)	[ka'ne'l]

gergelim (m)	sesam (f)	['se:sɑm]
folha (f) de louro	laurbærblad (i)	['lɑwʌbæɡ̊,blað]
páprica (f)	paprika (f)	['pɑpʁika]
cominho (m)	kommen (f)	['kʌmən]
açafrão (m)	safran (i, f)	[sa'fʁɑ'n]

51. Refeições

comida (f)	mad (f)	['mað]
comer (vt)	at spise	[ʌ 'spi:sə]

café (m) da manhã	morgenmad (f)	['mɒ:ɒn,mað]
tomar café da manhã	at spise morgenmad	[ʌ 'spi:sə 'mɒ:ɒn,mað]
almoço (m)	frokost (f)	['fʁɔkʌst]
almoçar (vi)	at spise frokost	[ʌ 'spi:sə 'fʁɔkʌst]
jantar (m)	aftensmad (f)	['ɑftəns,mað]
jantar (vi)	at spise aftensmad	[ʌ 'spi:sə 'ɑftəns,mað]

apetite (m)	appetit (f)	[ɑpə'tit]
Bom apetite!	Velbekomme!	['vɛlbə'kʌm'ə]

abrir (~ uma lata, etc.)	at åbne	[ʌ 'ɔ:bnə]
derramar (~ líquido)	at spilde	[ʌ 'spilə]
derramar-se (vr)	at spildes ud	[ʌ 'spiləs uð']

ferver (vi)	at koge	[ʌ 'kɔ:wə]
ferver (vt)	at koge	[ʌ 'kɔ:wə]
fervido (adj)	kogt	['kʌgt]
esfriar (vt)	at afkøle	[ʌ 'ɑw,kø'lə]
esfriar-se (vr)	at afkøles	[ʌ 'ɑw,kø'ləs]

sabor, gosto (m)	smag (f)	['smæ'j]
fim (m) de boca	bismag (f)	['bismæ'j]

emagrecer (vi)	at være på diæt	[ʌ 'vɛ:ʌ pɔ' di'ɛ't]
dieta (f)	diæt (f)	[di'ɛ't]
vitamina (f)	vitamin (i)	[vita'mi'n]
caloria (f)	kalorie (f)	[ka'loɡ̊'jə]
vegetariano (m)	vegetar, vegetarianer (f)	[vegə'tɑ'], [vegətɑi'æ'nʌ]
vegetariano (adj)	vegetarisk	[vegə'tɑ'isk]

gorduras (f pl)	fedt (i)	['fet]
proteínas (f pl)	proteiner (i pl)	[pʁotə'i'nʌ]
carboidratos (m pl)	kulhydrater (i pl)	['kɔlhy,dʁɑ'dʌ]
fatia (~ de limão, etc.)	skive (f)	['ski:və]
pedaço (~ de bolo)	stykke (i)	['støkə]
migalha (f), farelo (m)	krumme (f)	['kʁɔmə]

52. Por a mesa

colher (f)	ske (f)	['ske']
faca (f)	kniv (f)	['kniw']
garfo (m)	gaffel (f)	['gɑfəl]
xícara (f)	kop (f)	['kʌp]
prato (m)	tallerken (f)	[ta'læɡkən]
pires (m)	underkop (f)	['ɔnʌˌkʌp]
guardanapo (m)	serviet (f)	[sæɡvi'ɛt]
palito (m)	tandstikker (f)	['tanˌstekʌ]

53. Restaurante

restaurante (m)	restaurant (f)	[ʁɛsto'ʁɑŋ]
cafeteria (f)	cafe, kaffebar (f)	[ka'fe'], ['kɑfəˌbɑ']
bar (m), cervejaria (f)	bar (f)	['bɑ']
salão (m) de chá	tesalon (f)	['te'sa'lʌn]
garçom (m)	tjener (f)	['tjɛ:nʌ]
garçonete (f)	servitrice (f)	[sæɡvi'tʁi:sə]
barman (m)	bartender (f)	['bɑːˌtɛndʌ]
cardápio (m)	menu (f)	[me'ny]
lista (f) de vinhos	vinkort (i)	['vi:nˌkɔ:t]
reservar uma mesa	at bestille et bord	[ʌ be'stel'ə ed 'boʱ]
prato (m)	ret (f)	['ʁat]
pedir (vt)	at bestille	[ʌ be'stel'ə]
fazer o pedido	at bestille	[ʌ be'stel'ə]
aperitivo (m)	aperitif (f)	[apeɡi'tif]
entrada (f)	forret (f)	['fɔːʁat]
sobremesa (f)	dessert (f)	[de'sɛʱ't]
conta (f)	regning (f)	['ʁɑjneŋ]
pagar a conta	at betale regningen	[ʌ be'tæ'lə 'ʁɑjneŋən]
dar o troco	at give tilbage	[ʌ 'giʱ te'bæːjə]
gorjeta (f)	drikkepenge (pl)	['dʁɛkəˌpɛŋə]

Família, parentes e amigos

54. Informação pessoal. Formulários

nome (m)	navn (i)	['nɑwˀn]
sobrenome (m)	efternavn (i)	['ɛftʌˌnɑwˀn]
data (f) de nascimento	fødselsdato (f)	['føsəlsˌdæ:to]
local (m) de nascimento	fødested (i)	['fø:ðəˌstɛð]
nacionalidade (f)	nationalitet (f)	[naɕonali'teˀt]
lugar (m) de residência	bopæl (i)	['boˌpɛˀl]
país (m)	land (i)	['lanˀ]
profissão (f)	fag (i), profession (f)	['fæˀj], [pʁofəˈɕoˀn]
sexo (m)	køn (i)	['kœnˀ]
estatura (f)	højde (f)	['hʌjˀdə]
peso (m)	vægt (f)	['vɛgt]

55. Membros da família. Parentes

mãe (f)	mor (f), moder (f)	['moɐ̯], ['mo:ðʌ]
pai (m)	far (f), fader (f)	['fɑ:], ['fæ:ðʌ]
filho (m)	søn (f)	['sœn]
filha (f)	datter (f)	['datʌ]
caçula (f)	yngste datter (f)	['øŋˀstə 'datʌ]
caçula (m)	yngste søn (f)	['øŋˀstə 'sœn]
filha (f) mais velha	ældste datter (f)	['ɛlˀstə 'datʌ]
filho (m) mais velho	ældste søn (f)	['ɛlˀstə sœn]
irmão (m)	bror (f)	['bʁoɐ̯]
irmão (m) mais velho	storebror (f)	['stoɐ̯ˌbʁoɐ̯]
irmão (m) mais novo	lillebror (f)	['liləˌbʁoɐ̯]
irmã (f)	søster (f)	['søstʌ]
irmã (f) mais velha	storesøster (f)	['stoɐ̯ˌsøstʌ]
irmã (f) mais nova	lillesøster (f)	['liləˌsøstʌ]
primo (m)	fætter (f)	['fɛtʌ]
prima (f)	kusine (f)	[ku'si:nə]
mamãe (f)	mor (f)	['moɐ̯]
papai (m)	papa, far (f)	['pɑpa], ['fɑ:]
pais (pl)	forældre (pl)	[fʌ'ɛlˀdʁʌ]
criança (f)	barn (i)	['bɑˀn]
crianças (f pl)	børn (pl)	['bœɐ̯ˀn]
avó (f)	bedstemor (f)	['bɛstəˌmoɐ̯]
avô (m)	bedstefar (f)	['bɛstəˌfɑ:]
neto (m)	barnebarn (i)	['bɑ:nəˌbɑˀn]

neta (f)	barnebarn (i)	['bɑ:nə,bɑ'n]
netos (pl)	børnebørn (pl)	['bœɐ̯nə,bœɐ̯'n]

tio (m)	onkel (f)	['ɔŋ'kəl]
tia (f)	tante (f)	['tantə]
sobrinho (m)	nevø (f)	[ne'vø]
sobrinha (f)	niece (f)	[ni'ɛ:sə]

sogra (f)	svigermor (f)	['svi'ʌ,moɐ̯]
sogro (m)	svigerfar (f)	['svi'ʌ,fɑ:]
genro (m)	svigersøn (f)	['svi'ʌ,sœn]
madrasta (f)	stedmor (f)	['stɛð,moɐ̯]
padrasto (m)	stedfar (f)	['stɛð,fɑ:]

criança (f) de colo	spædbarn (i)	['spɛð,bɑ'n]
bebê (m)	spædbarn (i)	['spɛð,bɑ'n]
menino (m)	lille barn (i)	['lilə 'bɑ'n]

mulher (f)	kone (f)	['ko:nə]
marido (m)	mand (f)	['man']
esposo (m)	ægtemand (f)	['ɛgtə,man']
esposa (f)	hustru (f)	['hustʁu]

casado (adj)	gift	['gift]
casada (adj)	gift	['gift]
solteiro (adj)	ugift	['u,gift]
solteirão (m)	ungkarl (f)	['ɔŋ,kæ'l]
divorciado (adj)	fraskilt	['fʁɑ,skel't]
viúva (f)	enke (f)	['ɛŋkə]
viúvo (m)	enkemand (f)	['ɛŋkə,man']

parente (m)	slægtning (f)	['slɛgtneŋ]
parente (m) próximo	nær slægtning (f)	['nɛ'ɐ̯ 'slɛgtneŋ]
parente (m) distante	fjern slægtning (f)	['fjæɐ̯'n 'slɛgtneŋ]
parentes (m pl)	slægtninge (pl)	['slɛgtneŋə]

órfão (m), órfã (f)	forældreløst barn (i)	[fʌ'ɛl'dʁʌlø:st bɑ'n]
tutor (m)	formynder (f)	['fɔ:,møn'ʌ]
adotar (um filho)	at adoptere	[ʌ adʌp'te'ʌ]
adotar (uma filha)	at adoptere	[ʌ adʌp'te'ʌ]

56. Amigos. Colegas de trabalho

amigo (m)	ven (f)	['vɛn]
amiga (f)	veninde (f)	[vɛn'enə]
amizade (f)	venskab (i)	['vɛn,skæ'b]
ser amigos	at være venner	[ʌ 'vɛ:ʌ 'vɛnʌ]

amigo (m)	ven (f)	['vɛn]
amiga (f)	veninde (f)	[vɛn'enə]
parceiro (m)	partner (f)	['pɑ:tnʌ]

chefe (m)	chef (f)	['ɕɛ'f]
superior (m)	overordnet (f)	['ɒwʌ,ɒ'dnəð]

proprietário (m)	ejer (f)	['ajʌ]
subordinado (m)	underordnet (f)	['ɔnʌˌɒʔdnəð]
colega (m, f)	kollega (f)	[ko'le:ga]

conhecido (m)	bekendt (f)	[be'kɛnʔt]
companheiro (m) de viagem	medrejsende (f)	['mɛðˌʁajʔsənə]
colega (m) de classe	klassekammerat (f)	['klasə kamə'ʁɑ:t]

vizinho (m)	nabo (f)	['næ:bo]
vizinha (f)	nabo (f)	['næ:bo]
vizinhos (pl)	naboer (pl)	['næ:boʔʌ]

57. Homem. Mulher

mulher (f)	kvinde (f)	['kvenə]
menina (f)	pige (f)	['pi:ə]
noiva (f)	brud (f)	['bʁuð]

bonita, bela (adj)	smuk	['smɔk]
alta (adj)	høj	['hʌjʔ]
esbelta (adj)	slank	['slɑŋʔk]
baixa (adj)	ikke ret høj	['ekə ʁat hʌjʔ]

| loira (f) | blondine (f) | [blʌn'di:nə] |
| morena (f) | brunette (f) | [bʁu'nɛtə] |

de senhora	dame-	['dæ:mə-]
virgem (f)	jomfru (f)	['jʌmfʁu]
grávida (adj)	gravid	[gʁɑ'viðʔ]

homem (m)	mand (f)	['manʔ]
loiro (m)	blond mand (f)	['blʌnʔ 'manʔ]
moreno (m)	mørkhåret mand (f)	['mœɐ̯kˌhɒʔɒð manʔ]
alto (adj)	høj	['hʌjʔ]
baixo (adj)	ikke ret høj	['ekə ʁat hʌjʔ]

rude (adj)	grov, uhøflig	['gʁɒwʔ], [u'høfli]
atarracado (adj)	undersætsig	['ɔnʌˌsɛtsi]
robusto (adj)	robust	[ʁo'bust]
forte (adj)	stærk	['stæɐ̯k]
força (f)	kraft, styrke (f)	['kʁɑft], ['skyɐ̯kə]

gordo (adj)	tyk	['tyk]
moreno (adj)	mørkhudet	['mœɐ̯kˌhuʔðət]
esbelto (adj)	slank	['slɑŋʔk]
elegante (adj)	elegant	[elə'ganʔt]

58. Idade

idade (f)	alder (f)	['alʔʌ]
juventude (f)	ungdom (f)	['ɔŋˌdʌmʔ]
jovem (adj)	ung	['ɔŋʔ]

| mais novo (adj) | yngre | ['øŋʁʌ] |
| mais velho (adj) | ældre | ['ɛldʁʌ] |

jovem (m)	ung mand, yngling (f)	['ɔŋ manˀ], ['øŋleŋ]
adolescente (m)	teenager (f)	['ti:nˌɛjtɕʌ]
rapaz (m)	fyr (f)	['fyɐ̯ˀ]

| velho (m) | gammel mand (f) | ['gaməl 'manˀ] |
| velha (f) | gammel dame (f) | ['gaməl 'dæ:mə] |

adulto	voksen	['vʌksən]
de meia-idade	midaldrende	['miðˌalˀʁʌnə]
idoso, de idade (adj)	ældre	['ɛldʁʌ]
velho (adj)	gammel	['gaməl]

aposentadoria (f)	pension (f)	[paŋˈɕoˀn]
aposentar-se (vr)	at gå på pension	[ʌ gɔˀ pɔ paŋˈɕoˀn]
aposentado (m)	pensionist (f)	[paŋɕoˈnist]

59. Crianças

criança (f)	barn (i)	['baˀn]
crianças (f pl)	børn (pl)	['bœɐ̯ˀn]
gêmeos (m pl), gêmeas (f pl)	tvillinger (f pl)	['tvileŋʌ]

berço (m)	vugge (f)	['vɔgə]
chocalho (m)	rangle (f)	['ʁaŋlə]
fralda (f)	ble (f)	['bleˀ]

chupeta (f), bico (m)	sut (f)	['sut]
carrinho (m) de bebê	barnevogn (f)	['ba:nəˌvɔwˀn]
jardim (m) de infância	børnehave (f)	['bœɐ̯nəˌhæ:və]
babysitter, babá (f)	barnepige (f)	['ba:nəˌpi:ə]

infância (f)	barndom (f)	['ba:nˌdʌmˀ]
boneca (f)	dukke (f)	['dɔkə]
brinquedo (m)	legetøj (i)	['lajəˌtʌj]
jogo (m) de montar	byggelegetøj (i)	['bygə lajəˌtʌj]

bem-educado (adj)	velopdragen	['vɛlʌpˌdʁaˀwən]
malcriado (adj)	uopdragen	[uʌp'dʁaˀwən]
mimado (adj)	forkælet	[fʌ'kɛˀləð]

ser travesso	at være uartig	[ʌ 'vɛ:ʌ u'aˀdi]
travesso, traquinas (adj)	uartig	[u'aˀdi]
travessura (f)	uartighed (f)	[u'aˀdiˌheðˀ]
criança (f) travessa	uartigt barn (i)	[u'aˀdit 'baˀn]

| obediente (adj) | lydig | ['ly:ði] |
| desobediente (adj) | ulydig | [u'lyˀði] |

dócil (adj)	føjelig	['fʌjəli]
inteligente (adj)	klog	['klɔˀw]
prodígio (m)	vidunderbarn (i)	['viðɔnʌˌbaˀn]

57

60. Casais. Vida de família

beijar (vt)	at kysse	[ʌ 'køsə]
beijar-se (vr)	at kysses	[ʌ 'køsəs]
família (f)	familie (f)	[fa'mil'jə]
familiar (vida ~)	familie-	[fa'miljə-]
casal (m)	par (i)	['pɑ]
matrimônio (m)	ægteskab (i)	['ɛgtə‚sgæ'b]
lar (m)	hjemmets arne (f)	['jɛməðs 'ɑ:nə]
dinastia (f)	dynasti (i)	[dynas'ti']

encontro (m)	stævnemøde (i)	['stɛwnə‚mø:ðə]
beijo (m)	kys (i)	['køs]

amor (m)	kærlighed (f)	['kæɐ̯li‚heð']
amar (pessoa)	at elske	[ʌ 'ɛlskə]
amado, querido (adj)	elskede	['ɛlskəðə]

ternura (f)	ømhed (f)	['œm‚heð']
afetuoso (adj)	øm	['œm']
fidelidade (f)	troskab (f)	['tʁo‚skæ'b]
fiel (adj)	trofast	['tʁofast]
cuidado (m)	omsorg (f)	['ʌm‚sɒ'w]
carinhoso (adj)	omsorgsfuld	['ʌm‚sɒwsful']

recém-casados (pl)	nygifte (pl)	['ny‚giftə]
lua (f) de mel	hvedebrødsdage (pl)	['ve:ðəbʁœðs‚dæ:ə]
casar-se (com um homem)	at gifte sig	[ʌ 'giftə sɑj]
casar-se (com uma mulher)	at gifte sig	[ʌ 'giftə sɑj]

casamento (m)	bryllup (i)	['bʁœlʌp]
bodas (f pl) de ouro	guldbryllup (i)	['gul‚bʁœlʌp]
aniversário (m)	årsdag (f)	['ɒ's‚dæ']

amante (m)	elsker (f)	['ɛlskʌ]
amante (f)	elskerinde (f)	[ɛlskʌ'enə]

adultério (m), traição (f)	utroskab (f)	['utʁo‚skæ'b]
cometer adultério	at være utro	[ʌ 'vɛ:ʌ 'u‚tʁo']
ciumento (adj)	jaloux	[ɕa'lu]
ser ciumento, -a	at være jaloux	[ʌ 'vɛ:ʌ ɕa'lu]
divórcio (m)	skilsmisse (f)	['skel's‚misə]
divorciar-se (vr)	at blive skilt	[ʌ 'bli:ə 'skel't]

brigar (discutir)	at skændes	[ʌ 'skɛnəs]
fazer as pazes	at forsone sig	[ʌ fʌ'so'nə saj]
juntos (ir ~)	sammen	['sɑm'ən]
sexo (m)	sex (f)	['sɛgs]

felicidade (f)	lykke (f)	['løkə]
feliz (adj)	lykkelig	['løkəli]
infelicidade (f)	ulykke (f)	['u‚løkə]
infeliz (adj)	ulykkelig	[u'løkəli]

Caráter. Sentimentos. Emoções

61. Sentimentos. Emoções

sentimento (m)	følelse (f)	['fø:ləlsə]
sentimentos (m pl)	følelser (f pl)	['fø:ləlsʌ]
sentir (vt)	at føle, at mærke	[ʌ 'fø:lə], [ʌ 'mæɐ̯kə]
fome (f)	sult (f)	['sulˀt]
ter fome	at være sulten	[ʌ 've:ʌ 'sultən]
sede (f)	tørst (f)	['tœɐ̯st]
ter sede	at være tørstig	[ʌ 've:ʌ 'tœɐ̯sti]
sonolência (f)	søvnighed (f)	['sœwni,heð']
estar sonolento	at være søvnig	[ʌ 've:ʌ 'sœwni]
cansaço (m)	træthed (f)	['tʁat,heð']
cansado (adj)	træt	['tʁat]
ficar cansado	at blive træt	[ʌ 'bli:ə 'tʁat]
humor (m)	humør (i)	[hu'mø'ɐ̯]
tédio (m)	kedsomhed (f)	['keðsʌm,heð']
entediar-se (vr)	at kede sig	[ʌ 'ke:ðə saj]
reclusão (isolamento)	afsondrethed (f)	['aw,sʌn'dʁʌð,heð']
isolar-se (vr)	at isolere sig	[ʌ iso'le'ʌ saj]
preocupar (vt)	at bekymre	[ʌ be'køm'ʁʌ]
estar preocupado	at bekymre sig	[ʌ be'køm'ʁʌ saj]
preocupação (f)	bekymring (f)	[be'køm'ʁɛŋ]
ansiedade (f)	uro (f)	['u,ʁo']
preocupado (adj)	bekymret	[be'køm'ʁʌð]
estar nervoso	at være nervøs	[ʌ 've:ʌ næɐ̯'vø's]
entrar em pânico	at gå i panik	[ʌ gɔ' i pa'nik]
esperança (f)	håb (i)	['hɔ'b]
esperar (vt)	at håbe	[ʌ 'hɔ:bə]
certeza (f)	sikkerhed (f)	['sekʌ,heð']
certo, seguro de ...	sikker	['sekʌ]
indecisão (f)	usikkerhed (f)	['u,sekʌheð']
indeciso (adj)	usikker	['u,sekʌ]
bêbado (adj)	fuld	['fulˀ]
sóbrio (adj)	ædru	['ɛ:,dʁu']
fraco (adj)	svag	['svæˀj]
feliz (adj)	lykkelig	['løkəli]
assustar (vt)	at skræmme	[ʌ 'skʁamə]
fúria (f)	raseri (i)	[,ʁɑ:sʌ'ʁi']
ira, raiva (f)	arrigskab (f)	['ɑˀi,sgæˀb]
depressão (f)	depression (f)	[depʁɛ'ɕo'n]
desconforto (m)	ubehag (i)	['ube,hæˀj]

conforto (m)	komfort (f)	[kʌm'fɒ:], [kʌm'fɒ:t]
arrepender-se (vr)	at beklage	[ʌ be'klæʔjə]
arrependimento (m)	beklagelse (f)	[be'klæʔjəlsə]
azar (m), má sorte (f)	uheld (i)	['uˌhɛlʔ]
tristeza (f)	sorg (f)	['sɒʔw]

vergonha (f)	skam (f)	['skɑmʔ]
alegria (f)	glæde (f)	['glɛ:ðə]
entusiasmo (m)	entusiasme (f)	[ɑŋtu'ɕasmə]
entusiasta (m)	entusiast (f)	[ɑŋtu'ɕast]
mostrar entusiasmo	at vise entusiasme	[ʌ 'vi:sə ɑŋtu'ɕasmə]

62. Caráter. Personalidade

caráter (m)	karakter (f)	[kɑɑk'teʔɐ̯]
falha (f) de caráter	karakterbrist (i, f)	[kɑɑk'teɐ̯ˌbʁɛst]
mente (f)	fornuft (f)	[fʌ'nɔft]
razão (f)	forstand (f)	[fʌ'stanʔ]

consciência (f)	samvittighed (f)	[sɑm'vitiˌheðʔ]
hábito, costume (m)	vane (f)	['væ:nə]
habilidade (f)	evne (f)	['ɛwnə]
saber (~ nadar, etc.)	at kunne	[ʌ 'kunə]

paciente (adj)	tålmodig	[tʌl'moʔði]
impaciente (adj)	utålmodig	[utʌl'moʔði]
curioso (adj)	nysgerrig	['nysˌgæɐ̯ʔi]
curiosidade (f)	nysgerrighed (f)	['nysˌgæɐ̯ʔiheðʔ]

modéstia (f)	beskedenhed (f)	[be'skeʔðənˌheðʔ]
modesto (adj)	beskeden	[be'skeʔðən]
imodesto (adj)	ubeskeden	['ubeˌskeʔðən]

preguiça (f)	dovenskab (f)	['dɒwənˌskæʔb]
preguiçoso (adj)	doven	['dɒwən]
preguiçoso (m)	dovenkrop (f)	['dɒwənˌkʁʌp]

astúcia (f)	list (f)	['lest]
astuto (adj)	listig	['lesti]
desconfiança (f)	mistro (f)	['misˌtʁoʔ]
desconfiado (adj)	mistroisk	['misˌtʁoʔisk]

generosidade (f)	generøsitet (f)	[ɕenəʁœsi'teʔt]
generoso (adj)	generøs	[ɕenə'ʁœʔs]
talentoso (adj)	talentfuld	[ta'lɛntˌfulʔ]
talento (m)	talent (i)	[ta'lɛnʔt]

corajoso (adj)	modig	['mo:ði]
coragem (f)	mod (i)	['moʔð]
honesto (adj)	ærlig	['æɐ̯li]
honestidade (f)	ærlighed (f)	['æɐ̯liˌheðʔ]

| prudente, cuidadoso (adj) | forsigtig | [fʌ'segti] |
| valoroso (adj) | modig | ['mo:ði] |

| sério (adj) | alvorlig | [al'vɒˀli] |
| severo (adj) | streng | ['stʁaŋˀ] |

decidido (adj)	beslutsom	[be'slut‚sʌmˀ]
indeciso (adj)	ubeslutsom	[ube'slut‚sʌmˀ]
tímido (adj)	forsagthed, genert	[ɕe'neɡ̊ˀt‚heð'], [ɕe'neɡ̊ˀt]
timidez (f)	forsagthed (f)	[ɕe'neɡ̊ˀt‚heðˀ]

confiança (f)	tillid (f)	['te‚liðˀ]
confiar (vt)	at tro	[ʌ 'tʁoˀ]
crédulo (adj)	tillidsfuld	['teliðs‚fulˀ]

sinceramente	oprigtigt	[ʌp'ʁɛgtit]
sincero (adj)	oprigtig	[ʌp'ʁɛgti]
sinceridade (f)	oprigtighed (f)	[ʌp'ʁɛgtiheðˀ]
aberto (adj)	åben	['ɔːbən]

calmo (adj)	stille	['stelə]
franco (adj)	oprigtig	[ʌp'ʁɛgti]
ingênuo (adj)	naiv	[na'iˀw]
distraído (adj)	åndsfraværende	[ʌns'fʁɑ‚vɛˀʌnə]
engraçado (adj)	morsom	['moɡ̊‚sʌmˀ]

ganância (f)	grådighed (f)	['gʁɔːði‚heðˀ]
ganancioso (adj)	grådig	['gʁɔːði]
avarento, sovina (adj)	gerrig	['gæɡ̊i]
mal (adj)	ond	['ɔnˀ]
teimoso (adj)	hårdnakket	['hɒː‚nɑkəð]
desagradável (adj)	ubehagelig	[ube'hæˀjəli]

egoísta (m)	egoist (f)	[ego'ist]
egoísta (adj)	egoistisk	[ego'istisk]
covarde (m)	kryster (f)	['kʁystʌ]
covarde (adj)	fej, krysteragtig	['fajˀ], ['kʁystʌ‚agdi]

63. O sono. Sonhos

dormir (vi)	at sove	[ʌ 'sɒwə]
sono (m)	søvn (f)	['sœwˀn]
sonho (m)	drøm (f)	['dʁœmˀ]
sonhar (ver sonhos)	at drømme	[ʌ 'dʁœmə]
sonolento (adj)	søvnig	['sœwni]

cama (f)	seng (f)	['sɛŋˀ]
colchão (m)	madras (f)	[ma'dʁɑs]
cobertor (m)	dyne (f), tæppe (i)	['dyːnə], ['tɛpə]
travesseiro (m)	pude (f)	['puːðə]
lençol (m)	lagen (i)	['læjˀən]

insônia (f)	søvnløshed (f)	['sœwnløs‚heðˀ]
sem sono (adj)	søvnløs	['sœwn‚løˀs]
sonífero (m)	sovepille (f)	['sɒwə‚pelə]
tomar um sonífero	at tage en sovepille	[ʌ 'tæˀ en 'sɒwə‚pelə]
estar sonolento	at være søvnig	[ʌ 'vɛːʌ 'sœwni]

61

bocejar (vi)	at gabe	[ʌ 'gæ:bə]
ir para a cama	at gå i seng	[ʌ 'gɔ' i 'sɛŋ']
fazer a cama	at rede sengen	[ʌ 'ʁɛ:ðə 'sɛŋən]
adormecer (vi)	at falde i søvn	[ʌ 'falə i sœw'n]

pesadelo (m)	mareridt (i)	['mɑ:ɑˌʁit]
ronco (m)	snorken (f)	['snɒ:kən]
roncar (vi)	at snorke	[ʌ 'snɒ:kə]

despertador (m)	vækkeur (i)	['vɛkəˌuʁ']
acordar, despertar (vt)	at vække	[ʌ 'vɛkə]
acordar (vi)	at vågne	[ʌ 'vɔwnə]
levantar-se (vr)	at stå op	[ʌ stɔ' 'ʌp]
lavar-se (vr)	at vaske sig	[ʌ 'vaskə sɑj]

64. Humor. Riso. Alegria

humor (m)	humor (f)	['hu:mʌ]
senso (m) de humor	sans (f) for humor	[sans fʌ 'hu:mʌ]
divertir-se (vr)	at more sig	[ʌ 'mo:ʌ sɑj]
alegre (adj)	glad, munter	['glað], ['mɔn'tʌ]
diversão (f)	munterhed (f)	['mɔntʌˌheð']

sorriso (m)	smil (i)	['smi'l]
sorrir (vi)	at smile	[ʌ 'smi:lə]
começar a rir	at bryde ud i latter	[ʌ 'bʁy:ðə uð' i 'latʌ]
rir (vi)	at le, at grine	[ʌ 'le'], [ʌ 'gʁi:nə]
riso (m)	latter (f)	['latʌ]

anedota (f)	anekdote (f)	[anek'do:tə]
engraçado (adj)	sjov, morsom	['ɕɒw'], ['moʁˌsʌm']
ridículo, cômico (adj)	morsom	['moʁˌsʌm']

brincar (vi)	at spøge	[ʌ 'spø:jə]
piada (f)	skæmt, spøg (f)	['skɛm't], ['spʌj']
alegria (f)	glæde (f)	['glɛ:ðə]
regozijar-se (vr)	at glæde sig	[ʌ 'glɛ:ðə sɑj]
alegre (adj)	glad	['glað]

65. Discussão, conversação. Parte 1

comunicação (f)	kommunikation (f)	[komunika'ɕo'n]
comunicar-se (vr)	at kommunikere	[ʌ komuni'ke'ʌ]

conversa (f)	samtale (f)	['sɑmˌtæ:lə]
diálogo (m)	dialog (f)	[dia'lo']
discussão (f)	diskussion (f)	[disku'ɕo'n]
debate (m)	debat (f)	[de'bat]
debater (vt)	at diskutere	[ʌ disku'te'ʌ]

interlocutor (m)	samtalepartner (f)	['sɑmˌtæ:lə 'pɑ:tnʌ]
tema (m)	emne (i)	['ɛmnə]

ponto (m) de vista	synspunkt (i)	['syns‚pɔŋ'tʰ]
opinião (f)	mening (f)	['meːneŋ]
discurso (m)	tale (f)	['tæːlə]

discussão (f)	diskussion (f)	[disku'ɕo'n]
discutir (vt)	at drøfte, at diskutere	[ʌ 'dʁœftə], [ʌ disku'teʔʌ]
conversa (f)	samtale (f)	['sɑm‚tæːlə]
conversar (vi)	at snakke, at samtale	[ʌ 'snɑkə], [ʌ 'sɑm‚tæʔlə]
reunião (f)	møde (i)	['møːðə]
encontrar-se (vr)	at mødes	[ʌ 'møːðəs]

provérbio (m)	ordsprog (i)	['oʁ‚spʁɔʔw]
ditado, provérbio (m)	ordsprog (i)	['oʁ‚spʁɔʔw]
adivinha (f)	gåde (f)	['gɔːðə]
dizer uma adivinha	at udgøre en gåde	[ʌ 'uð‚gœʔʌ en 'gɔːðə]
senha (f)	adgangskode (f)	['aðgɑŋs‚koːðə]
segredo (m)	hemmelighed (f)	['hɛməli‚heðʔ]

juramento (m)	ed (f)	['eðʔ]
jurar (vi)	at sværge	[ʌ 'svæɐ̯wə]
promessa (f)	løfte (i)	['løftə]
prometer (vt)	at love	[ʌ 'lɔːvə]

conselho (m)	råd (i)	['ʁɔʔð]
aconselhar (vt)	at råde	[ʌ 'ʁɔːðə]
seguir o conselho	at følge råd	[ʌ 'føljə 'ʁɔʔð]
escutar (~ os conselhos)	at adlyde	[ʌ 'að‚lyʔðə]

novidade, notícia (f)	nyhed (f)	['nyheðʔ]
sensação (f)	sensation (f)	[sɛnsa'ɕoʔn]
informação (f)	oplysninger (f pl)	['ʌp‚ly'sneŋʌ]
conclusão (f)	slutning (f)	['slutneŋ]
voz (f)	røst, stemme (f)	['ʁœst], ['stɛmə]
elogio (m)	kompliment (i, f)	[kɔmpli'mɑŋ]
amável, querido (adj)	elskværdig	[ɛlsk'væɐ̯ʔdi]

palavra (f)	ord (i)	['oʔɐ̯]
frase (f)	frase (f)	['fʁɑːsə]
resposta (f)	svar (i)	['svaʔ]
verdade (f)	sandhed (f)	['san‚heðʔ]
mentira (f)	løgn (f)	['lʌjʔn]

pensamento (m)	tanke (f)	['tɑŋkə]
ideia (f)	ide, idé (f)	[i'deʔ]
fantasia (f)	fantasi (f)	[fanta'siʔ]

66. Discussão, conversação. Parte 2

estimado, respeitado (adj)	respekteret	[ʁɛspɛk'teʔʌð]
respeitar (vt)	at respektere	[ʌ ʁɛspɛk'teʔʌ]
respeito (m)	respekt (f)	[ʁɛ'spɛkt]
Estimado ..., Caro ...	Ærede ...	['ɛʔʌðə ...]
apresentar	at introducere	[ʌ entʁodu'seʔʌ]
(alguém a alguém)		

conhecer (vt)	at stifte bekendtskab med ...	[ʌ 'steftə be'kɛn'd,skæ'b mɛ ...]
intenção (f)	hensigt (f)	['hɛn,segt]
tencionar (~ fazer algo)	at have til hensigt	[ʌ 'hæːvə te 'hɛn,segt]
desejo (de boa sorte)	ønske (i)	['ønskə]
desejar (ex. ~ boa sorte)	at ønske	[ʌ 'ønskə]

surpresa (f)	overraskelse (f)	['ɒwʌ,ʁaskəlsə]
surpreender (vt)	at forundre	[ʌ fʌ'ɔn'dʁʌ]
surpreender-se (vr)	at blive forundret	[ʌ 'bliːə fʌ'ɔn'dʁʌð]

dar (vt)	at give	[ʌ 'gi']
pegar (tomar)	at tage	[ʌ 'tæ']
devolver (vt)	at give tilbage	[ʌ 'gi' te'bæːjə]
retornar (vt)	at returnere	[ʌ ʁɛtuʁ'ne'ʌ]

desculpar-se (vr)	at undskylde sig	[ʌ 'ɔn,skyl'ə saj]
desculpa (f)	undskyldning (f)	['ɔn,skyl'neŋ]
perdoar (vt)	at tilgive	[ʌ 'tel,gi']

falar (vi)	at tale	[ʌ 'tæːlə]
escutar (vt)	at lytte	[ʌ 'lytə]
ouvir até o fim	at høre på	[ʌ 'høːʌ 'pɔ']
entender (compreender)	at forstå	[ʌ fʌ'stɔ']

mostrar (vt)	at vise	[ʌ 'viːsə]
olhar para ...	at se på ...	[ʌ 'se' po' ...]
chamar (alguém para ...)	at kalde	[ʌ 'kalə]
perturbar, distrair (vt)	at forstyrre	[ʌ fʌ'styɐ̯'ʌ]
perturbar (vt)	at forstyrre	[ʌ fʌ'styɐ̯'ʌ]
entregar (~ em mãos)	at overrække	[ʌ 'ɒwʌ,ʁakə]

pedido (m)	begæring (f)	[be'gɛ'ɐ̯eŋ]
pedir (ex. ~ ajuda)	at bede	[ʌ 'be'ðə]
exigência (f)	krav (i)	['kʁa'w]
exigir (vt)	at kræve	[ʌ 'kʁɛːvə]

insultar (chamar nomes)	at drille	[ʌ 'dʁɛlə]
zombar (vt)	at håne	[ʌ 'hɔːnə]
zombaria (f)	hån (f), spot (f)	['hɔ'n], ['spʌt]
alcunha (f), apelido (m)	øgenavn (i)	['øːjə,nɑw'n]

insinuação (f)	insinuation (f)	[ensinua'ɢo'n]
insinuar (vt)	at insinuere	[ʌ ensinu'e'ʌ]
querer dizer	at betyde	[ʌ be'ty'ðə]

descrição (f)	beskrivelse (f)	[be'skʁi'vəlsə]
descrever (vt)	at beskrive	[ʌ be'skʁi'və]
elogio (m)	ros (f)	['ʁo's]
elogiar (vt)	at rose, at berømme	[ʌ 'ʁoːsə], [ʌ be'ʁɶm'ə]

desapontamento (m)	skuffelse (f)	['skɔfəlsə]
desapontar (vt)	at skuffe	[ʌ 'skɔfə]
desapontar-se (vr)	at blive skuffet	[ʌ 'bliːə 'skɔfəð]
suposição (f)	antagelse (f)	[an,tæ'jəlsə]
supor (vt)	at antage, at formode	[ʌ 'an,tæ'], [ʌ fʌ'mo'ðə]

| advertência (f) | advarsel (f) | ['aðˌvɑːsəl] |
| advertir (vt) | at advare | [ʌ 'aðˌvɑˀɑ] |

67. Discussão, conversação. Parte 3

| convencer (vt) | at overtale | [ʌ 'ɒwʌˌtæˀlə] |
| acalmar (vt) | at berolige | [ʌ be'ʁoˀˌliˀə] |

silêncio (o ~ é de ouro)	tavshed (f)	['tɑwsˌheð']
ficar em silêncio	at tie	[ʌ 'tiːə]
sussurrar (vt)	at hviske	[ʌ 'veskə]
sussurro (m)	hvisken (f)	['veskən]

| francamente | oprigtigt | [ʌp'ʁɛgtit] |
| na minha opinião ... | efter min mening ... | ['ɛftʌ min 'meːneŋ ...] |

detalhe (~ da história)	detalje (f)	[de'taljə]
detalhado (adj)	detaljeret	[detal'je'ʌð]
detalhadamente	i detaljer	[i de'taljʌ]

| dica (f) | vink (i) | ['veŋˀk] |
| dar uma dica | at give et vink | [ʌ 'giˀ et 'veŋˀk] |

olhar (m)	blik (i)	['blek]
dar uma olhada	at kaste et blik	[ʌ 'kastə et blek]
fixo (olhada ~a)	stiv, stift	['stiwˀ], ['stift]
piscar (vi)	at blinke	[ʌ 'bleŋkə]
piscar (vt)	at blinke	[ʌ 'bleŋkə]
acenar com a cabeça	at nikke	[ʌ 'nekə]

suspiro (m)	suk (i)	['sɔk]
suspirar (vi)	at sukke	[ʌ 'sɔkə]
estremecer (vi)	at gyse	[ʌ 'gyːsə]
gesto (m)	gestus (f)	['gestus]
tocar (com as mãos)	at røre	[ʌ 'ʁœːʌ]
agarrar (~ pelo braço)	at gribe	[ʌ 'gʁiːbə]
bater de leve	at klappe	[ʌ 'klɑpə]

Cuidado!	Pas på!	['pas 'pɔ]
Sério?	Virkelig?	['viɐ̯kəli]
Tem certeza?	Er du sikker?	['æɐ̯ du 'sekʌ]
Boa sorte!	Held og lykke!	['hɛlˀ ʌ 'løkə]
Entendi!	Helt klart!	['hɛlˀt klɑːt]
Que pena!	Det var synd!	[de vɑˀ 'sønˀ]

68. Acordo. Recusa

consentimento (~ mútuo)	samtykke (i)	['samˌtykə]
consentir (vi)	at samtykke	[ʌ 'samˌtykə]
aprovação (f)	godkendelse (f)	['goðˌkɛnˀəlsə]
aprovar (vt)	at godkende	[ʌ 'goðˌkɛnˀə]
recusa (f)	afslag (i)	['ɑwˌslæˀj]

negar-se a ...	at vægre sig	[ʌ 'vɛːjʁʌ saj]
Ótimo!	Fint!	['fiˀnt]
Tudo bem!	Godt nok!	['gʌt nʌk]
Está bem! De acordo!	OK! Jeg er enig!	[ɔw'kɛj], ['jɑj 'æɐ̯ 'eːni]

proibido (adj)	forbudt	[fʌ'byˀt]
é proibido	det er forbudt	[de 'æɐ̯ fʌ'byˀð]
é impossível	det er umuligt	[de 'æɐ̯ u'muˀlit]
incorreto (adj)	fejlagtig	['fɑjlˌɑgti]

rejeitar (~ um pedido)	at afslå	[ʌ 'ɑwˌslɔˀ]
apoiar (vt)	at støtte	[ʌ 'støtə]
aceitar (desculpas, etc.)	at acceptere	[ʌ ɑksɛp'teˀʌ]

confirmar (vt)	at bekræfte	[ʌ be'kʁaftə]
confirmação (f)	bekræftelse (f)	[be'kʁaftəlsə]
permissão (f)	tilladelse (f)	['teˌlæˀðəlsə]
permitir (vt)	at tillade	[ʌ 'teˌlæˀðə]
decisão (f)	beslutning (f)	[be'slutnen]
não dizer nada	at tie	[ʌ 'tiːə]

condição (com uma ~)	betingelse (f)	[be'tenˀəlsə]
pretexto (m)	påskud, foregivende (i)	['pɔˌskuð], ['fɔːɒˌgiˀvənə]
elogio (m)	ros (f)	['ʁoˀs]
elogiar (vt)	at rose, at berømme	[ʌ 'ʁoːsə], [ʌ be'ʁœmˀə]

69. Sucesso. Boa sorte. Insucesso

êxito, sucesso (m)	succes (f)	[syk'se]
com êxito	med succes	[mɛ syk'se]
bem sucedido (adj)	vellykket	['vɛlˌløkəð]

sorte (fortuna)	held (i)	['hɛlˀ]
Boa sorte!	Held og lykke!	['hɛlˀ ʌ 'løkə]
de sorte	heldig	['hɛldi]
sortudo, felizardo (adj)	heldig	['hɛldi]

fracasso (m)	fiasko (f)	['fjasko]
pouca sorte (f)	uheld (i), utur (f)	['uˌhɛlˀ], ['uˌtuɐ̯ˀ]
azar (m), má sorte (f)	uheld (i)	['uˌhɛlˀ]

| mal sucedido (adj) | mislykket | ['misˌløkəð] |
| catástrofe (f) | katastrofe (f) | [kata'stʁoːfə] |

orgulho (m)	stolthed (f)	['stʌltˌheðˀ]
orgulhoso (adj)	stolt	['stʌlˀt]
estar orgulhoso, -a	at være stolt	[ʌ 'vɛːʌ 'stʌlˀt]

vencedor (m)	sejrherre (f)	['sɑjʌˌhæˀʌ]
vencer (vi, vt)	at sejre, at vinde	[ʌ 'sɑjʁʌ], [ʌ 'venə]
perder (vt)	at tabe	[ʌ 'tæːbə]
tentativa (f)	forsøg (i)	[fʌ'søˀj]
tentar (vt)	at prøve, at forsøge	[ʌ 'pʁœːwə], [ʌ fʌ'søˀjə]
chance (m)	chance (f)	['ɕɑŋsə]

70. Conflitos. Emoções negativas

grito (m)	skrig (i)	['skʁiˀ]
gritar (vi)	at skrige	[ʌ 'skʁi:ə]
começar a gritar	at begynde at skrige	[ʌ be'gøn'ə ʌ 'skʁi:ə]
discussão (f)	skænderi (i)	[skɛnʌ'ʁiˀ]
brigar (discutir)	at skændes	[ʌ 'skɛnəs]
escândalo (m)	skænderi (i)	[skɛnʌ'ʁiˀ]
criar escândalo	at skændes	[ʌ 'skɛnəs]
conflito (m)	konflikt (f)	[kʌn'flikt]
mal-entendido (m)	misforståelse (f)	[misfʌ'stɔˀəlsə]
insulto (m)	fornærmelse (f)	[fʌ'næɐ̯ˀməlsə]
insultar (vt)	at fornærme	[ʌ fʌ'næɐ̯ˀmə]
insultado (adj)	fornærmet	[fʌ'næɐ̯ˀməð]
ofensa (f)	fornærmelse (f)	[fʌ'næɐ̯ˀməlsə]
ofender (vt)	at fornærme	[ʌ fʌ'næɐ̯ˀmə]
ofender-se (vr)	at blive fornærmet	[ʌ 'bli:ə fʌ'næɐ̯ˀməð]
indignação (f)	forargelse, indignation (f)	[fʌ'ɑˀwəlsə], [endina'ɕoˀn]
indignar-se (vr)	at blive indigneret	[ʌ 'bli:ə endi'neˀʌð]
queixa (f)	klage (f)	['klæ:jə]
queixar-se (vr)	at klage	[ʌ 'klæ:jə]
desculpa (f)	undskyldning (f)	['ɔn‚skylˀnen]
desculpar-se (vr)	at undskylde sig	[ʌ 'ɔn‚skylˀə sɑj]
pedir perdão	at bede om forladelse	[ʌ 'beˀðə ʌm fʌ'læˀðəlsə]
crítica (f)	kritik (f)	[kʁi'tik]
criticar (vt)	at kritisere	[ʌ kʁiti'se'ʌ]
acusação (f)	anklage (f)	['an‚klæˀjə]
acusar (vt)	at anklage	[ʌ 'an‚klæˀjə]
vingança (f)	hævn (f)	['hɛwˀn]
vingar (vt)	at hævne	[ʌ 'hɛwnə]
vingar-se de	at hævne	[ʌ 'hɛwnə]
desprezo (m)	foragt (f)	[fʌ'ɑgt]
desprezar (vt)	at foragte	[ʌ fʌ'ɑgtə]
ódio (m)	had (i)	['haðˀ]
odiar (vt)	at hade	[ʌ 'hæ:ðə]
nervoso (adj)	nervøs	[næɐ̯'vøˀs]
estar nervoso	at være nervøs	[ʌ 'vɛ:ʌ næɐ̯'vøˀs]
zangado (adj)	vred	['vʁɛðˀ]
zangar (vt)	at gøre vred	[ʌ 'gœ:ʌ 'vʁɛðˀ]
humilhação (f)	ydmygelse (f)	['yð‚myˀəlsə]
humilhar (vt)	at ydmyge	[ʌ 'yð‚myˀə]
humilhar-se (vr)	at ydmyge sig	[ʌ 'yð‚myˀə sɑj]
choque (m)	chok (i)	['ɕʌk]
chocar (vt)	at chokere	[ʌ ɕo'ke'ʌ]
aborrecimento (m)	knibe (f)	['kni:bə]

67

desagradável (adj)	ubehagelig	[ube'hæ'jəli]
medo (m)	frygt (f)	['fʁɶgt]
terrível (tempestade, etc.)	frygtelig	['fʁɶgtəli]
assustador (ex. história ~a)	uhyggelig, skræmmende	[u'hygəli], ['skʁamənə]
horror (m)	rædsel (f)	['ʁað'səl]
horrível (crime, etc.)	forfærdelig	[fʌ'fæɐ̯'dli]

começar a tremer	at begynde at ryste	[ʌ be'gøn'ə ʌ 'ʁɶstə]
chorar (vi)	at græde	[ʌ 'gʁa:ðə]
começar a chorar	at begynde at græde	[ʌ be'gøn'ə ʌ 'gʁa:ðə]
lágrima (f)	tåre (f)	['tɔ:ɒ]

falta (f)	skyld (f)	['skyl']
culpa (f)	skyldfølelse (f)	['skyl,fø:ləlsə]
desonra (f)	skam, vanære (f)	['skɑm'], ['van,ɛ:ʌ]
protesto (m)	protest (f)	[pʁo'tɛst]
estresse (m)	stress (i, f)	['stʁɛs]

perturbar (vt)	at forstyrre	[ʌ fʌ'styɐ̯'ʌ]
zangar-se com ...	at være gal	[ʌ 'vɛ:ʌ 'gæ'l]
zangado (irritado)	vred	['vʁɛð']
terminar (vt)	at afbryde	[ʌ 'aw,bʁy'ðə]
praguejar	at sv ærge	[ʌ 'svæɐ̯wə]

assustar-se	at blive skræmt	[ʌ 'bli:ə 'skʁamt]
golpear (vt)	at slå	[ʌ 'slɔ']
brigar (na rua, etc.)	at slås	[ʌ 'slʌs]

resolver (o conflito)	at løse	[ʌ 'lø:sə]
descontente (adj)	utilfreds	['ute,fʁɛs]
furioso (adj)	rasende	['ʁɑ:sənə]

Não está bem!	Det er ikke godt!	[de 'æɐ̯ 'ekə 'gʌt]
É ruim!	Det er dårligt!	[de 'æɐ̯ 'dɒ:lit]

Medicina

71. Doenças

doença (f)	sygdom (f)	['sy:ˌdʌmˀ]
estar doente	at være syg	[ʌ 'vɛ:ʌ syˀ]
saúde (f)	helse, sundhed (f)	['hɛlsə], ['sɔnˌheðˀ]
nariz (m) escorrendo	snue (f)	['snu:ə]
amigdalite (f)	angina (f)	[aŋ'gi:na]
resfriado (m)	forkølelse (f)	[fʌ'kølˀəlsə]
ficar resfriado	at blive forkølet	[ʌ 'bli:ə fʌ'kølˀəð]
bronquite (f)	bronkitis (f)	[bʁʌŋ'kitis]
pneumonia (f)	lungebetændelse (f)	['lɔŋə be'tɛnˀəlsə]
gripe (f)	influenza (f)	[enflu'ɛnsa]
míope (adj)	nærsynet	['næɐ̯ˌsyˀnəð]
presbita (adj)	langsynet	['laŋˌsyˀnəð]
estrabismo (m)	skeløjethed (f)	['skelˌʌjəðˌheðˀ]
estrábico, vesgo (adj)	skeløjet	['skelˌʌjˀəð]
catarata (f)	grå stær (f)	['gʁɔ' 'stɛˀɐ̯]
glaucoma (m)	glaukom (i), grøn stær (f)	[glaw'ko'm], ['gʁœn' 'stɛˀɐ̯]
AVC (m), apoplexia (f)	hjerneblødning (f)	['jæɐ̯nəˌbløðneŋ]
ataque (m) cardíaco	infarkt (i, f)	[en'fa:kt]
enfarte (m) do miocárdio	hjerteinfarkt (i, f)	['jæɐ̯tə en'fa:kt]
paralisia (f)	lammelse (f)	['laməlsə]
paralisar (vt)	at lamme, at paralysere	[ʌ 'lamə], [ʌ paaly'se'ʌ]
alergia (f)	allergi (f)	[alæɐ̯'giˀ]
asma (f)	astma (f)	['astma]
diabetes (f)	diabetes (f)	[dia'be:təs]
dor (f) de dente	tandpine (f)	['tanˌpi:nə]
cárie (f)	caries, karies (f)	['kɑˀiəs]
diarreia (f)	diarre (f)	[dia'ʁɛ]
prisão (f) de ventre	forstoppelse (f)	[fʌ'stʌpəlsə]
desarranjo (m) intestinal	mavebesvær (i)	['mæ:vəˌbe'svɛˀɐ̯]
intoxicação (f) alimentar	madforgiftning (f)	['maðfʌˌgiftneŋ]
intoxicar-se	at få madforgiftning	[ʌ 'fɔ' 'maðfʌˌgiftə']
artrite (f)	artritis (f)	[ɑ'tʁitis]
raquitismo (m)	rakitis (f)	[ʁɑ'kitis]
reumatismo (m)	reumatisme (f)	[ʁʌjma'tismə]
arteriosclerose (f)	arterieforkalkning (f)	[ɑ'te'ɐ̯iə fʌ'kalˀkneŋ]
gastrite (f)	gastritis (f)	[ga'stʁitis]
apendicite (f)	appendicit (f)	[apɛndi'sit]

69

| colecistite (f) | galdeblærebetændelse (f) | ['galə‚blɛːʌ be'tɛn'əlsə] |
| úlcera (f) | mavesår (i) | ['mæːvə‚sɒ'] |

sarampo (m)	mæslinger (pl)	['mɛs‚leŋ'ʌ]
rubéola (f)	røde hunde (f)	['ʁœːðə 'hunə]
icterícia (f)	gulsot (f)	['gul‚so't]
hepatite (f)	hepatitis (f)	[hepa'titis]

esquizofrenia (f)	skizofreni (f)	[skidsofʁɛ'ni']
raiva (f)	rabies (f)	['ʁɑ'bjɛs]
neurose (f)	neurose (f)	[nœw'ʁoːsə]
contusão (f) cerebral	hjernerystelse (f)	['jæɐ̯nə‚ʁœstəlsə]

câncer (m)	kræft (f), cancer (f)	['kʁaft], ['kan'sʌ]
esclerose (f)	sklerose (f)	[sklə'ʁoːsə]
esclerose (f) múltipla	multipel sklerose (f)	[mul'ti'pəl sklə'ʁoːsə]

alcoolismo (m)	alkoholisme (f)	[alkoho'lismə]
alcoólico (m)	alkoholiker (f)	[alko'ho'likʌ]
sífilis (f)	syfilis (f)	['syfilis]
AIDS (f)	AIDS (f)	['ɛjds]

tumor (m)	svulst, tumor (f)	['svul'st], ['tuːmɒ]
maligno (adj)	ondartet, malign	['ɔn‚ɑ'dəð], [ma'li'n]
benigno (adj)	godartet, benign	['goð‚ɑ'təð], [be'ni'n]
febre (f)	feber (f)	['fe'bʌ]
malária (f)	malaria (f)	[ma'lɑ'ia]
gangrena (f)	koldbrand (f)	['kʌl‚bʁɑn']
enjoo (m)	søsyge (f)	['sø‚sy:ə]
epilepsia (f)	epilepsi (f)	[epilɛp'si']

epidemia (f)	epidemi (f)	[epedə'mi']
tifo (m)	tyfus (f)	['tyfus]
tuberculose (f)	tuberkulose (f)	[tubæɐ̯ku'loːsə]
cólera (f)	kolera (f)	['ko'ləʁɑ]
peste (f) bubônica	pest (f)	['pɛst]

72. Sintomas. Tratamentos. Parte 1

sintoma (m)	symptom (i)	[sym'to'm]
temperatura (f)	temperatur (f)	[tɛmpʁɑ'tuɐ̯']
febre (f)	høj temperatur, feber (f)	['hʌj tɛmpʁɑ'tuɐ̯'], ['fe'bʌ]
pulso (m)	puls (f)	['pul's]

vertigem (f)	svimmelhed (f)	['svem'əl‚heð']
quente (testa, etc.)	varm	['vɑ'm]
calafrio (m)	gysen (f)	['gy:sən]
pálido (adj)	bleg	['blɑj']

tosse (f)	hoste (f)	['hoːstə]
tossir (vi)	at hoste	[ʌ 'hoːstə]
espirrar (vi)	at nyse	[ʌ 'nyːsə]
desmaio (m)	besvimelse (f)	[be'svi'məlsə]
desmaiar (vi)	at besvime	[ʌ be'svi'mə]

mancha (f) preta	blåt mærke (i)	['blʌt 'mæɐ̯kə]
galo (m)	bule (f)	['buːlə]
machucar-se (vr)	at slå sig	[ʌ 'slɔˀ sɑj]
contusão (f)	blåt mærke (i)	['blʌt 'mæɐ̯kə]
machucar-se (vr)	at støde sig	[ʌ 'sdøːðə sɑj]

mancar (vi)	at halte	[ʌ 'haltə]
deslocamento (f)	forvridning (f)	[fʌ'vʁiðˀneŋ]
deslocar (vt)	at forvride	[ʌ fʌ'vʁiðˀə]
fratura (f)	brud (i), fraktur (f)	['bʁuð], [fʁak'tuɐ̯ˀ]
fraturar (vt)	at få et brud	[ʌ 'fɔˀ ed 'bʁuð]

corte (m)	snitsår (i)	['snit͜sɒˀ]
cortar-se (vr)	at skære sig	[ʌ 'skɛːʌ sɑj]
hemorragia (f)	blødning (f)	['bløðneŋ]

| queimadura (f) | brandsår (i) | ['bʁɑn͜sɒˀ] |
| queimar-se (vr) | at brænde sig | [ʌ 'bʁanə sɑj] |

picar (vt)	at stikke	[ʌ 'stekə]
picar-se (vr)	at stikke sig	[ʌ 'stekə sɑj]
lesionar (vt)	at skade	[ʌ 'skæːðə]
lesão (m)	skade (f)	['skæːðə]
ferida (f), ferimento (m)	sår (i)	['sɒˀ]
trauma (m)	traume, trauma (i)	['tʁɑwmə], ['tʁɑwma]

delirar (vi)	at tale i vildelse	[ʌ 'tæːlə i 'vilelsə]
gaguejar (vi)	at stamme	[ʌ 'stamə]
insolação (f)	solstik (i)	['soːlˌstek]

73. Sintomas. Tratamentos. Parte 2

| dor (f) | smerte (f) | ['smæɐ̯tə] |
| farpa (no dedo, etc.) | splint (f) | ['splenˀt] |

suor (m)	sved (f)	['sveðˀ]
suar (vi)	at svede	[ʌ 'sveːðə]
vômito (m)	opkastning (f)	['ʌpˌkastneŋ]
convulsões (f pl)	kramper (f pl)	['kʁampʌ]

grávida (adj)	gravid	[gʁa'viðˀ]
nascer (vi)	at fødes	[ʌ 'føːðes]
parto (m)	fødsel (f)	['føsəl]
dar à luz	at føde	[ʌ 'føːðə]
aborto (m)	abort (f)	[a'bɒˀt]

respiração (f)	åndedræt (i)	['ʌnəˌdʁat]
inspiração (f)	indånding (f)	['enˌʌnˀeŋ]
expiração (f)	udånding (f)	['uðˌʌnˀeŋ]
expirar (vi)	at ånde ud	[ʌ 'ʌnə uð]
inspirar (vi)	at ånde ind	[ʌ 'ʌnə enˀ]

| inválido (m) | handikappet person (f) | ['handiˌkapəð pæɐ̯'soˀn] |
| aleijado (m) | krøbling (f) | ['kʁœbleŋ] |

drogado (m)	narkoman (f)	[nako'mæ'n]
surdo (adj)	døv	['dø'w]
mudo (adj)	stum	['stɔm']
surdo-mudo (adj)	døvstum	['døw‚stɔm']

louco, insano (adj)	gal, sindssyg	['gæ'l], ['sen'‚sy']
louco (m)	gal mand (f)	['gæ'l 'man']
louca (f)	gal kvinde (f)	['gæ'l 'kvenə]
ficar louco	at blive sindssyg	[ʌ 'bli:ə 'sen'‚sy']

gene (m)	gen (i)	['ge'n]
imunidade (f)	immunitet (f)	[imuni'te't]
hereditário (adj)	arvelig	['a:vəli]
congênito (adj)	medfødt	['mɛð‚fø't]

vírus (m)	virus (i, f)	['vi:ʁus]
micróbio (m)	mikrobe (f)	[mi'kʁo:bə]
bactéria (f)	bakterie (f)	[bak'teɐ̯'iə]
infecção (f)	infektion (f)	[enfɛk'ço'n]

74. Sintomas. Tratamentos. Parte 3

hospital (m)	sygehus (i)	['sy:ə‚hu's]
paciente (m)	patient (f)	[pa'çɛn't]

diagnóstico (m)	diagnose (f)	[dia'gno:sə]
cura (f)	kur, behandling (f)	['kuɐ̯'], [be'han'leŋ]
tratamento (m) médico	behandling (f)	[be'han'leŋ]
curar-se (vr)	at blive behandlet	[ʌ 'bli:ə be'han'ləð]
tratar (vt)	at behandle	[ʌ be'han'lə]
cuidar (pessoa)	at pleje	[ʌ 'plajə]
cuidado (m)	pleje (f)	['plajə]

operação (f)	operation (f)	[opeɐ̯a'ço'n]
enfaixar (vt)	at forbinde	[ʌ fʌ'ben'ə]
enfaixamento (m)	forbinding (f)	[fʌ'ben'eŋ]

vacinação (f)	vaccination (f)	[vagsina'ço'n]
vacinar (vt)	at vaccinere	[ʌ vaksi'ne'ʌ]
injeção (f)	injektion (f)	[enjɛk'ço'n]
dar uma injeção	at give en sprøjte	[ʌ 'gi' en 'spʁʌjtə]

ataque (~ de asma, etc.)	anfald (i)	['an‚fal']
amputação (f)	amputation (f)	[amputa'ço'n]
amputar (vt)	at amputere	[ʌ ampu'te'ʌ]
coma (f)	koma (f)	['ko:ma]
estar em coma	at ligge i koma	[ʌ 'legə i 'ko:ma]
reanimação (f)	intensivafdeling (f)	['entən‚siw' 'aw‚de'leŋ]

recuperar-se (vr)	at blive rask	[ʌ 'bli:ə 'ʁask]
estado (~ de saúde)	tilstand (f)	['tel‚stan']
consciência (perder a ~)	bevidsthed (f)	[be'vest‚heð']
memória (f)	hukommelse (f)	[hu'kʌm'əlsə]
tirar (vt)	at trække ud	[ʌ 'tʁakə uð']

obturação (f)	plombe (f)	['plɔmbə]
obturar (vt)	at plombere	[ʌ plɔm'be'ʌ]

hipnose (f)	hypnose (f)	[hyp'no:sə]
hipnotizar (vt)	at hypnotisere	[ʌ hypnoti'se'ʌ]

75. Médicos

médico (m)	læge (f)	['lɛ:jə]
enfermeira (f)	sygeplejerske (f)	['sy:ə,plɑj'ʌskə]
médico (m) pessoal	personlig læge (f)	[pæɐ̯'so'nli 'lɛ:jə]

dentista (m)	tandlæge (f)	['tan,lɛ:jə]
oculista (m)	øjenlæge (f)	['ʌjən,lɛ:jə]
terapeuta (m)	terapeut (f)	[teɑ'pœw't]
cirurgião (m)	kirurg (f)	[ki'ʁuɐ̯'w]

psiquiatra (m)	psykiater (f)	[syki'æ'tʌ]
pediatra (m)	børnelæge (f)	['bœɐ̯nə,lɛ:jə]
psicólogo (m)	psykolog (f)	[syko'lo']
ginecologista (m)	gynækolog (f)	[gynɛko'lo']
cardiologista (m)	kardiolog (f)	[kɑdio'lo']

76. Medicina. Drogas. Acessórios

medicamento (m)	medicin (f)	[medi'si'n]
remédio (m)	middel (i)	['miðˀəl]
receitar (vt)	at ordinere	[ʌ ɔdi'ne'ʌ]
receita (f)	recept (f)	[ʁɛ'sɛpt]

comprimido (m)	tablet (f), pille (f)	[tab'lɛt], ['pelə]
unguento (m)	salve (f)	['salvə]
ampola (f)	ampul (f)	[am'pul']
solução, preparado (m)	mikstur (f)	[meks'tuɐ̯']
xarope (m)	sirup (f)	['si'ʁop]
cápsula (f)	pille (f)	['pelə]
pó (m)	pulver (i)	['pɔl'vʌ]

atadura (f)	gazebind (i)	['gæ:sə,ben']
algodão (m)	vat (i)	['vat]
iodo (m)	jod (i, f)	['jo'ð]

curativo (m) adesivo	plaster (i)	['plastʌ]
conta-gotas (m)	pipette (f)	[pi'pɛtə]
termômetro (m)	termometer (i)	[tæɐ̯mo'me'tʌ]
seringa (f)	sprøjte (f)	['spʁʌjtə]

cadeira (f) de rodas	kørestol (f)	['kø:ʌ,sto'l]
muletas (f pl)	krykker (f pl)	['kʁɔəkə]

analgésico (m)	smertestillende medicin (i)	['smæɐ̯də,stelənə medi'si'n]
laxante (m)	laksativ (i)	[lɑksa'tiw']

álcool (m)	sprit (f)	['spʁit]
ervas (f pl) medicinais	lægeurter (f pl)	['lɛːjəˌuɐ̯ˀtʌ]
de ervas (chá ~)	urte-	['uɐ̯tə-]

77. Fumar. Produtos tabágicos

tabaco (m)	tobak (f)	[to'bɑk]
cigarro (m)	cigaret (f)	[sigə'ʁat]
charuto (m)	cigar (f)	[si'gɑˀ]
cachimbo (m)	pibe (f)	['piːbə]
maço (~ de cigarros)	pakke (f)	['pɑkə]

fósforos (m pl)	tændstikker (f pl)	['tɛnˌstekʌ]
caixa (f) de fósforos	tændstikæske (f)	['tɛnstekˌɛskə]
isqueiro (m)	lighter (f)	['lɑjtʌ]
cinzeiro (m)	askebæger (i)	['askəˌbɛːjʌ]
cigarreira (f)	cigaretetui (i)	[sigə'ʁat etu'i]

piteira (f)	mundstykke (i)	['mɔnˌstøkə]
filtro (m)	filter (i)	['filˀtʌ]

fumar (vi, vt)	at ryge	[ʌ 'ʁyːə]
acender um cigarro	at tænde en cigaret	[ʌ 'tɛnə en sigə'ʁat]
tabagismo (m)	rygning (f)	['ʁyːneŋ]
fumante (m)	ryger (f)	['ʁyːʌ]

bituca (f)	stump (f), skod (i)	['stɔmˀp], ['skʌð]
fumaça (f)	røg (f)	['ʁʌjˀ]
cinza (f)	aske (f)	['askə]

HABITAT HUMANO

Cidade

78. Cidade. Vida na cidade

cidade (f)	by (f)	['by']
capital (f)	hovedstad (f)	['ho:əð‚stað]
aldeia (f)	landsby (f)	['lans‚by']

mapa (m) da cidade	bykort (i)	['by‚kɒːt]
centro (m) da cidade	centrum (i) af byen	['sɛntʁɔm a 'byən]
subúrbio (m)	forstad (f)	['fɒː‚stað]
suburbano (adj)	forstads-	['fɒː‚staðs-]

periferia (f)	udkant (f)	['uð‚kan'ʔt]
arredores (m pl)	omegne (f pl)	['ʌm‚ɑjʔnə]
quarteirão (m)	kvarter (i)	[kvɑ'te'ɐ̯]
quarteirão (m) residencial	boligkvarter (i)	['bo:likvɑ'te'ɐ̯]

tráfego (m)	trafik (f)	[tʁɑ'fik]
semáforo (m)	trafiklys (i)	[tʁɑ'fik‚ly's]
transporte (m) público	offentlig transport (f)	['ʌfəntli tʁɑns'pɒːt]
cruzamento (m)	kryds (i, f)	['kʁys]

faixa (f)	fodgængerovergang (f)	['foðgɛɲʌ 'ɒwʌ‚gɑŋ']
túnel (m) subterrâneo	gangtunnel (f)	['gaŋtu‚nɛl']
cruzar, atravessar (vt)	at gå over	[ʌ gɔ' 'ɒw'ʌ]
pedestre (m)	fodgænger (f)	['foð‚gɛɲʌ]
calçada (f)	fortov (i)	['fɒː‚tɒw]

ponte (f)	bro (f)	['bʁo']
margem (f) do rio	kaj (f)	['kɑj']
fonte (f)	springvand (i)	['spʁɛŋ‚van']

alameda (f)	alle (f)	[a'le']
parque (m)	park (f)	['pɑ:k]
bulevar (m)	boulevard (f)	[bulə'vɑ'd]
praça (f)	torv (i)	['tɒ'w]
avenida (f)	avenue (f)	[avə'ny]
rua (f)	gade (f)	['gæːðə]
travessa (f)	sidegade (f)	['si:ðə‚gæːðə]
beco (m) sem saída	blindgyde (f)	['blen'‚gy:ðə]

casa (f)	hus (i)	['hu's]
edifício, prédio (m)	bygning (f)	['bygnəŋ]
arranha-céu (m)	skyskraber (f)	['sky‚skʁɑːbʌ]
fachada (f)	facade (f)	[fa'sæːðə]
telhado (m)	tag (i)	['tæ'j]

janela (f)	vindue (i)	['vendu]
arco (m)	bue (f)	['buːə]
coluna (f)	søjle (f)	['sʌjlə]
esquina (f)	hjørne (i)	['jœɐ̯'nə]

vitrine (f)	udstillingsvindue (i)	['uðˌstel'eŋs 'vendu]
letreiro (m)	skilt (i)	['skel'tʰ]
cartaz (do filme, etc.)	plakat (f)	[pla'kæ'tʰ]
cartaz (m) publicitário	reklameplakat (f)	[ʁɛ'klæːməˌpla'kæ'tʰ]
painel (m) publicitário	reklameskilt (i)	[ʁɛ'klæːməˌskel'tʰ]

lixo (m)	affald (i)	['awˌfal']
lata (f) de lixo	skraldespand (f)	['skʁɑləˌspan']
jogar lixo na rua	at smide affald	[ʌ 'smiːðə 'awˌfal']
aterro (m) sanitário	losseplads (f)	['lʌsəˌplas]

orelhão (m)	telefonboks (f)	[teləˈfoːnˌbʌks]
poste (m) de luz	lygtepæl (f)	['løgtəˌpɛ'l]
banco (m)	bænk (f)	['bɛŋ'k]

polícia (m)	politibetjent (f)	[poli'ti be'tjɛn'tʰ]
polícia (instituição)	politi (i)	[poli'ti']
mendigo, pedinte (m)	tigger (f)	['tegʌ]
desabrigado (m)	hjemløs (f)	['jɛmˌløˈs]

79. Instituições urbanas

loja (f)	forretning (f), butik (f)	[fʌ'ʁatneŋ], [bu'tik]
drogaria (f)	apotek (i)	[ɑpo'te'k]
ótica (f)	optik (f)	[ʌp'tik]
centro (m) comercial	indkøbscenter (i)	['enˌkø'bs ˌsɛn'tʌ]
supermercado (m)	supermarked (i)	['suˈpʌˌmaːkəð]

padaria (f)	bageri (i)	[bæjʌ'ʁi']
padeiro (m)	bager (f)	['bæːjʌ]
pastelaria (f)	konditori (i)	[kʌnditʌ'ʁi']
mercearia (f)	købmandsbutik (f)	['kømans bu'tik]
açougue (m)	slagterbutik (f)	['slɑgtʌ bu'tik]

fruteira (f)	grønthandel (f)	['gʁœntˌhan'əl]
mercado (m)	marked (i)	['maːkəð]

cafeteria (f)	cafe, kaffebar (f)	[ka'fe'], ['kɑfəˌbɑ']
restaurante (m)	restaurant (f)	[ʁɛsto'ʁɑŋ]
bar (m)	ølstue (f)	['ølˌstuːə]
pizzaria (f)	pizzeria (i)	[pidsə'ʁiːa]

salão (m) de cabeleireiro	frisørsalon (f)	[fʁi'søɐ̯ saˌlʌŋ]
agência (f) dos correios	postkontor (i)	['pʌst kɔn'to'ɐ̯]
lavanderia (f)	renseri (i)	[ʁansʌ'ʁi']
estúdio (m) fotográfico	fotoatelier (i)	['foto atəl'je]

sapataria (f)	skotøjsforretning (f)	['skoˌtʌjs fʌ'ʁatneŋ]
livraria (f)	boghandel (f)	['bɔwˌhan'əl]

loja (f) de artigos esportivos	sportsforretning (f)	['spɒːʦ fʌ'ʁatnen]
costureira (m)	reparation (f) af tøj	[ʁɛpʁɑ'ɢoˀn a 'tʌj]
aluguel (m) de roupa	udlejning (f) af tøj	['uð lɑjˀnen a 'tʌj]
videolocadora (f)	filmleje (f)	['film lɑjə]
circo (m)	cirkus (i)	['siɐ̯kus]
jardim (m) zoológico	zoologisk have (f)	[soo'loˀisk 'hæːvə]
cinema (m)	biograf (f)	[bio'gʁɑˀf]
museu (m)	museum (i)	[mu'sɛːɔm]
biblioteca (f)	bibliotek (i)	[biblio'teˀk]
teatro (m)	teater (i)	[te'æˀtʌ]
ópera (f)	opera (f)	['oˀpeʁɑ]
boate (casa noturna)	natklub (f)	['nat klub]
cassino (m)	kasino (i)	[ka'siːno]
mesquita (f)	moske (f)	[mo'skeˀ]
sinagoga (f)	synagoge (f)	[syna'goːə]
catedral (f)	katedral (f)	[katə'dʁɑˀl]
templo (m)	tempel (i)	['tɛmˀpəl]
igreja (f)	kirke (f)	['kiɐ̯kə]
faculdade (f)	institut (i)	[ensdi'tut]
universidade (f)	universitet (i)	[univæɐ̯si'teˀt]
escola (f)	skole (f)	['skoːlə]
prefeitura (f)	præfektur (i)	[pʁɛfɛk'tuɐ̯ˀ]
câmara (f) municipal	rådhus (i)	['ʁɔð huˀs]
hotel (m)	hotel (i)	[ho'tɛlˀ]
banco (m)	bank (f)	['baŋˀk]
embaixada (f)	ambassade (f)	[amba'sæːðə]
agência (f) de viagens	rejsebureau (i)	['ʁɑjsə byˌʁo]
agência (f) de informações	informationskontor (i)	[enfɒma'ɢons kɔn'toˀɐ̯]
casa (f) de câmbio	vekselkontor (i)	['vɛksəl kɔn'toˀɐ̯]
metrô (m)	metro (f)	['meːtʁo]
hospital (m)	sygehus (i)	['syːə huˀs]
posto (m) de gasolina	tankstation (f)	['taŋk sta'ɢˀon]
parque (m) de estacionamento	parkeringsplads (f)	[pɑ'keˀɐ̯eŋsˌplas]

80. Sinais

letreiro (m)	skilt (i)	['skelˀt]
aviso (m)	indskrift (f)	['en skʁɛft]
cartaz, pôster (m)	poster (f)	['pɒwstʌ]
placa (f) de direção	vejviser (f)	['vɑjˌviːsʌ]
seta (f)	pil (f)	['piˀl]
aviso (advertência)	advarsel (f)	['aðˌvɑːsəl]
sinal (m) de aviso	advarselsskilt (i)	['aðˌvɑːsəls 'skelˀt]
avisar, advertir (vt)	at advare	[ʌ 'aðˌvɑˀɑ]
dia (m) de folga	fridag (f)	['fʁidæˀ]

77

| horário (~ dos trens, etc.) | køreplan (f) | ['kø:ʌ,plæˀn] |
| horário (m) | åbningstid (f) | ['ɔ:bneŋsˌtiðˀ] |

BEM-VINDOS!	VELKOMMEN!	['vɛlˌkʌmˀən]
ENTRADA	INDGANG	['enˌgɑŋˀ]
SAÍDA	UDGANG	['uðˌgɑŋˀ]

EMPURRE	TRYK	['tʁœk]
PUXE	TRÆK	['tʁak]
ABERTO	ÅBENT	['ɔ:bənt]
FECHADO	LUKKET	['lɔkəð]

| MULHER | KVINDE | ['kvenə] |
| HOMEM | MAND | ['manˀ] |

DESCONTOS	RABAT	[ʁɑ'bat]
SALDOS, PROMOÇÃO	UDSALG	['uðˌsalˀ]
NOVIDADE!	NYHED!	['nyheðˀ]
GRÁTIS	GRATIS	['gʁɑ:tis]

ATENÇÃO!	PAS PÅ!	['pas 'pɔ]
NÃO HÁ VAGAS	INGEN LEDIGE VÆRELSER	['eŋən 'le:ðiə 'væg̊ʌlsʌ]
RESERVADO	RESERVERET	[ʁɛsæg̊'veˀʌð]

| ADMINISTRAÇÃO | ADMINISTRATION | [aðministʁɑ'ɕoˀn] |
| SOMENTE PESSOAL AUTORIZADO | KUN FOR PERSONALE | ['kɔn fʌ pæg̊so'næ:lə] |

CUIDADO CÃO FEROZ	HER VOGTER JEG	['hɛˀg̊ 'vʌgtʌ 'jɑj]
PROIBIDO FUMAR!	RYGNING FORBUDT	['ʁy:neŋ fʌ'byˀð]
NÃO TOCAR	MÅ IKKE BERØRES!	[mɔ 'ekə be'ʁœˀʌs]

PERIGOSO	FARLIG	['fɑ:li]
PERIGO	FARE	['fɑ:ɑ]
ALTA TENSÃO	HØJSPÆNDING	['hʌjˌspɛneŋ]
PROIBIDO NADAR	BADNING FORBUDT	['bæ:ðneŋ fʌ'byˀð]
COM DEFEITO	UDE AF DRIFT	['u:ðə a 'dʁɛft]

INFLAMÁVEL	BRANDFARLIG	['bʁɑnˌfɑ:li]
PROIBIDO	FORBUDT	[fʌ'byˀt]
ENTRADA PROIBIDA	ADGANG FORBUDT	['aðˌgɑŋˀ fʌ'byˀð]
CUIDADO TINTA FRESCA	NYMALET	['nyˌmæˀləð]

81. Transportes urbanos

ônibus (m)	bus (f)	['bus]
bonde (m) elétrico	sporvogn (f)	['spog̊ˌvɒwˀn]
trólebus (m)	trolleybus (f)	['tʁʌliˌbus]
rota (f), itinerário (m)	rute (f)	['ʁu:tə]
número (m)	nummer (i)	['nɔmˀʌ]

| ir de ... (carro, etc.) | at køre på ... | [ʌ 'kø:ʌ 'pɔˀ ...] |
| entrar no ... | at stå på ... | [ʌ stɔˀ 'pɔˀ ...] |

descer do ...	at stå af ...	[ʌ stɔ' 'æ' ...]
parada (f)	stop, stoppested (i)	['stʌp], ['stʌpəstɛð]
próxima parada (f)	næste station (f)	['nɛstə sta'ɕo'n]
terminal (m)	endestation (f)	['ɛnəsta'ɕo'n]
horário (m)	køreplan (f)	['kø:ʌˌplæ'n]
esperar (vt)	at vente	[ʌ 'vɛntə]

passagem (f)	billet (f)	[bi'lɛt]
tarifa (f)	billetpris (f)	[bi'lɛtˌpʁi's]

bilheteiro (m)	kasserer (f)	[ka'se'ʌ]
controle (m) de passagens	billetkontrol (f)	[bi'lɛt kɔn'tʁʌl']
revisor (m)	kontrollør (f)	[kʌntʁo'lø'ɐ̯]

atrasar-se (vr)	at komme for sent	[ʌ 'kʌmə fʌ 'se'nt]
perder (o autocarro, etc.)	at komme for sent til ...	[ʌ 'kʌmə fʌ 'se'nt tel ...]
estar com pressa	at skynde sig	[ʌ 'skønə sɑj]

táxi (m)	taxi (f)	['tɑksi]
taxista (m)	taxichauffør (f)	['tɑksi ɕo'fø'ɐ̯]
de táxi (ir ~)	i taxi	[i 'tɑksi]
ponto (m) de táxis	taxiholdeplads (f)	['tɑksi 'hʌləˌplas]
chamar um táxi	at bestille en taxi	[ʌ be'stel'ə en 'tɑksi]
pegar um táxi	at tage en taxi	[ʌ 'tæ' en 'tɑksi]

tráfego (m)	trafik (f)	[tʁɑ'fik]
engarrafamento (m)	trafikprop (f)	[tʁɑ'fikˌpʁʌp]
horas (f pl) de pico	myldretid (f)	['mylʁʌˌtið']
estacionar (vi)	at parkere	[ʌ pɑ'ke'ʌ]
estacionar (vt)	at parkere	[ʌ pɑ'ke'ʌ]
parque (m) de estacionamento	parkeringsplads (f)	[pɑ'ke'ɐ̯eŋsˌplas]

metrô (m)	metro (f)	['me:tʁo]
estação (f)	station (f)	[sta'ɕo'n]
ir de metrô	at køre med metroen	[ʌ 'kø:ʌ mɛ 'metʁo:ən]
trem (m)	tog (i)	['tɔ'w]
estação (f) de trem	banegård (f)	['bæ:nəˌgɔ']

82. Turismo

monumento (m)	monument (i)	[monu'mɛn't]
fortaleza (f)	fæstning (f)	['fɛstneŋ]
palácio (m)	palads (i)	[pa'las]
castelo (m)	slot (i), borg (f)	['slʌt], ['bɒ'w]
torre (f)	tårn (i)	['tɔ'n]
mausoléu (m)	mausoleum (i)	[mɑwso'lɛ:ɔm]

arquitetura (f)	arkitektur (f)	[ɑkitɛk'tuɐ̯']
medieval (adj)	middelalderlig	['miðəlˌal'ʌli]
antigo (adj)	gammel	['gaməl]
nacional (adj)	national	[naɕo'næ'l]
famoso, conhecido (adj)	kendt, berømt	['kɛn't], [be'ʁœm't]
turista (m)	turist (f)	[tu'ʁist]
guia (pessoa)	guide (f)	['gɑjd]

79

excursão (f)	udflugt (f)	['uð‚flɔgt]
mostrar (vt)	at vise	[ʌ 'vi:sə]
contar (vt)	at fortælle	[ʌ fʌ'tɛl'ə]

encontrar (vt)	at finde	[ʌ 'fenə]
perder-se (vr)	at gå vild	[ʌ gɔ' 'vil']
mapa (~ do metrô)	kort (i)	['kɒ:t]
mapa (~ da cidade)	kort (i)	['kɒ:t]

lembrança (f), presente (m)	souvenir (f)	[suvə'ni:ɐ̯]
loja (f) de presentes	souvenirforretning (f)	[suvə'ni:ɐ̯ fʌ'ʁatneŋ]
tirar fotos, fotografar	at fotografere	[ʌ fotogʁa'fe'ʌ]
fotografar-se (vr)	at blive fotograferet	[ʌ 'bli:ə fotogʁa:'fe'ʌð]

83. Compras

comprar (vt)	at købe	[ʌ 'kø:bə]
compra (f)	indkøb (i)	['en‚kø'b]
fazer compras	at gå på indkøb	[ʌ gɔ' pɔ 'en‚kø'b]
compras (f pl)	shopping (f)	['ɕʌpeŋ]

| estar aberta (loja) | at være åben | [ʌ 'vɛ:ʌ 'ɔ:bən] |
| estar fechada | at være lukket | [ʌ 'vɛ:ʌ 'lɔkəð] |

calçado (m)	sko (f)	['sko']
roupa (f)	klæder (i pl)	['klɛ:ðʌ]
cosméticos (m pl)	kosmetik (f)	[kʌsmə'tik]
alimentos (m pl)	madvarer (f pl)	['maðva:ʌ]
presente (m)	gave (f)	['gæ:və]

| vendedor (m) | sælger (f) | ['sɛljʌ] |
| vendedora (f) | sælger (f) | ['sɛljʌ] |

caixa (f)	kasse (f)	['kasə]
espelho (m)	spejl (i)	['spɑjˀl]
balcão (m)	disk (f)	['disk]
provador (m)	prøverum (i)	['pʁœ:wə‚ʁɔmˀ]

provar (vt)	at prøve	[ʌ 'pʁœ:wə]
servir (roupa, caber)	at passe	[ʌ 'pasə]
gostar (apreciar)	at kunne lide	[ʌ 'kunə 'li:ðə]

preço (m)	pris (f)	['pʁiˀs]
etiqueta (f) de preço	prismærke (i)	['pʁis‚mæɐ̯kə]
custar (vt)	at koste	[ʌ 'kʌstə]
Quanto?	Hvor meget?	[vɒ' 'maɑð]
desconto (m)	rabat (f)	[ʁa'bat]

não caro (adj)	billig	['bili]
barato (adj)	billig	['bili]
caro (adj)	dyr	['dyɐ̯']
É caro	Det er dyrt	[de 'æɐ̯ 'dyɐ̯'t]
aluguel (m)	leje (f)	['lɑjə]
alugar (roupas, etc.)	at leje	[ʌ 'lɑjə]

| crédito (m) | kredit (f) | [kʁɛ'dit] |
| a crédito | på kredit | [pɔ kʁɛ'dit] |

84. Dinheiro

dinheiro (m)	penge (pl)	['pɛŋə]
câmbio (m)	veksling (f)	['vɛksleŋ]
taxa (f) de câmbio	kurs (f)	['kuʁˀs]
caixa (m) eletrônico	pengeautomat (f)	['pɛŋə ɑwto'mæˀt]
moeda (f)	mønt (f)	['mønˀt]

| dólar (m) | dollar (f) | ['dʌlʌ] |
| euro (m) | euro (f) | ['œwʁo] |

lira (f)	lire (f)	['liːʌ]
marco (m)	mark (f)	['mɑːk]
franco (m)	franc (f)	['fʁɑŋˀk]
libra (f) esterlina	engelske pund (i)	['ɛŋˀəlskə punˀ]
iene (m)	yen (f)	['jɛn]

dívida (f)	gæld (f)	['gɛlˀ]
devedor (m)	skyldner (f)	['skylnʌ]
emprestar (vt)	at låne ud	[ʌ 'lɔːnə ˌuðˀ]
pedir emprestado	at låne	[ʌ 'lɔːnə]

banco (m)	bank (f)	['bɑŋˀk]
conta (f)	konto (f)	['kʌnto]
depositar (vt)	at indsætte	[ʌ 'enˌsɛtə]
depositar na conta	at sætte ind på kontoen	[ʌ 'sɛtə 'enˀ pɔ 'kʌntoːən]
sacar (vt)	at hæve fra kontoen	[ʌ 'hɛːvə fʁɑ 'kʌntoːən]

cartão (m) de crédito	kreditkort (i)	[kʁɛ'dit kɔːt]
dinheiro (m) vivo	kontanter (pl)	[kɔn'tanˀtʌ]
cheque (m)	check (f)	['ɕɛk]
passar um cheque	at skrive en check	[ʌ 'skʁiːvə en 'ɕɛk]
talão (m) de cheques	checkhæfte (i)	['ɕɛkˌhɛftə]

carteira (f)	tegnebog (f)	['tajnəˌbɔˀw]
niqueleira (f)	pung (f)	['pɔŋˀ]
cofre (m)	pengeskab (i)	['pɛŋəˌskæˀb]

herdeiro (m)	arving (f)	['ɑːveŋ]
herança (f)	arv (f)	['ɑˀw]
fortuna (riqueza)	formue (f)	['fɔːˌmuːə]

arrendamento (m)	leje (f)	['lɑjə]
aluguel (pagar o ~)	husleje (f)	['husˌlɑjə]
alugar (vt)	at leje	[ʌ 'lɑjə]

preço (m)	pris (f)	['pʁiˀs]
custo (m)	omkostning (f)	['ʌmˌkʌstneŋ]
soma (f)	sum (f)	['sɔmˀ]
gastar (vt)	at bruge	[ʌ 'bʁuːə]
gastos (m pl)	udgifter (f pl)	['uðˌgiftʌ]

| economizar (vi) | at spare | [ʌ 'spɑːɑ] |
| econômico (adj) | sparsommelig | [spɑ'sʌmˀəli] |

pagar (vt)	at betale	[ʌ be'tæˀlə]
pagamento (m)	betaling (f)	[be'tæˀleŋ]
troco (m)	byttepenge (pl)	['bytə,pɛŋə]

imposto (m)	skat (f)	['skat]
multa (f)	bøde (f)	['bøːðə]
multar (vt)	at give bødestraf	[ʌ 'giˀ 'bøːðə,stʁaf]

85. Correios. Serviço postal

agência (f) dos correios	postkontor (i)	['pʌst kɔn'toˀɐ̯]
correio (m)	post (f)	['pʌst]
carteiro (m)	postbud (i)	['pʌst,buð]
horário (m)	åbningstid (f)	['ɔːbneŋs,tiðˀ]

carta (f)	brev (i)	['bʁɛwˀ]
carta (f) registada	rekommanderet brev (i)	[ʁɛkɔman'deˀʌð 'bʁɛwˀ]
cartão (m) postal	postkort (i)	['pʌst,kɔːt]
telegrama (m)	telegram (i)	[telə'gʁɑmˀ]
encomenda (f)	postpakke (f)	['pʌst,pɑkə]
transferência (f) de dinheiro	pengeoverførsel (f)	['pɛŋə 'ɔwʌ,føɐ̯ˀsəl]

receber (vt)	at modtage	[ʌ 'moð,tæˀ]
enviar (vt)	at sende	[ʌ 'sɛnə]
envio (m)	afsendelse (f)	['ɑw,sɛnˀəlsə]

endereço (m)	adresse (f)	[a'dʁasə]
código (m) postal	postnummer (i)	['pʌst,nɔmˀʌ]
remetente (m)	afsender (f)	['ɑw,sɛnˀʌ]
destinatário (m)	modtager (f)	['moð,tæˀjʌ]

| nome (m) | fornavn (i) | ['fɔː,nɑwˀn] |
| sobrenome (m) | efternavn (i) | ['ɛftʌ,nɑwˀn] |

tarifa (f)	tarif (f)	[tɑ'ʁif]
ordinário (adj)	vanlig	['væˀnli]
econômico (adj)	økonomisk	[øko'noˀmisk]

peso (m)	vægt (f)	['vɛgt]
pesar (estabelecer o peso)	at veje	[ʌ 'vajə]
envelope (m)	konvolut, kuvert (f)	[kɔnvo'lut], [ku'væɐ̯t]
selo (m) postal	frimærke (i)	['fʁi,mæɐ̯kə]
colar o selo	at frankere	[ʌ fʁaŋ'keˀʌ]

Moradia. Casa. Lar

86. Casa. Habitação

casa (f)	hus (i)	['hu's]
em casa	hjemme	['jɛmə]
pátio (m), quintal (f)	gård (f)	['gɒ']
cerca, grade (f)	hegn (i)	['hɑj'n]
tijolo (m)	tegl (i, f), mursten (f)	['tɑj'l], ['muɐ̯ˌste'n]
de tijolos	tegl-	['tɑjl-]
pedra (f)	sten (f)	['ste'n]
de pedra	sten-	['sten-]
concreto (m)	beton (f)	[be'tʌŋ]
concreto (adj)	beton-	[be'tʌŋ-]
novo (adj)	ny	['ny']
velho (adj)	gammel	['gɑməl]
decrépito (adj)	faldefærdig	['faləˌfæɐ̯'di]
moderno (adj)	moderne	[mo'dæɐ̯nə]
de vários andares	fleretages-	['fleˌetæ'ɕəs-]
alto (adj)	høj	['hʌj']
andar (m)	etage (f)	[e'tæ'ɕə]
de um andar	enetages	['e:neˌtæ'ɕəs]
térreo (m)	stue (f), stueetage (f)	['stu:ə], ['stu:ə e'tæ'ɕə]
andar (m) de cima	øverste etage (f)	['øw'ʌstə e'tæ'ɕə]
telhado (m)	tag (i)	['tæ'j]
chaminé (f)	skorsten (f)	['skɒːˌste'n]
telha (f)	tegl (i, f)	['tɑj'l]
de telha	tegl-	['tɑjl-]
sótão (m)	loft (i)	['lʌft]
janela (f)	vindue (i)	['vendu]
vidro (m)	glas (i) •	['glas]
parapeito (m)	vindueskarm (f)	['vendusˌkɑ'm]
persianas (f pl)	vinduesskodder (f pl)	['vendusˌskʌðʌ]
parede (f)	mur (f), væg (f)	['muɐ̯'], ['vɛ'g]
varanda (f)	balkon, altan (f)	[bal'kʌŋ], [al'tæ'n]
calha (f)	nedløbsrør (i)	['neðløbsˌʁœ'ɐ̯]
em cima	oppe	['ʌpə]
subir (vi)	at gå ovenpå	[ʌ gɔ' 'ɒwənˌpɔ']
descer (vi)	at gå ned	[ʌ gɔ' 'neð']
mudar-se (vr)	at flytte	[ʌ 'fløtə]

87. Casa. Entrada. Elevador

entrada (f)	indgang (f)	['en‚gɑŋ‚']
escada (f)	trappe (f)	['tʁɑpə]
degraus (m pl)	trin (i pl)	['tʁin]
corrimão (m)	gelænder (i)	[ge'lɛn'ʌ]
hall (m) de entrada	hall, lobby (f)	['hɒːl], ['lʌbi]
caixa (f) de correio	postkasse (f)	['pʌst‚kasə]
lata (f) do lixo	skraldebøtte (f)	['skʁɑlə‚bøtə]
calha (f) de lixo	nedfaldsskakt (f)	['neðfals‚skɑkt]
elevador (m)	elevator (f)	[elə'væ:tʌ]
elevador (m) de carga	godselevator (f)	['gɔs elə'væ:tʌ]
cabine (f)	elevatorstol (f)	[elə'væ:tʌ 'sto'l]
pegar o elevador	at tage elevatoren	[ʌ 'tæ' elə'væ:tɒɐ̯n]
apartamento (m)	lejlighed (f)	['lɑjli‚heð']
residentes (pl)	beboere (f pl)	[be'bo'ʌ]
vizinho (m)	nabo (f)	['næ:bo]
vizinha (f)	nabo (f)	['næ:bo]
vizinhos (pl)	naboer (pl)	['næ:bo'ʌ]

88. Casa. Eletricidade

eletricidade (f)	elektricitet (f)	[elɛktʁisi'te't]
lâmpada (f)	elpære (f)	['ɛl‚pɛ'ʌ]
interruptor (m)	afbryder (f)	['aw‚bʁyð'ʌ]
fusível, disjuntor (m)	sikring (f)	['sekʁɛŋ]
fio, cabo (m)	ledning (f)	['leðneŋ]
instalação (f) elétrica	ledningsnet (i)	['leðneŋs‚nɛt]
medidor (m) de eletricidade	elmåler (f)	['ɛl‚mɔ:lʌ]
indicação (f), registro (m)	aflæsninger (f pl)	['aw‚lɛ'sneŋʌ]

89. Casa. Portas. Fechaduras

porta (f)	dør (f)	['dœ'ɐ̯]
portão (m)	port (f) •	['pɒɐ̯'t]
maçaneta (f)	dørhåndtag (i)	['dœɐ̯‚hʌn'‚tæ'j]
destrancar (vt)	at låse op	[ʌ 'lɔ:sə 'ʌp]
abrir (vt)	at åbne	[ʌ 'ɔ:bnə]
fechar (vt)	at lukke	[ʌ 'lɔkə]
chave (f)	nøgle (f)	['nʌjlə]
molho (m)	knippe (i)	['knepə]
ranger (vi)	at knirke	[ʌ 'kniɐ̯kə]
rangido (m)	knirken (f)	['kniɐ̯kən]
dobradiça (f)	hængsel (i)	['hɛŋ'sel]
capacho (m)	dørmåtte (f)	['dœɐ̯‚mʌtə]
fechadura (f)	dørlås (f)	['dœɐ̯‚lɔ's]

buraco (m) da fechadura	nøglehul (i)	['nʌjlə,hɔl]
barra (f)	slå, skudrigel (f)	['slɔ'], ['skuð,ʁi'əl]
fecho (ferrolho pequeno)	slå, skudrigel (f)	['slɔ'], ['skuð,ʁi'əl]
cadeado (m)	hængelås (f)	['hɛŋə,lɔ's]

tocar (vt)	at ringe	[ʌ 'ʁɛŋə]
toque (m)	ringning (f)	['ʁɛŋneŋ]
campainha (f)	ringeklokke (f)	['ʁɛŋə,klʌkə]
botão (m)	knap (f)	['knɑp]
batida (f)	banker (f pl)	['bɑŋkʌ]
bater (vi)	at banke	[ʌ 'bɑŋkə]

código (m)	kode (f)	['ko:ðə]
fechadura (f) de código	kodelås (f)	['ko:ðə,lɔ's]
interfone (m)	dørtelefon (f)	['dœɐ̯,telə'fo'n]
número (m)	nummer (i)	['nɔm'ʌ]
placa (f) de porta	dørskilt (i)	['dœ'ɡ,skel't]
olho (m) mágico	kighul (i)	['kig,hɔl]

90. Casa de campo

aldeia (f)	landsby (f)	['lans,by']
horta (f)	køkkenhave (f)	['køkən,hæ:və]
cerca (f)	hegn (i)	['hɑj'n]
cerca (f) de piquete	stakit (i)	[sta'kit]
portão (f) do jardim	låge (f)	['lɔ:wə]

celeiro (m)	kornmagasin (i)	['koɐ̯n,mɑga'si'n]
adega (f)	jordkælder (f)	['joɐ̯,kɛlʌ]
galpão, barracão (m)	skur (i)	['skuɡ']
poço (m)	brønd (f)	['bʁœn']

fogão (m)	ovn (f)	['ɔw'n]
atiçar o fogo	at fyre	[ʌ 'fy:ʌ]
lenha (carvão ou ~)	brænde (i)	['bʁanə]
acha, lenha (f)	brændeknude (f)	['bʁanə,knu:ðə]

varanda (f)	veranda (f)	[ve'ʁanda]
alpendre (m)	terrasse (f)	[ta'ʁasə]
degraus (m pl) de entrada	trappe (f)	['tʁapə]
balanço (m)	gynge (f)	['gøŋʌ]

91. Moradia. Mansão

casa (f) de campo	fritidshus (i)	['fʁitiðs,hu's]
vila (f)	villa (f)	['vila]
ala (~ do edifício)	fløj (f)	['flʌj']

jardim (m)	have (f)	['hæ:və]
parque (m)	park (f)	['pɑ:k]
estufa (f)	drivhus (i)	['dʁiw,hu's]
cuidar de ...	at tage vare	[ʌ 'tæ' 'va:ɑ]

85

piscina (f)	svømmebassin (i)	['svœməbaˌsɛŋ]
academia (f) de ginástica	gym (i)	['dʒy:mˀ]
quadra (f) de tênis	tennisbane (f)	['tɛnisˌbæ:nə]
cinema (m)	hjemmebio (f)	['jɛməˌbi:o]
garagem (f)	garage (f)	[gɑ'ʁɑːɕə]

| propriedade (f) privada | privat ejendom (f) | [pʁi'væ't 'ajənˌdʌmˀ] |
| terreno (m) privado | privat grund (f) | [pʁi'væ't 'gʁɔnˀ] |

| advertência (f) | advarsel (f) | ['aðˌvɑːsəl] |
| sinal (m) de aviso | advarselsskilt (i) | ['aðˌvɑːsəls 'skelˀt] |

guarda (f)	sikkerhed (f)	['sekʌˌheðˀ]
guarda (m)	sikkerhedsvagt (f)	['sekʌˌheðs 'vɑgt]
alarme (m)	tyverialarm (f)	[tywʌ'ʁi a'lɑˀm]

92. Castelo. Palácio

castelo (m)	slot (i), borg (f)	['slʌt], ['bɒˀw]
palácio (m)	palads (i)	[pa'las]
fortaleza (f)	fæstning (f)	['fɛstneŋ]
muralha (f)	mur (f)	['muɐ̯ˀ]
torre (f)	tårn (i)	['tɒˀn]
calabouço (m)	hovedtårn (i)	['ho:əðˌtɒˀn]

grade (f) levadiça	faldgitter (i)	['falˌgitʌ]
passagem (f) subterrânea	underjordisk gang (f)	['ɔnʌˌjoɐ̯ˀdisk 'gɑŋˀ]
fosso (m)	voldgrav (f)	['vʌlˌgʁɑˀw]
corrente, cadeia (f)	kæde (f)	['kɛ:ðə]
seteira (f)	skydeskår (i)	['sky:ðəˌskɒˀ]

magnífico (adj)	pragtfuld	['pʁɑgtˌfulˀ]
majestoso (adj)	majestætisk	[majə'stɛˀtisk]
inexpugnável (adj)	uindtagelig	[uen'tæˀjəli]
medieval (adj)	middelalderlig	['miðəlˌalˀʌli]

93. Apartamento

apartamento (m)	lejlighed (f)	['lajliˌheðˀ]
quarto, cômodo (m)	rum, værelse (i)	['ʁomˀ], ['væɐ̯ʌlsə]
quarto (m) de dormir	soveværelse (i)	['sɒwəˌvæɐ̯ʌlsə]
sala (f) de jantar	spisestue (f)	['spi:səˌstu:ə]
sala (f) de estar	dagligstue (f)	['dɑwliˌstu:ə]
escritório (m)	arbejdsværelse (i)	['ɑ:bajdsˌvæɐ̯ʌlsə]

sala (f) de entrada	entre (f), forstue (f)	[ɑŋ'tʁɛ], ['fɒˌstu:ə]
banheiro (m)	badeværelse (i)	['bæ:ðəˌvæɐ̯ʌlsə]
lavabo (m)	toilet (i)	[toa'lɛt]

teto (m)	loft (i)	['lʌft]
chão, piso (m)	gulv (i)	['gɔl]
canto (m)	hjørne (i)	['jœɐ̯ˀnə]

94. Apartamento. Limpeza

arrumar, limpar (vt)	at rydde	[ʌ 'ʁyðə]
guardar (no armário, etc.)	at lægge væk	[ʌ 'lɛgə 'vɛk]
pó (m)	støv (i)	['støˀw]
empoeirado (adj)	støvet	['stø:vəð]
tirar o pó	at tørre støv	[ʌ 'tœʁʌ 'støˀw]
aspirador (m)	støvsuger (f)	['støw,suˀʌ]
aspirar (vt)	at støvsuge	[ʌ 'støw,suˀə]

varrer (vt)	at feje	[ʌ 'fajə]
sujeira (f)	snavs (i)	['snɑwˀs]
arrumação, ordem (f)	orden (f)	['ɒˀdən]
desordem (f)	uorden (f)	['u,ɒˀdən]

esfregão (m)	moppe (f)	['mʌpə]
pano (m), trapo (m)	klud (f)	['kluðˀ]
vassoura (f)	fejekost (f)	['fajə,kɔst]
pá (f) de lixo	fejeblad (i)	['fajə,blað]

95. Mobiliário. Interior

mobiliário (m)	møbler (pl)	['møˀblʌ]
mesa (f)	bord (i)	['boˀɐ̯]
cadeira (f)	stol (f)	['stoˀl]
cama (f)	seng (f)	['sɛŋˀ]
sofá, divã (m)	sofa (f)	['so:fa]
poltrona (f)	lænestol (f)	['lɛ:nə,stoˀl]

estante (f)	bogskab (i)	['bɔw,skæ:b]
prateleira (f)	hylde (f)	['hylə]

guarda-roupas (m)	klædeskab (i)	['klɛ:ðə,skæˀb]
cabide (m) de parede	knagerække (f)	['knæ:jə,ʁakə]
cabideiro (m) de pé	stumtjener (f)	['stɔm,tjɛ:nʌ]

cômoda (f)	kommode (f)	[ko'mo:ðə]
mesinha (f) de centro	sofabord (i)	['so:fa,boˀɐ̯]

espelho (m)	spejl (i)	['spajˀl]
tapete (m)	tæppe (i)	['tɛpə]
tapete (m) pequeno	lille tæppe (i)	['lilə 'tɛpə]

lareira (f)	pejs (f), kamin (f)	['pajˀs], [ka'miˀn]
vela (f)	lys (i)	['lyˀs]
castiçal (m)	lysestage (f)	['lysə,stæ:jə]

cortinas (f pl)	gardiner (i pl)	[ga'diˀnʌ]
papel (m) de parede	tapet (i)	[ta'peˀt]
persianas (f pl)	persienne (f)	[pæɐ̯'ɕɛnə]

luminária (f) de mesa	bordlampe (f)	['boɐ̯,lampə]
luminária (f) de parede	væglampe (f)	['vɛg,lampə]

| abajur (m) de pé | standerlampe (f) | ['stanʌˌlampə] |
| lustre (m) | lysekrone (f) | ['lysəˌkʁoːnə] |

pé (de mesa, etc.)	ben (i)	['beʔn]
braço, descanso (m)	armlæn (i)	['ɑʔmˌlɛʔn]
costas (f pl)	ryg (f), ryglæn (i)	['ʁœg], ['ʁœgˌlɛʔn]
gaveta (f)	skuffe (f)	['skɔfə]

96. Quarto de dormir

roupa (f) de cama	sengetøj (i)	['sɛŋəˌtʌj]
travesseiro (m)	pude (f)	['puːðə]
fronha (f)	pudebetræk (i)	['puːðə be'tʁak]
cobertor (m)	dyne (f)	['dyːnə]
lençol (m)	lagen (i)	['læjʔən]
colcha (f)	sengetæppe (i)	['sɛŋəˌtɛpə]

97. Cozinha

cozinha (f)	køkken (i)	['køkən]
gás (m)	gas (f)	['gas]
fogão (m) a gás	gaskomfur (i)	['gasˌkɔm'fuɐ̯ʔ]
fogão (m) elétrico	elkomfur (i)	['ɛlˌkɔm'fuɐ̯ʔ]
forno (m)	bageovn (f)	['bæːjəˌɒwʔn]
forno (m) de micro-ondas	mikroovn (f)	['mikʁoˌɒwʔn]

geladeira (f)	køleskab (i)	['køːləˌskæʔb]
congelador (m)	fryser (f)	['fʁyːsʌ]
máquina (f) de lavar louça	opvaskemaskine (f)	[ʌp'vaskə ma'skiːnə]

moedor (m) de carne	kødhakker (f)	['køðˌhakʌ]
espremedor (m)	juicepresser (f)	['dʒuːsˌpʁasʌ]
torradeira (f)	brødrister, toaster (f)	['bʁœðˌʁɛstʌ], ['towstʌ]
batedeira (f)	mikser, mixer (f)	['meksʌ]

máquina (f) de café	kaffemaskine (f)	['kafə ma'skiːnə]
cafeteira (f)	kaffekande (f)	['kafəˌkanə]
moedor (m) de café	kaffekværn (f)	['kafəˌkvæɐ̯ʔn]

chaleira (f)	kedel (f)	['keðəl]
bule (m)	tekande (f)	['teˌkanə]
tampa (f)	låg (i)	['lɔʔw]
coador (m) de chá	tesi (f)	['teʔˌsiʔ]

colher (f)	ske (f)	['skeʔ]
colher (f) de chá	teske (f)	['teʔˌskeʔ]
colher (f) de sopa	spiseske (f)	['spiːsəˌskeʔ]
garfo (m)	gaffel (f)	['gafəl]
faca (f)	kniv (f)	['kniwʔ]

| louça (f) | service (i) | [sæɐ̯'viːsə] |
| prato (m) | tallerken (f) | [ta'læɐ̯kən] |

pires (m)	underkop (f)	['ɔnʌˌkʌp]
cálice (m)	shotglas (i)	['ɕʌtˌglas]
copo (m)	glas (i)	['glas]
xícara (f)	kop (f)	['kʌp]

açucareiro (m)	sukkerskål (f)	['sɔkʌˌskɔˀl]
saleiro (m)	saltbøsse (f)	['saltˌbøsə]
pimenteiro (m)	peberbøsse (f)	['pewʌˌbøsə]
manteigueira (f)	smørskål (f)	['smœɐ̯ˌskɔˀl]

panela (f)	gryde (f)	['gʁy:ðə]
frigideira (f)	stegepande (f)	['stajəˌpanə]
concha (f)	slev (f)	['slewˀ]
coador (m)	dørslag (i)	['dœɐ̯ˌslæˀj]
bandeja (f)	bakke (f)	['bakə]

garrafa (f)	flaske (f)	['flaskə]
pote (m) de vidro	glasdåse (f)	['glasˌdɔ:sə]
lata (~ de cerveja)	dåse (f)	['dɔ:sə]

abridor (m) de garrafa	oplukker (f)	['ʌpˌlɔkʌ]
abridor (m) de latas	dåseåbner (f)	['dɔ:səˌɔ:bnʌ]
saca-rolhas (m)	proptrækker (f)	['pʁʌpˌtʁakʌ]
filtro (m)	filter (i)	['filˀtʌ]
filtrar (vt)	at filtrere	[ʌ fil'tʁɛˀʌ]

lixo (m)	affald, skrald (i)	['awˌfalˀ], ['skʁalˀ]
lixeira (f)	skraldespand (f)	['skʁaləˌspanˀ]

98. Casa de banho

banheiro (m)	badeværelse (i)	['bæ:ðəˌvæɐ̯ʌlsə]
água (f)	vand (i)	['vanˀ]
torneira (f)	hane (f)	['hæ:nə]
água (f) quente	varmt vand (i)	['vɑˀmt vanˀ]
água (f) fria	koldt vand (i)	['kʌlt vanˀ]

pasta (f) de dente	tandpasta (f)	['tanˌpasta]
escovar os dentes	at børste tænder	[ʌ 'bœɐ̯stə 'tɛnʌ]
escova (f) de dente	tandbørste (f)	['tanˌbœɐ̯stə]

barbear-se (vr)	at barbere sig	[ʌ bɑ'be'ʌ saj]
espuma (f) de barbear	barberskum (i)	[bɑ'be'ɐ̯ˌskɔmˀ]
gilete (f)	skraber (f)	['skʁɑ:bʌ]

lavar (vt)	at vaske	[ʌ 'vaskə]
tomar banho	at vaske sig	[ʌ 'vaskə saj]
chuveiro (m), ducha (f)	brusebad (i)	['bʁu:səˌbað]
tomar uma ducha	at tage brusebad	[ʌ 'tæˀ 'bʁu:səˌbað]

banheira (f)	badekar (i)	['bæ:ðəˌkɑ]
vaso (m) sanitário	toiletkumme (f)	[toa'lɛt 'kɔmə]
pia (f)	håndvask (f)	['hʌnˀˌvask]
sabonete (m)	sæbe (f)	['sɛ:bə]

89

saboneteira (f)	sæbeskål (f)	['sɛːbəˌskɔˀl]
esponja (f)	svamp (f)	['svɑmˀp]
xampu (m)	shampoo (f)	['ɕæːmˌpuː]
toalha (f)	håndklæde (i)	['hʌnˌklɛːðə]
roupão (m) de banho	badekåbe (f)	['bæːðəˌkɔːbə]

lavagem (f)	vask (f)	['vask]
lavadora (f) de roupas	vaskemaskine (f)	['vaskə ma'skiːnə]
lavar a roupa	at vaske tøj	[ʌ 'vaskə 'tʌj]
detergente (m)	vaskepulver (i)	['vaskəˌpɔlˀvʌ]

99. Eletrodomésticos

televisor (m)	tv, fjernsyn (i)	['teˀˌve'], ['fjæɐ̯nˌsyˀn]
gravador (m)	båndoptager (f)	['bɒnˌʌbtæˀʌ]
videogravador (m)	video (f)	['viˀdjo]
rádio (m)	radio (i)	['ʁɑˀdjo]
leitor (m)	afspiller (f)	['ɑwˌspelˀʌ]

projetor (m)	projektor (f)	[pʁoˈɕɛktʌ]
cinema (m) em casa	hjemmebio (f)	['jɛməˌbiːo]
DVD Player (m)	dvd-afspiller (f)	[deve'deˀ ɑw'spelˀʌ]
amplificador (m)	forstærker (f)	[fʌ'stæɐ̯kʌ]
console (f) de jogos	spillekonsol (f)	['spelə kɔn'sʌlˀ]

câmera (f) de vídeo	videokamera (i)	['viˀdjo ˌkæˀməʁɑ]
máquina (f) fotográfica	kamera (i)	['kæˀməʁɑ]
câmera (f) digital	digitalkamera (i)	[digi'tæˀl ˌkæˀməʁɑ]

aspirador (m)	støvsuger (f)	['støwˌsuˀʌ]
ferro (m) de passar	strygejern (i)	['stʁyəˌjæɐ̯ˀn]
tábua (f) de passar	strygebræt (i)	['stʁyəˌbʁat]

telefone (m)	telefon (f)	[teləˈfoˀn]
celular (m)	mobiltelefon (f)	[mo'bil teləˈfoˀn]
máquina (f) de escrever	skrivemaskine (f)	['skʁiːvə ma'skiːnə]
máquina (f) de costura	symaskine (f)	['symaˌskiːnə]

microfone (m)	mikrofon (f)	[mikʁoˈfoˀn]
fone (m) de ouvido	hovedtelefoner (f pl)	['hoːəð teləˈfoˀnʌ]
controle remoto (m)	fjernbetjening (f)	['fjæɐ̯n be'tjɛˀneŋ]

CD (m)	cd (f)	[se'deˀ]
fita (f) cassete	kassette (f)	[ka'sɛtə]
disco (m) de vinil	plade (f)	['plæːðə]

100. Reparações. Renovação

renovação (f)	renovering (f)	[ʁɛno've'ɡeŋ]
renovar (vt), fazer obras	at renovere	[ʌ ʁɛno've'ʌ]
reparar (vt)	at reparere	[ʌ ʁɛpə'ʁɛˀʌ]
consertar (vt)	at bringe orden	[ʌ 'bʁɛŋə 'ɒˀdən]

refazer (vt)	at gøre om	[ʌ 'gœ:ʌ 'ʌm']
tinta (f)	maling (f)	['mæ:leŋ]
pintar (vt)	at male	[ʌ 'mæ:lə]
pintor (m)	maler (f)	['mæ:lʌ]
pincel (m)	pensel (f)	['pɛn'səl]
cal (f)	hvidtekalk (f)	['vidə‚kalk]
caiar (vt)	at hvidte	[ʌ 'vidə]
papel (m) de parede	tapet (i)	[ta'pe't]
colocar papel de parede	at tapetsere	[ʌ tɑpə'se'ʌ]
verniz (m)	fernis (f)	['fæɡnis]
envernizar (vt)	at lakere	[ʌ la'ke'ʌ]

101. Canalizações

água (f)	vand (i)	['van']
água (f) quente	varmt vand (i)	['vɑ'mt van']
água (f) fria	koldt vand (i)	['kʌlt van']
torneira (f)	hane (f)	['hæ:nə]
gota (f)	dråbe (f)	['dʁɔ:bə]
gotejar (vi)	at dryppe	[ʌ 'dʁœpə]
vazar (vt)	at lække	[ʌ 'lɛkə]
vazamento (m)	læk (f)	['lɛk]
poça (f)	pøl, pyt (f)	['pø'l], ['pyt]
tubo (m)	rør (i)	['ʁœ'ɡ]
válvula (f)	ventil (f)	[vɛn'ti'l]
entupir-se (vr)	at blive tilstoppet	[ʌ 'bli:ə tel'stʌpəð]
ferramentas (f pl)	værktøjer (i pl)	['væɡk‚tʌjʌ]
chave (f) inglesa	skiftenøgle (f)	['skiftə‚nʌjlə]
desenroscar (vt)	at skrue af	[ʌ 'skʁu:ə 'æ']
enroscar (vt)	at skrue fast	[ʌ 'skʁu:ə 'fast]
desentupir (vt)	at rense	[ʌ 'ʁansə]
encanador (m)	blikkenslager (f)	['blekən‚slæ'jʌ]
porão (m)	kælder (f)	['kɛlʌ]
rede (f) de esgotos	afløb (i)	['ɑw‚lø'b]

102. Fogo. Deflagração

incêndio (m)	ild (f)	['il']
chama (f)	flamme (f)	['flɑmə]
faísca (f)	gnist (f)	['gnist]
fumaça (f)	røg (f)	['ʁʌj']
tocha (f)	fakkel (f)	['fɑkəl]
fogueira (f)	bål (i)	['bɔ'l]
gasolina (f)	benzin (f)	[bɛn'si'n]
querosene (m)	petroleum (i. f)	[pe'tʁo'ljɔm]

inflamável (adj)	brændbar	['bʁanˌbɑˀ]
explosivo (adj)	eksplosiv	['ɛksploˌsiwˀ]
PROIBIDO FUMAR!	RYGNING FORBUDT	['ʁy:neŋ fʌ'byˀð]

segurança (f)	sikkerhed (f)	['sekʌˌheð']
perigo (m)	fare (f)	['fɑːɑ]
perigoso (adj)	farlig	['fɑːli]

incendiar-se (vr)	at gå ild i ...	[ʌ gɔˀ 'ilˀ i ...]
explosão (f)	eksplosion (f)	[ɛksplo'ɕoˀn]
incendiar (vt)	at sætte ild	[ʌ 'sɛtə ilˀ]
incendiário (m)	brandstifter (f)	['bʁanˌsteftʌ]
incêndio (m) criminoso	brandstiftelse (f)	['bʁanˌsteftəlsə]

flamejar (vi)	at flamme	[ʌ 'flɑmə]
queimar (vi)	at brænde	[ʌ 'bʁanə]
queimar tudo (vi)	at brænde ned	[ʌ 'bʁanə 'neðˀ]

chamar os bombeiros	at tilkalde brandvæsenet	[ʌ 'telˌkalˀə 'bʁanˌvɛˀsneð]
bombeiro (m)	brandmand (f)	['bʁanˌman]
caminhão (m) de bombeiros	brandbil (f)	['bʁanˌbiˀl]
corpo (m) de bombeiros	brandkorps (i)	['bʁanˌkɒːps]
escada (f) extensível	redningsstige (f)	['ʁɛðneŋsˌstiːə]

mangueira (f)	slange (f)	['slaŋə]
extintor (m)	brandslukker (f)	['bʁanˌslɔkʌ]
capacete (m)	hjelm (f)	['jɛlˀm]
sirene (f)	sirene (f)	[si'ʁɛːnə]

gritar (vi)	at skrige	[ʌ 'skʁiːə]
chamar por socorro	at råbe på hjælp	[ʌ 'ʁɔːbə pɔ 'jɛlˀp]
socorrista (m)	redder (f)	['ʁɛðʌ]
salvar, resgatar (vt)	at redde	[ʌ 'ʁɛðə]

chegar (vi)	at ankomme	[ʌ 'anˌkʌmˀə]
apagar (vt)	at slukke	[ʌ 'slɔkə]
água (f)	vand (i)	['vanˀ]
areia (f)	sand (i)	['sanˀ]

ruínas (f pl)	ruiner (f pl)	[ʁu'iˀnʌ]
ruir (vi)	at styrte sammen	[ʌ 'styɐ̯tə 'samˀən]
desmoronar (vi)	at styrte ned	[ʌ 'styɐ̯tə 'neðˀ]
desabar (vi)	at styrte sammen	[ʌ 'styɐ̯tə 'samˀən]

fragmento (m)	brokke (f)	['bʁʌkə]
cinza (f)	aske (f)	['askə]

sufocar (vi)	at kvæles	[ʌ 'kvɛːləs]
perecer (vi)	at omkomme	[ʌ 'ʌmˌkʌmˀə]

ATIVIDADES HUMANAS

Emprego. Negócios. Parte 1

103. Escritório. O trabalho no escritório

escritório (~ de advogados)	kontor (i)	[kɔn'to'ɐ̯]
escritório (do diretor, etc.)	kontor (i)	[kɔn'to'ɐ̯]
recepção (f)	reception (f)	[ʁɛsəp'ɕo'n]
secretário (m)	sekretær (f)	[sekʁə'tɛ'ɐ̯]
secretária (f)	sekretær (f)	[sekʁə'tɛ'ɐ̯]
diretor (m)	direktør (f)	[diʁ̯ək'tø'ɐ̯]
gerente (m)	manager (f)	['manidjʌ]
contador (m)	bogholder (f)	['bɔwˌhʌlʌ]
empregado (m)	ansat (f)	['ansət]
mobiliário (m)	møbler (pl)	['mø'blʌ]
mesa (f)	bord (i)	['bo'ɐ̯]
cadeira (f)	arbejdsstol (f)	['ɑ:bɑjdsˌsto'l]
gaveteiro (m)	skuffeboks (f)	['skɔfəˌbʌks]
cabideiro (m) de pé	stumtjener (f)	['stɔmˌtjɛ:nʌ]
computador (m)	computer (f)	[kʌm'pju:tʌ]
impressora (f)	skriver, printer (f)	['skʁi:vʌ], ['pʁɛntʌ]
fax (m)	fax (f)	['faks]
fotocopiadora (f)	kopimaskine (f)	[ko'pi ma'ski:nə]
papel (m)	papir (i)	[pa'piɐ̯']
artigos (m pl) de escritório	kontorartikler (f pl)	[kɔn'to'ɐ̯ˌɑ'tiklʌ]
tapete (m) para mouse	musemåtte (f)	['mu:səˌmʌtə]
folha (f)	ark (i)	['ɑ:k]
pasta (f)	mappe (f)	['mɑpə]
catálogo (m)	katalog (i, f)	[kata'lo']
lista (f) telefônica	telefonbog (f)	[telə'fo:nˌbo'w]
documentação (f)	dokumentation (f)	[dokumɛnta'ɕo'n]
brochura (f)	brochure (f)	[bʁo'ɕy:ʌ]
panfleto (m)	reklameblad (i)	[ʁɛ'klæ:məˌblað]
amostra (f)	prøve (f)	['pʁœ:wə]
formação (f)	træning (f)	['tʁɛ:neŋ]
reunião (f)	møde (i)	['mø:ðə]
hora (f) de almoço	frokostpause (f)	['fʁokʌstˌpɑwsə]
fazer uma cópia	at lave en kopi	[ʌ 'læ:və en ko'pi']
tirar cópias	at kopiere	[ʌ ko'pje'ʌ]
receber um fax	at modtage en fax	[ʌ 'moðˌtæ' en 'faks]
enviar um fax	at sende en fax	[ʌ 'sɛnə en 'faks]

fazer uma chamada	at ringe	[ʌ 'ʁɛŋə]
responder (vt)	at svare	[ʌ 'svɑːɑ]
passar (vt)	at give ...	[ʌ 'giˀ ...]

marcar (vt)	at arrangere	[ʌ aaŋ'ɕeˀʌ]
demonstrar (vt)	at demonstrere	[ʌ demɔn'stʁɛˀʌ]
estar ausente	at være fraværende	[ʌ 'vɛːʌ 'fʁɑˌvɛˀʌnə]
ausência (f)	fravær (i)	['fʁɑˌvɛˀɐ̯]

104. Processos negociais. Parte 1

negócio (m)	forretning (f)	[fʌ'ʁatnen]
ocupação (f)	erhverv (i), stilling (f)	[æɐ̯'væɐ̯ˀw], ['stelen]
firma, empresa (f)	firma (i)	['figma]
companhia (f)	selskab (i)	['sɛlˌskæˀb]
corporação (f)	korporation (f)	[kɒpoʁɑ'ɕoˀn]
empresa (f)	foretagende (i)	['foːɒˌtæˀjønə]
agência (f)	agentur (i)	[agɛn'tuɐ̯ˀ]

acordo (documento)	aftale (f)	['awˌtæːlə]
contrato (m)	kontrakt (f)	[kɔn'tʁakt]
acordo (transação)	aftale (f)	['awˌtæːlə]
pedido (m)	bestilling (f)	[be'stelˀen]
termos (m pl)	vilkår (i)	['vilˌkɒˀ]

por atacado	en gros	[ɑŋ'gʁo]
por atacado (adj)	engros-	[ɑŋ'gʁo-]
venda (f) por atacado	engroshandel (f)	[ɑŋ'gʁoˌhanˀəl]
a varejo	detail-	[de'tajl-]
venda (f) a varejo	detailhandel (f)	[de'tajlˌhanˀəl]

concorrente (m)	konkurrent (f)	[kʌŋko'ʁanˀt]
concorrência (f)	konkurrence (f)	[kʌŋko'ʁaŋsə]
competir (vi)	at konkurrere	[ʌ kʌŋko'ʁɛˀʌ]

sócio (m)	partner (f)	['paːtnʌ]
parceria (f)	partnerskab (i)	['paːtnʌˌskæˀb]

crise (f)	krise (f)	['kʁiˀsə]
falência (f)	konkurs (f)	[kʌŋ'kuɐ̯ˀs]
entrar em falência	at gå konkurs	[ʌ 'gɔˀ kʌŋ'kuɐ̯ˀs]
dificuldade (f)	vanskelighed (f)	['vanskəliˌheðˀ]
problema (m)	problem (i)	[pʁo'bleˀm]
catástrofe (f)	katastrofe (f)	[kata'stʁoːfə]

economia (f)	økonomi (f)	[økono'miˀ]
econômico (adj)	økonomisk	[øko'noˀmisk]
recessão (f) econômica	økonomisk nedgang (f)	[øko'noˀmisk 'neðˌgaŋˀ]

objetivo (m)	mål (i)	['mɔˀl]
tarefa (f)	opgave (f)	['ʌpˌgæːvə]

comerciar (vi, vt)	at handle	[ʌ 'hanlə]
rede (de distribuição)	netværk (i)	['nɛtˌvæɐ̯k]

estoque (m)	lager (i)	['læ'jʌ]
sortimento (m)	sortiment (i)	[spti'maŋ]
líder (m)	leder (f)	['le:ðʌ]
grande (~ empresa)	stor	['sto'g̊]
monopólio (m)	monopol (i)	[mono'po'l]
teoria (f)	teori (f)	[teo'ʁi']
prática (f)	praksis (f)	['pʁaksis]
experiência (f)	erfaring (f)	[æg̊'fa'en]
tendência (f)	tendens (f)	[tɛn'dɛn's]
desenvolvimento (m)	udvikling (f)	['uð‚vekleŋ]

105. Processos negociais. Parte 2

rentabilidade (f)	udbytte (i), fordel (f)	['uð‚bytə], ['fɒ:‚de'l]
rentável (adj)	fordelagtig	[fɒdel'agdi]
delegação (f)	delegation (f)	[delega'ço'n]
salário, ordenado (m)	løn (f)	['lœn']
corrigir (~ um erro)	at rette	[ʌ 'ʁatə]
viagem (f) de negócios	forretningsrejse (f)	[fʌ'ʁatneŋs‚ʁajsə]
comissão (f)	provision (f)	[pʁovi'ço'n]
controlar (vt)	at kontrollere	[ʌ kʌntʁo'le'ʌ]
conferência (f)	konference (f)	[kʌnfe'ʁaŋsə]
licença (f)	licens (f)	[li'sɛn's]
confiável (adj)	pålidelig	[pʌ'liðˀəli]
empreendimento (m)	initiativ (i)	[enitia'tiw']
norma (f)	norm (f)	['nɒˀm]
circunstância (f)	omstændighed (f)	[ʌm'stɛnˀdi‚heð']
dever (do empregado)	pligt (f)	['plegt]
empresa (f)	organisation (f)	[ɒganisa'ço'n]
organização (f)	organisering (f)	[ɒgani'se'g̊en]
organizado (adj)	organiseret	[ɒgani'se'ʌð]
anulação (f)	annullering (f)	[anu'le'ʁen]
anular, cancelar (vt)	at aflyse, at annullere	[ʌ 'aw‚ly'sə], [ʌ anu'le'ʌ]
relatório (m)	rapport (f)	[ʁa'pɒ:t]
patente (f)	patent (i)	[pa'tɛnˀt]
patentear (vt)	at patentere	[ʌ patən'te'ʌ]
planejar (vt)	at planlægge	[ʌ 'plæ:n‚lɛgə]
bônus (m)	bonus (f), gratiale (i)	['bo:nus], [gʁati'æ:lə]
profissional (adj)	professionel	[pʁo'fɛço‚nɛl']
procedimento (m)	procedure (f)	[pʁose'dy:ʌ]
examinar (~ a questão)	at undersøge	[ʌ 'ɔnʌ‚sø:jə]
cálculo (m)	beregning (f)	[be'ʁaj'neŋ]
reputação (f)	rygte (i)	['ʁœgtə]
risco (m)	risiko (f)	['ʁisiko]
dirigir (~ uma empresa)	at styre, at lede	[ʌ 'sty:ʌ], [ʌ 'le:ðə]

informação (f)	oplysninger (f pl)	[ˈʌpˌlyˀsneŋʌ]
propriedade (f)	ejendom (f)	[ˈajənˌdʌmˀ]
união (f)	forbund (i)	[ˈfɒːˌbɔnˀ]

seguro (m) de vida	livsforsikring (f)	[ˈliwsfʌˌsekʁɛŋ]
fazer um seguro	at forsikre	[ʌ fʌˈsekʁʌ]
seguro (m)	forsikring (f)	[fʌˈsekʁɛŋ]

leilão (m)	auktion (f)	[awkˈɕoˀn]
notificar (vt)	at underrette	[ʌ ˈɔnʌˌʁatə]
gestão (f)	ledelse (f)	[ˈleːðəlsə]
serviço (indústria de ~s)	tjeneste (f)	[ˈtjɛːnəstə]

fórum (m)	forum (i)	[ˈfoːʁɔm]
funcionar (vi)	at fungere	[ʌ fɔŋˈgeˀʌ]
estágio (m)	etape (f)	[eˈtapə]
jurídico, legal (adj)	juridisk	[juˈʁiðˀisk]
advogado (m)	jurist (f)	[juˈʁist]

106. Produção. Trabalhos

usina (f)	værk (i)	[ˈvæɐ̯k]
fábrica (f)	fabrik (f)	[faˈbʁɛk]
oficina (f)	værksted (i)	[ˈvæɐ̯kˌstɛð]
local (m) de produção	produktionssted (i)	[pʁodokˈɕoˀnˌstɛð]

indústria (f)	industri (f)	[enduˈstʁiˀ]
industrial (adj)	industriel	[endusdʁiˈɛlˀ]
indústria (f) pesada	tung industri (f)	[ˈtɔŋ enduˌstʁiˀ]
indústria (f) ligeira	let industri (f)	[ˌlɛt enduˈstʁiˀ]

produção (f)	produktion (f)	[pʁodokˈɕoˀn]
produzir (vt)	at producere	[ʌ pʁoduˈseˀʌ]
matérias-primas (f pl)	råstoffer (i pl)	[ˈʁʌˌstʌfʌ]

chefe (m) de obras	sjakbajs (f)	[ˈɕakˌbajˀs]
equipe (f)	sjak (i)	[ˈɕak]
operário (m)	arbejder (f)	[ˈɑːˌbajˀdʌ]

dia (m) de trabalho	arbejdsdag (f)	[ˈɑːbajdsˌdæˀ]
intervalo (m)	hvilepause (f)	[ˈviːləˌpawsə]
reunião (f)	møde (i)	[ˈmøːðə]
discutir (vt)	at drøfte, at diskutere	[ʌ ˈdʁœftə], [ʌ diskuˈteˀʌ]

plano (m)	plan (f)	[ˈplæˀn]
cumprir o plano	at opfylde planen	[ʌ ˈʌpˌfylˀə ˈplæːnən]
taxa (f) de produção	produktionsmål (i)	[pʁodokˈɕoˀns mål]
qualidade (f)	kvalitet (f)	[kvaliˈteˀt]
controle (m)	kontrol (f)	[kɔnˈtʁʌlˀ]
controle (m) da qualidade	kvalitetskontrol (f)	[kvaliˈteˀt kɔnˈtʁʌlˀ]

segurança (f) no trabalho	arbejdssikkerhed (f)	[ˈɑːbajds ˈsekʌˌheðˀ]
disciplina (f)	disciplin (f)	[disipˈliˀn]
infração (f)	brud (i)	[ˈbʁuð]

violar (as regras)	at bryde	[ʌ 'bʁy:ðə]
greve (f)	strejke (f)	['stʁɑjkə]
grevista (m)	strejkende (f)	['stʁɑjkɛnə]
estar em greve	at strejke	[ʌ 'stʁɑjkə]
sindicato (m)	fagforening (f)	['fɑwfʌˌeˀneŋ]

inventar (vt)	at opfinde	[ʌ 'ʌpˌfenˀə]
invenção (f)	opfindelse (f)	['ʌpˌfenˀəlsə]
pesquisa (f)	forskning (f)	['foːsknen]
melhorar (vt)	at forbedre	[ʌ fʌ'bɛðˀʁʌ]
tecnologia (f)	teknologi (f)	[tɛknolo'giˀ]
desenho (m) técnico	teknisk tegning (f)	['tɛknisk 'tɑjnen]

carga (f)	last (f)	['last]
carregador (m)	lastearbejder (f)	['lastəˀɑːˌbɑjˀdʌ]
carregar (o caminhão, etc.)	at laste	[ʌ 'lastə]
carregamento (m)	lastning (f)	['lɑːstnen]
descarregar (vt)	at læsse af	[ʌ 'lɛsə 'æˀ]
descarga (f)	aflæsning (f)	['awˌlɛˀsnen]

transporte (m)	transport (f)	[tʁɑns'pɒːt]
companhia (f) de transporte	transportfirma (i)	[tʁɑns'pɒːtˌfiɐ̯ma]
transportar (vt)	at transportere	[ʌ tʁɑnspɒ'teˀʌ]

vagão (m) de carga	godsvogn (f)	['gɔs 'vɒwˀn]
tanque (m)	tank (f)	['taŋˀk]
caminhão (m)	lastbil (f)	['lastˌbiˀl]

| máquina (f) operatriz | værktøjsmaskine (f) | ['væɐ̯kˌtʌjs ma'skiːnə] |
| mecanismo (m) | mekanisme (f) | [meka'nismə] |

resíduos (m pl) industriais	industrielt affald (i)	[endusdʁi'ɛlˀt 'awˌfalˀ]
embalagem (f)	pakning (f)	['pɑknen]
embalar (vt)	at pakke	[ʌ 'pɑkə]

107. Contrato. Acordo

contrato (m)	kontrakt (f)	[kɔn'tʁakt]
acordo (m)	aftale (f)	['awˌtæːlə]
adendo, anexo (m)	tillæg, bilag (i)	['teˌlɛˀg], ['biˌlæˀj]

assinar o contrato	at indgå kontrakt	[ʌ 'enˌgɔˀ kɔn'tʁakt]
assinatura (f)	signatur, underskrift (f)	[sina'tuɐ̯ˀ], ['ɔnʌˌskʁɛft]
assinar (vt)	at underskrive	[ʌ 'ɔnʌˌskʁiˀvə]
carimbo (m)	stempel (i)	['stɛmˀpəl]

objeto (m) do contrato	kontraktens genstand (f)	[kɔn'tʁaktəns 'gɛnˌstanˀ]
cláusula (f)	klausul (f)	[klɑw'suˀl]
partes (f pl)	parter (f pl)	['pɑˀtʌ]
domicílio (m) legal	juridisk adresse (f)	[ju'ʁiðˀisk a'dʁasə]

violar o contrato	at bryde kontrakten	[ʌ 'bʁy:ðə kɔn'tʁaktən]
obrigação (f)	forpligtelse (f)	[fʌ'plegtəlsə]
responsabilidade (f)	ansvar (i)	['anˌsvɑˀ]

97

força (f) maior	force majeure (f)	[ˌfɒːsmaˈɕœːɡ̊]
litígio (m), disputa (f)	strid (f)	[ˈstʁið̩ˀ]
multas (f pl)	strafafgifter (f pl)	[ˈstʁaf ˈɑwˌgiftʌ]

108. Importação & Exportação

importação (f)	import (f)	[emˈpɒːt]
importador (m)	importør (f)	[empɒˈtøˀɐ̯]
importar (vt)	at importere	[ʌ empɒˈteˀʌ]
de importação	import-	[emˈpɒːt-]

exportação (f)	eksport (f)	[ɛksˈpɒːt]
exportador (m)	eksportør (f)	[ɛkspɒˈtøˀɐ̯]
exportar (vt)	at eksportere	[ʌ ɛkspɒˈteˀʌ]
de exportação	eksport-	[ɛksˈpɒːt-]

| mercadoria (f) | vare (f) | [ˈvɑːɑ] |
| lote (de mercadorias) | parti (i) | [pɑˈtiˀ] |

peso (m)	vægt (f)	[ˈvɛgt]
volume (m)	rumfang (i)	[ˈʁɔmˌfɑŋˀ]
metro (m) cúbico	kubikmeter (f)	[kuˈbikˌmeˀtʌ]

produtor (m)	producent (f)	[pʁoduˈsɛnˀt]
companhia (f) de transporte	transportfirma (i)	[tʁɑnsˈpɒːtˌfiɐ̯ma]
contêiner (m)	container (f)	[kʌnˈtɛjnʌ]

fronteira (f)	grænse (f)	[ˈgʁansə]
alfândega (f)	told (f)	[ˈtʌlˀ]
taxa (f) alfandegária	toldafgift (f)	[ˈtʌl ˈɑwˌgift]
funcionário (m) da alfândega	toldbetjent (f)	[ˈtʌl beˈtjɛnˀt]
contrabando (atividade)	smugleri (i)	[ˌsmuːlʌˈʁiˀ]
contrabando (produtos)	smuglergods (i)	[ˈsmuːlʌˌgɔs]

109. Finanças

ação (f)	aktie (f)	[ˈɑkɕə]
obrigação (f)	obligation (f)	[obligaˈɕoˀn]
nota (f) promissória	veksel (f)	[ˈvɛksəl]

| bolsa (f) de valores | børs (f) | [ˈbøɐ̯ˀs] |
| cotação (m) das ações | aktiekurs (f) | [ˈɑkɕəˌkuɐ̯ˀs] |

| tornar-se mais barato | at gå ned | [ʌ gɔˀ ˈneð̩ˀ] |
| tornar-se mais caro | at gå op | [ʌ gɔˀ ˈʌp] |

parte (f)	aktiebeholdning (f)	[ˈɑkɕə beˈhʌlˀnen]
participação (f) majoritária	aktiemajoritet (f)	[ˈɑkɕə majʌiˈteˀt]
investimento (m)	investering (f)	[enveˈsteˀɡen]
investir (vt)	at investere	[ʌ enveˈsteˀʌ]
porcentagem (f)	procent (f)	[pʁoˈsɛnˀt]
juros (m pl)	rente (f)	[ˈʁantə]

lucro (m)	profit, fortjeneste (f)	[pʁoˈfit], [fʌˈtjɛ²nəstə]
lucrativo (adj)	profitabel	[pʁofiˈtæˀbəl]
imposto (m)	skat (f)	[ˈskat]

divisa (f)	valuta (f)	[vaˈluta]
nacional (adj)	national	[naɕoˈnæˀl]
câmbio (m)	veksling (f)	[ˈvɛkslen]

| contador (m) | bogholder (f) | [ˈbɔwˌhʌlʌ] |
| contabilidade (f) | bogholderi (i) | [bɔwhʌlʌˈʁiˀ] |

falência (f)	konkurs (f)	[kʌŋˈkuɐ̯ˀs]
falência, quebra (f)	krak (i)	[ˈkʁɑk]
ruína (f)	ruin (f)	[ʁuˈiˀn]
estar quebrado	at blive ruineret	[ʌ ˈbliːə ʁuiˈneˀʌð]
inflação (f)	inflation (f)	[enflaˈɕoˀn]
desvalorização (f)	devaluering (f)	[devaluˈeˀɐ̯en]

capital (m)	kapital (f)	[kapiˈtæˀl]
rendimento (m)	indkomst (f)	[ˈenˌkʌmˀst]
volume (m) de negócios	omsætning (f)	[ˈʌmˌsɛtnen]
recursos (m pl)	ressourcer (f pl)	[ʁɛˈsuɐ̯sʌ]
recursos (m pl) financeiros	pengemidler (pl)	[ˈpɛŋəˌmiðlʌ]

| despesas (f pl) gerais | faste udgifter (f pl) | [ˈfastə ˈuðˌgiftʌ] |
| reduzir (vt) | at reducere | [ʌ ʁɛduˈseˀʌ] |

110. Marketing

marketing (m)	markedsføring (f)	[ˈmɑːkəðˌføˀɐ̯en]
mercado (m)	marked (i)	[ˈmɑːkəð]
segmento (m) do mercado	markedssegment (i)	[ˈmɑːkəðs segˈmɛnˀt]
produto (m)	produkt (i)	[pʁoˈdɔkt]
mercadoria (f)	vare (f)	[ˈvɑːɑ]

marca (f)	mærke (i)	[ˈmæɐ̯kə]
marca (f) registrada	varemærke (i)	[ˈvɑːɑˌmæɐ̯kə]
logotipo (m)	firmamærke (i)	[ˈfiɐ̯maˌmæɐ̯kə]
logo (m)	logo (i, f)	[ˈloːgo]

demanda (f)	efterspørgsel (f)	[ˈɛftʌˌspœɐ̯sel]
oferta (f)	udbud (i)	[ˈuðˌbuð]
necessidade (f)	behov (i)	[beˈhɔw]
consumidor (m)	konsument, forbruger (f)	[kʌnsuˈmɛnˀt], [fʌˈbʁuˀʌ]

| análise (f) | analyse (f) | [anaˈlyːsə] |
| analisar (vt) | at analysere | [ʌ analyˈseˀʌ] |

| posicionamento (m) | positionering (f) | [posiɕoˈneˀʁen] |
| posicionar (vt) | at positionere | [ʌ posiɕoˈneˀʌ] |

preço (m)	pris (f)	[ˈpʁiˀs]
política (f) de preços	prispolitik (f)	[ˈpʁis poliˈtik]
formação (f) de preços	prisdannelse (f)	[ˈpʁisˌdanəlsə]

111. Publicidade

publicidade (f)	reklame (f)	[ʁɛ'klæ:mə]
fazer publicidade	at reklamere	[ʌ ʁɛkla'me'ʌ]
orçamento (m)	budget (i)	[by'ɕɛt]
anúncio (m)	annonce (f)	[a'nʌŋsə]
publicidade (f) na TV	tv-reklame (f)	['te͜ve ʁɛ'klæ:mə]
publicidade (f) na rádio	radioreklame (f)	['ʁadjo ʁɛ'klæ:mə]
publicidade (f) exterior	udendørs reklame (f)	['uðən͜dœɐ̯'s ʁɛ'klæ:mə]
comunicação (f) de massa	massemedier (i pl)	['mase͜me'djʌ]
periódico (m)	tidsskrift (i)	['tiðs͜skʁɛft]
imagem (f)	image (i)	['imidɕ]
slogan (m)	slogan (i)	['slo:gan]
mote (m), lema (f)	motto (f)	['mʌto]
campanha (f)	kampagne (f)	[kɑm'panjə]
campanha (f) publicitária	reklamekampagne (f)	[ʁɛ'klæ:mə kɑm'panjə]
grupo (m) alvo	målgruppe (f)	['mɔːl͜gʁupə]
cartão (m) de visita	visitkort (i)	[vi'sit͜kɒ:t]
panfleto (m)	reklameblad (i)	[ʁɛ'klæ:mə͜blað]
brochura (f)	brochure (f)	[bʁo'ɕy:ʌ]
folheto (m)	folder (f)	['fʌlʌ]
boletim (~ informativo)	nyhedsbrev (i)	['nyheð͜bʁɛw']
letreiro (m)	skilt (i)	['skel't]
cartaz, pôster (m)	poster (f)	['pɔwstʌ]
painel (m) publicitário	reklameskilt (i)	[ʁɛ'klæ:mə͜skel't]

112. Banca

banco (m)	bank (f)	['bɑŋ'k]
balcão (f)	afdeling (f)	['aw͜de'leŋ]
consultor (m) bancário	konsulent (f)	[kʌnsu'lɛn't]
gerente (m)	forretningsfører (f)	[fʌ'ʁatneŋs͜fø:ʌ]
conta (f)	bankkonto (f)	['bɑŋ'k͜kʌnto]
número (m) da conta	kontonummer (i)	['kʌntɒ͜nɒm'ʌ]
conta (f) corrente	checkkonto (f)	['ɕɛk͜kʌnto]
conta (f) poupança	opsparingskonto (f)	['ʌp͜spa'eŋs ͜kʌnto]
abrir uma conta	at åbne en konto	[ʌ 'ɔ:bnə en 'kʌnto]
fechar uma conta	at lukke kontoen	[ʌ 'lɔkə 'kʌnto:ən]
depositar na conta	at sætte ind på kontoen	[ʌ 'sɛtə 'en' pɒ 'kʌnto:ən]
sacar (vt)	at hæve fra kontoen	[ʌ 'hɛ:və fʁa 'kʌnto:ən]
depósito (m)	indskud (i)	['en͜skuð]
fazer um depósito	at indsætte	[ʌ 'en͜sɛtə]
transferência (f) bancária	overførelse (f)	['ɒwʌ͜fø:ʌlsə]

transferir (vt)	at overføre	[ʌ 'ɒwʌˌføˀʌ]
soma (f)	sum (f)	['sɔmˀ]
Quanto?	Hvor meget?	[vɒˀ 'mɑɑð]

| assinatura (f) | signatur, underskrift (f) | [sina'tuɐ̯ˀ], ['ɔnʌˌskɐɛft] |
| assinar (vt) | at underskrive | [ʌ 'ɔnʌˌskɐi'və] |

cartão (m) de crédito	kreditkort (i)	[kɐɛ'dit kɒ:t]
senha (f)	kode (f)	['ko:ðə]
número (m) do cartão de crédito	kreditkortnummer (i)	[kɐɛ'dit kɒ:t 'nɔmˀʌ]
caixa (m) eletrônico	pengeautomat (f)	['pɛŋə awto'mæˀt]

cheque (m)	check (f)	['ɕɛk]
passar um cheque	at skrive en check	[ʌ 'skɐi:və en 'ɕɛk]
talão (m) de cheques	checkhæfte (i)	['ɕɛkˌhɛftə]

empréstimo (m)	lån (i)	['lɔˀn]
pedir um empréstimo	at ansøge om lån	[ʌ 'anˌsø:ə ɒm 'lɔˀn]
obter empréstimo	at få et lån	[ʌ 'fɔˀ et 'lɔˀn]
dar um empréstimo	at yde et lån	[ʌ 'y:ðə et 'lɔˀn]
garantia (f)	garanti (f)	[gɑɑn'tiˀ]

113. Telefone. Conversação telefônica

telefone (m)	telefon (f)	[telə'foˀn]
celular (m)	mobiltelefon (f)	[mo'bil telə'foˀn]
secretária (f) eletrônica	telefonsvarer (f)	[telə'fo:nˌsvɑ:ɑ]

| fazer uma chamada | at ringe | [ʌ 'ɐɛŋə] |
| chamada (f) | telefonsamtale (f) | [telə'fo:n 'samˌtæ:lə] |

discar um número	at taste et nummer	[ʌ 'tastə et 'nɔmˀʌ]
Alô!	Hallo!	[ha'lo]
perguntar (vt)	at spørge	[ʌ 'spɶɐ̯ʌ]
responder (vt)	at svare	[ʌ 'svɑ:ɑ]

ouvir (vt)	at høre	[ʌ 'hø:ʌ]
bem	godt	['gʌt]
mal	dårligt	['dɒ:lit]
ruído (m)	støj (f)	['stʌjˀ]

fone (m)	telefonrør (i)	[telə'fo:nˌɐɶˀɐ̯]
pegar o telefone	at tage telefonen	[ʌ 'tæˀ telə'foˀnən]
desligar (vi)	at lægge på	[ʌ 'lɛgə pɔˀ]

ocupado (adj)	optaget	['ʌpˌtæˀj]
tocar (vi)	at ringe	[ʌ 'ɐɛŋə]
lista (f) telefônica	telefonbog (f)	[telə'fo:nˌbɔˀw]
local (adj)	lokal-	[lo'kæl-]
chamada (f) local	lokalopkald (i)	[lo'kæˀl 'ʌpˌkalˀ]
de longa distância	fjern-	['fjæɐ̯n-]
chamada (f) de longa distância	fjernopkald (i)	['fjæɐ̯n 'ʌpˌkalˀ]

| internacional (adj) | international | ['entʌnaɕoˌnæˀl] |
| chamada (f) internacional | internationalt opkald (i) | ['entʌnaɕoˌnæˀlt 'ʌpˌkalˀ] |

114. Telefone móvel

celular (m)	mobiltelefon (f)	[mo'bil teleˈfoˀn]
tela (f)	skærm (f)	['skæɡˀm]
botão (m)	knap (f)	['knap]
cartão SIM (m)	SIM-kort (i)	['semˌkɒːt]

bateria (f)	batteri (i)	[batʌ'ʁiˀ]
descarregar-se (vr)	at blive afladet	[ʌ 'bliːə 'awˌlæˀðəð]
carregador (m)	oplader (f)	['ʌplˌlæˀðʌ]

| menu (m) | menu (f) | [me'ny] |
| configurações (f pl) | indstillinger (f pl) | ['enˌstel'eŋʌ] |

| melodia (f) | melodi (f) | [melo'diˀ] |
| escolher (vt) | at vælge | [ʌ 'vɛljə] |

calculadora (f)	lommeregner (f)	['lʌməˌʁajnʌ]
correio (m) de voz	telefonsvarer (f)	[teleˈfoːnˌsvaːa]
despertador (m)	vækkeur (i)	['vɛkəˌuɡˀ]
contatos (m pl)	kontakter (f pl)	[kɔn'taktʌ]

| mensagem (f) de texto | SMS (f) | [ɛsɛm'ɛs] |
| assinante (m) | abonnent (f) | [abo'nɛnˀt] |

115. Estacionário

| caneta (f) | kuglepen (f) | ['kuːləˌpɛnˀ] |
| caneta (f) tinteiro | fyldepen (f) | ['fyləˌpɛnˀ] |

lápis (m)	blyant (f)	['blyːˌanˀt]
marcador (m) de texto	mærkepen (f)	[ma'køɡˌpɛnˀ]
caneta (f) hidrográfica	tuschpen (f)	['tuɕˌpɛnˀ]

| bloco (m) de notas | notesblok (f) | ['noːtəsˌblʌk] |
| agenda (f) | dagbog (f) | ['dawˌbɔˀw] |

régua (f)	lineal (f)	[line'æˀl]
calculadora (f)	regnemaskine (f)	['ʁajnə ma'skiːnə]
borracha (f)	viskelæder (i)	['veskəˌlɛðˀʌ]

| alfinete (m) | tegnestift (f) | ['tajnəˌsteft] |
| clipe (m) | clips (i) | ['kleps] |

| cola (f) | lim (f) | ['liˀm] |
| grampeador (m) | hæftemaskine (f) | ['hɛfta ma'skiːnə] |

| furador (m) de papel | hullemaskine (f) | ['hɔlə ma'skiːnə] |
| apontador (m) | blyantspidser (f) | ['blyːantˌspesʌ] |

116. Vários tipos de documentos

relatório (m)	rapport (f)	[ʁɑ'pɒ:t]
acordo (m)	aftale (f)	['ɑw̩tæ:lə]
ficha (f) de inscrição	ansøgningsskema (i)	['anˌsøjˀneŋsˌske:ma]
autêntico (adj)	ægte	['ɛgtə]
crachá (m)	badge (i, f)	['badɕ]
cartão (m) de visita	visitkort (i)	[vi'sitˌkɒ:t]
certificado (m)	certifikat (i)	[sæɛ̯tifi'kæˀt]
cheque (m)	check (f)	['ɕɛk]
conta (f)	regning (f)	['ʁajneŋ]
constituição (f)	konstitution (f)	[kʌnstitu'ɕoˀn]
contrato (m)	aftale (f)	['ɑw̩tæ:lə]
cópia (f)	kopi (f)	[ko'piˀ]
exemplar (~ assinado)	eksemplar (i)	[ɛksəm'plɑˀ]
declaração (f) alfandegária	tolddeklaration (f)	['tʌl deklɑɑˌɕoˀn]
documento (m)	dokument (i)	[doku'mɛnˀt]
carteira (f) de motorista	kørekort (i)	['kø:ʌˌkɒ:t]
adendo, anexo (m)	tillæg, bilag (i)	['te̩ˌlɛˀg], ['bi̩ˌlæˀj]
questionário (m)	skema (i), blanket (f)	['ske:ma], [blɑŋ'kɛt]
carteira (f) de identidade	legitimation (f)	[legitima'ɕoˀn]
inquérito (m)	forespørgsel (f)	['fɒ:ɒˌspœɐ̯səl]
convite (m)	indbydelseskort (i)	[en'byˀðəlsəsˌkɒ:t]
fatura (f)	faktura (f)	[fɑk'tu:ʁɑ]
lei (f)	lov (f)	['lɒw]
carta (correio)	brev (i)	['bʁɛwˀ]
papel (m) timbrado	brevpapir (i)	['bʁɛwˀˌpa'piɐ̯ˀ]
lista (f)	liste (f)	['lestə]
manuscrito (m)	manuskript (i)	[manu'skʁɛpt]
boletim (~ informativo)	nyhedsbrev (i)	['nyheðˌbʁɛwˀ]
bilhete (mensagem breve)	seddel (f)	['sɛðˀəl]
passe (m)	adgangskort (i)	['aðgɑŋsˌkɒ:t]
passaporte (m)	pas (i)	['pas]
permissão (f)	tilladelse (f)	['te̩ˌlæˀðəlsə]
currículo (m)	CV (i), curriculum vitæ (i)	[se've̩ˀ], [ku'ʁikulɔm 'vi:ˌtɛˀ]
nota (f) promissória	gældsbrev (i)	['gɛlˌbʁɛwˀ]
recibo (m)	kvittering (f)	[kvi'teˀɡeŋ]
talão (f)	kassebon (f)	['kasəˌbʌŋ]
relatório (m)	rapport (f)	[ʁɑ'pɒ:t]
mostrar (vt)	at vise	[ʌ 'vi:sə]
assinar (vt)	at underskrive	[ʌ 'ɔnʌˌskʁiˀvə]
assinatura (f)	signatur, underskrift (f)	[sina'tuɐ̯ˀ], ['ɔnʌˌskʁɛft]
carimbo (m)	stempel (i)	['stɛmˀpəl]
texto (m)	tekst (f)	['tɛkst]
ingresso (m)	billet (f)	[bi'lɛt]
riscar (vt)	at strege ud	[ʌ 'stʁɑjə uðˀ]
preencher (vt)	at udfylde	[ʌ 'uðˌfylˀə]

carta (f) de porte	fragtbrev (i)	['fʁagt,bʁɛw']
testamento (m)	testamente (i)	[tɛsta'mɛntə]

117. Tipos de negócios

serviços (m pl) de contabilidade	bogføringstjenester (f pl)	['bɔw,fø'g̊eŋ ,tjɛ:nəstʌ]
publicidade (f)	reklame (f)	[ʁɛ'klæ:mə]
agência (f) de publicidade	reklamebureau (i)	[ʁɛ'klæ:mə by,ʁo]
ar (m) condicionado	klimaanlæg (i pl)	['kli:ma'an,lɛ'g]
companhia (f) aérea	flyselskab (i)	['fly'sɛl,skæ'b]
bebidas (f pl) alcoólicas	alkoholiske drikke (f pl)	[alko'ho'liskə 'dʁɛkə]
comércio (m) de antiguidades	antikviteter (f pl)	[antikvi'te'tʌ]
galeria (f) de arte	kunstgalleri (i)	['kɔn'st galʌ'ʁi']
serviços (m pl) de auditoria	revisionstjenester (f pl)	[ʁɛvi'ɕons ,tjɛ:nəstʌ]
negócios (m pl) bancários	bankvæsen (i)	['baŋ'k,vɛ:sən]
bar (m)	bar (f)	['ba']
salão (m) de beleza	skønhedssalon (f)	['skœnheðs sa'lʌŋ]
livraria (f)	boghandel (f)	['bɔw,han'əl]
cervejaria (f)	bryggeri (i)	[bʁœg̊ʌ'ʁi']
centro (m) de escritórios	forretningscenter (i)	[fʌ'ʁatneŋ,sɛn'tʌ]
escola (f) de negócios	handelsskole (f)	['hanəls,sko:lə]
cassino (m)	kasino (i)	[ka'si:no]
construção (f)	byggeri (i)	[bygʌ'ʁi']
consultoria (f)	konsulenttjenester (f pl)	[kʌnsu'lɛnt ,tjɛ:nəstʌ]
clínica (f) dentária	tandklinik (f)	['tan kli'nik]
design (m)	design (i)	[de'sɑjn]
drogaria (f)	apotek (i)	[ɑpo'te'k]
lavanderia (f)	renseri (i)	[ʁansʌ'ʁi']
agência (f) de emprego	arbejdsformidling (f)	['ɑ:bɑjds fʌ'miðleŋ]
serviços (m pl) financeiros	finansielle tjenester (f pl)	[finan'ɕɛl'ə ,tjɛ:nəstʌ]
alimentos (m pl)	madvarer (f pl)	['maðvɑ:ʌ]
funerária (f)	begravelseskontor (i)	[be'gʁɑ'wəlsəs kɔn'to'g̊]
mobiliário (m)	møbler (pl)	['mø'blʌ]
roupa (f)	klæder (i pl)	['klɛ:ðʌ]
hotel (m)	hotel (i)	[ho'tɛl']
sorvete (m)	is (f)	['i's]
indústria (f)	industri (f)	[endu'stʁi']
seguro (~ de vida, etc.)	forsikring (f)	[fʌ'sekʁɛŋ]
internet (f)	internet (i)	['entʌ,nɛt]
investimento (m)	investering (f)	[envə'ste'g̊eŋ]
joalheiro (m)	juveler (f)	[juvə'le'g̊]
joias (f pl)	smykker (i pl)	['smøkʌ]
lavanderia (f)	vaskeri (i)	[vaskʌ'ʁi']
assessorias (f pl) jurídicas	juridisk rådgiver (f)	[ju'ʁið'isk 'ʁɔ'ð,gi'vʌ]
indústria (f) ligeira	letindustri (f)	[,lɛd endu'stʁi']

revista (f)	magasin, tidsskrift (i)	[mɑgɑ'siˀn], ['tiðsˌskʁɛft]
vendas (f pl) por catálogo	postordresalg (i)	['pʌstˌɒˀdʁʌˌsalˀj]
medicina (f)	medicin (f)	[medi'siˀn]
cinema (m)	biograf (f)	[bio'gʁɑˀf]
museu (m)	museum (i)	[mu'sɛːɔm]
agência (f) de notícias	nyhedsbureau (i)	['nyheðs byˌʁo]
jornal (m)	avis (f)	[a'viˀs]
boate (casa noturna)	natklub (f)	['natˌklub]
petróleo (m)	olie (f)	['oljə]
serviços (m pl) de remessa	kurertjeneste (f)	[ku'ʁɛˀɐ̯ 'tjɛːnəstə]
indústria (f) farmacêutica	farmaci (f)	[fɑmɑ'siˀ]
tipografia (f)	trykkeri (i)	[tʁœkʌ'ʁiˀ]
editora (f)	forlag (i)	['fɒːˌlæˀj]
rádio (m)	radio (f)	['ʁɑˀdjo]
imobiliário (m)	fast ejendom (f)	['fast 'ɑjənˌdʌmˀ]
restaurante (m)	restaurant (f)	[ʁɛsto'ʁɑŋ]
empresa (f) de segurança	sikkerhedsselskab (i)	['sekʌˌheðs 'sɛlˌskæˀb]
esporte (m)	sport (m)	['spɒːt]
bolsa (f) de valores	børs (f)	['bøɐ̯s]
loja (f)	forretning (f), butik (f)	[fʌ'ʁatneŋ], [bu'tik]
supermercado (m)	supermarked (i)	['su'pʌˌmɑːkəð]
piscina (f)	svømmebassin (i)	['svœməbaˌsɛŋ]
alfaiataria (f)	skrædderi (i)	[skʁaðə'ʁiˀ]
televisão (f)	fjernsyn (i), tv (i)	['fjæɐ̯nˌsyˀn], ['teˀˌveˀ]
teatro (m)	teater (i)	[te'æˀtʌ]
comércio (m)	handel (f)	['han'əl]
serviços (m pl) de transporte	transport (f)	[tʁɑns'pɒːt]
viagens (f pl)	turisme (f)	[tu'ʁismə]
veterinário (m)	dyrlæge (f)	['dyɐ̯ˌlɛːjə]
armazém (m)	lager (i)	['læˀjʌ]
recolha (f) do lixo	affalds indsamling (f)	['ɑwfalˀs 'enˌsɑmˀleŋ]

Emprego. Negócios. Parte 2

118. Espetáculo. Feira

feira, exposição (f)	messe (f)	['mɛsə]
feira (f) comercial	handelsmesse (f)	['hanels‚mɛsə]
participação (f)	deltagelse (f)	['del‚tæ'jəlsə]
participar (vi)	at deltage	[ʌ 'del‚tæ']
participante (m)	deltager (f)	['del‚tæ'jʌ]
diretor (m)	direktør (f)	[diɐək'tø'ɐ̯]
direção (f)	arrangørkontor (i)	[aɑŋ'ɕø'ɐ̯ kɔn'to'ɐ̯]
organizador (m)	arrangør (f)	[aɑŋ'ɕø'ɐ̯]
organizar (vt)	at organisere	[ʌ ɒgani'se'ʌ]
ficha (f) de inscrição	bestillingsskema (i)	[be'stel'eŋs'ske:ma]
preencher (vt)	at udfylde	[ʌ 'uð‚fyl'ə]
detalhes (m pl)	detaljer (f pl)	[de'taljʌ]
informação (f)	information (f)	[enfɒma'ɕo'n]
preço (m)	pris (f)	['pʁi's]
incluindo	inklusive	['enklu‚si'və]
incluir (vt)	at inkludere	[ʌ enklu'de'ʌ]
pagar (vt)	at betale	[ʌ be'tæ'lə]
taxa (f) de inscrição	registreringsafgift (f)	[ʁɛgi'stʁɛ'ɐ̯eŋs 'aw‚gift]
entrada (f)	indgang (f)	['en‚gaŋ']
pavilhão (m), salão (f)	pavillon (f)	[pavil'jʌn]
inscrever (vt)	at registrere	[ʌ ʁɛgi'stʁɛ'ʌ]
crachá (m)	badge (i, f)	['badɕ]
stand (m)	stand (f)	['stan']
reservar (vt)	at reservere	[ʌ ʁɛsæɐ̯'ve'ʌ]
vitrine (f)	glasmontre (f)	['glas‚mɒŋtʁʌ]
lâmpada (f)	lampe (f), spot (f)	['lampə], ['spʌt]
design (m)	design (i)	[de'sajn]
pôr (posicionar)	at placere	[ʌ pla'se'ʌ]
ser colocado, -a	at blive placeret	[ʌ 'bli:ə pla'se'ʌð]
distribuidor (m)	distributør (f)	[distʁibu'tø'ɐ̯]
fornecedor (m)	leverandør (f)	[leveʁan'dø'ɐ̯]
fornecer (vt)	at levere	[ʌ le've'ʌ]
país (m)	land (i)	['lan']
estrangeiro (adj)	udenlandsk	['uðən‚lan'sk]
produto (m)	produkt (i)	[pʁo'dɔkt]
associação (f)	forening (f)	[fʌ'e'nen]
sala (f) de conferência	konferencesal (f)	[kʌnfə'ʁansə‚sæ'l]

congresso (m)	kongres (f)	[kʌŋ'gʁas]
concurso (m)	konkurrence (f)	[kʌŋko'ʁɑŋsə]

visitante (m)	besøgende (f)	[be'sø'jənə]
visitar (vt)	at besøge	[ʌ be'sø'jə]
cliente (m)	kunde (f)	['kɔnə]

119. Media

jornal (m)	avis (f)	[a'vi's]
revista (f)	magasin, tidsskrift (i)	[mɑga'si'n], ['tiðs ̩skʁɛft]
imprensa (f)	presse (f)	['pʁasə]
rádio (m)	radio (f)	['ʁɑ'djo]
estação (f) de rádio	radiostation (f)	['ʁɑdjo sta'ɕo'n]
televisão (f)	fjernsyn (i), tv (i)	['fjæɐ̯n ̩sy'n], ['te' ̩ve']

apresentador (m)	studievært (f)	['stu:djə ̩væɐ̯t]
locutor (m)	nyhedsoplæser (f)	['nyheðs 'ʌp ̩lɛ'sʌ]
comentarista (m)	kommentator (f)	[kɔmən'tæ:tʌ]

jornalista (m)	journalist (f)	[ɕoɐ̯na'list]
correspondente (m)	korrespondent (f)	[kɒɒspʌn'dɛn't]
repórter (m) fotográfico	pressefotograf (f)	['pʁasə foto'gʁɑ'f]
repórter (m)	reporter (f)	[ʁɛ'pɒ:tʌ]

redator (m)	redaktør (f)	[ʁɛdak'tø'ɐ̯]
redator-chefe (m)	chefredaktør (f)	['ɕɛf ʁɛdak'tø'ɐ̯]

assinar a ...	at abonnere	[ʌ abo'ne'ʌ]
assinatura (f)	abonnement (i)	[abɔnə'mɑŋ]
assinante (m)	abonnent (f)	[abo'nɛn't]
ler (vt)	at læse	[ʌ 'lɛ:sə]
leitor (m)	læser (f)	['lɛ:sʌ]

tiragem (f)	oplag (i)	['ʌp ̩læ'j]
mensal (adj)	månedlig	['mɔ:nəðli]
semanal (adj)	ugentlig	['u:əntli]
número (jornal, revista)	nummer (i)	['nom'ʌ]
recente, novo (adj)	ny, frisk	['ny'], ['fʁɛsk]

manchete (f)	overskrift (f)	['ɒwʌ ̩skʁɛft]
pequeno artigo (m)	notits (f)	[no'tits]
coluna (~ semanal)	rubrik (f)	[ʁu'bʁɛk]
artigo (m)	artikel (f)	[ɑ'tikəl]
página (f)	side (f)	['si:ðə]

reportagem (f)	reportage (f)	[ʁɛpɒ'tæ:ɕə]
evento (festa, etc.)	hændelse (f)	['hɛnəlsə]
sensação (f)	sensation (f)	[sɛnsa'ɕo'n]
escândalo (m)	skandale (f)	[skan'dæ:lə]
escandaloso (adj)	skandaløs	[skanda'lø's]
grande (adj)	stor	['sto'ɐ̯]
programa (m)	program (i)	[pʁo'gʁɑm']
entrevista (f)	interview (i)	[entʌ'vju]

| transmissão (f) ao vivo | direkte udsendelse (f) | [di'ʁaktə 'uð‚sɛn'əlsə] |
| canal (m) | kanal (f) | [ka'næ'l] |

120. Agricultura

agricultura (f)	landbrug (i)	['lan‚bʁu']
camponês (m)	bonde (f)	['bɔnə]
camponesa (f)	bondekone (f)	['bɔnə‚ko:nə]
agricultor, fazendeiro (m)	landmand, bonde (f)	['lan‚man'], ['bɔnə]

| trator (m) | traktor (f) | ['tʁaktʌ] |
| colheitadeira (f) | mejetærsker (f) | ['mɑjə‚tæɐ̯skʌ] |

arado (m)	plov (f)	['plɒw']
arar (vt)	at pløje	[ʌ 'plʌjə]
campo (m) lavrado	pløjemark (f)	['plʌjə‚mɑ:k]
sulco (m)	fure (f)	['fu:ʌ]

semear (vt)	at så	[ʌ 'sɔ']
plantadeira (f)	såmaskine (f)	['sɔ'mɑ‚ski:nə]
semeadura (f)	såning (f)	['sɔ'nen]

| foice (m) | le (f) | ['le'] |
| cortar com foice | at meje, at slå | [ʌ 'mɑjə], [ʌ 'slɔ'] |

| pá (f) | spade (f) | ['spæ:ðə] |
| cavar (vt) | at grave | [ʌ 'gʁɑ:və] |

enxada (f)	hakke (f)	['hɑkə]
capinar (vt)	at hakke	[ʌ 'hɑkə]
erva (f) daninha	ukrudt (i)	[uk'ʁut]

regador (m)	vandkande (f)	['van‚kɑnə]
regar (plantas)	at vande	[ʌ 'vanə]
rega (f)	vanding (f)	['vanen]

| forquilha (f) | greb (f) | ['gʁɛ'b] |
| ancinho (m) | rive (f) | ['ʁi:wə] |

fertilizante (m)	gødning (f)	['gøðnen]
fertilizar (vt)	at gøde, at gødske	[ʌ 'gø:ðə], [ʌ 'gøskə]
estrume, esterco (m)	møg (i), gødning (f)	['mʌj], ['gøðnen]

campo (m)	mark (f), ager (f)	['mɑ:k], ['æ'jʌ]
prado (m)	eng (f)	['ɛŋ']
horta (f)	køkkenhave (f)	['køkən‚hæ:və]
pomar (m)	frugthave (f)	['fʁɔgt‚hæ:və]

pastar (vt)	at vogte	[ʌ 'vʌgtə]
pastor (m)	hyrde (f)	['hyɐ̯də]
pastagem (f)	græsgang (f)	['gʁas‚gɑn']

| pecuária (f) | kvægavl (f) | ['kvɛj‚aw'l] |
| criação (f) de ovelhas | fåreavl (f) | ['fɒ:ɒ‚aw'l] |

plantação (f)	plantage (f)	[plan'tæ:çə]
canteiro (m)	række (f)	['ʁakə]
estufa (f)	drivhus (i)	['dʁiwˌhuˀs]
seca (f)	tørke (f)	['tœɐ̯kə]
seco (verão ~)	tør	['tœˀɐ̯]
grão (m)	korn (i)	['koɐ̯ˀn]
cereais (m pl)	kornsorter (f pl)	['koɐ̯nˌsɒ:tʌ]
colher (vt)	at høste	[ʌ 'høstə]
moleiro (m)	møller (f)	['mølʌ]
moinho (m)	mølle (f)	['mølə]
moer (vt)	at male	[ʌ 'mæ:lə]
farinha (f)	mel (i)	['meˀl]
palha (f)	halm (f), strå (i)	['halˀm], ['stʁɔˀ]

121. Construção. Processo de construção

canteiro (m) de obras	byggeplads (f)	['bygəˌplas]
construir (vt)	at bygge	[ʌ 'bygə]
construtor (m)	bygningsarbejder (f)	['bygneŋs 'a:ˌbaɪ̯'dʌ]
projeto (m)	projekt (i)	[pʁo'çɛkt]
arquiteto (m)	arkitekt (f)	[aki'tɛkt]
operário (m)	arbejder (f)	['a:ˌbaɪ̯'dʌ]
fundação (f)	fundament (i)	[fɔnda'mɛnˀt]
telhado (m)	tag (i)	['tæˀj]
estaca (f)	pæl (f)	['pɛˀl]
parede (f)	mur (f), væg (f)	['muɐ̯ˀ], ['vɛˀg]
colunas (f pl) de sustentação	armeringsjern (i)	[a'meˀɐ̯eŋs'jæɐ̯ˀn]
andaime (m)	stillads (i)	[ste'læˀs]
concreto (m)	beton (f)	[be'tʌŋ]
granito (m)	granit (f)	[gʁa'nit]
pedra (f)	sten (f)	['steˀn]
tijolo (m)	tegl (i, f), mursten (f)	['taɪ̯ˀl], ['muɐ̯ˌsteˀn]
areia (f)	sand (i)	['sanˀ]
cimento (m)	cement (f)	[se'mɛnˀt]
emboço, reboco (m)	puds (i, f)	['pus]
emboçar, rebocar (vt)	at pudse	[ʌ 'pusə]
tinta (f)	maling (f)	['mæ:leŋ]
pintar (vt)	at male	[ʌ 'mæ:lə]
barril (m)	tønde (f)	['tønə]
grua (f), guindaste (m)	byggekran (f)	['bygəˌkʁaˀn]
erguer (vt)	at løfte	[ʌ 'løftə]
baixar (vt)	at hejse ned	[ʌ 'haɪ̯sə 'neðˀ]
buldózer (m)	bulldozer (f)	['bulˌdo:sʌ]
escavadora (f)	gravemaskine (f)	['gʁa:və ma'ski:nə]

caçamba (f)	skovl (f)	['skɒwˀl]
escavar (vt)	at grave	[ʌ 'gʁɑːvə]
capacete (m) de proteção	hjelm (f)	['jɛlˀm]

122. Ciência. Investigação. Cientistas

ciência (f)	videnskab (f)	['viðənˌskæˀb]
científico (adj)	videnskabelig	['viðənˌskæˀbeli]
cientista (m)	videnskabsmand (f)	['viðənˌskæˀbs man']
teoria (f)	teori (f)	[teo'ʁiˀ]
axioma (m)	aksiom (i)	[ak'ɕoˀm]
análise (f)	analyse (f)	[ana'lyːsə]
analisar (vt)	at analysere	[ʌ analy'seˀʌ]
argumento (m)	argument (i)	[ɑgu'mɛnˀt]
substância (f)	stof (i), substans (f)	['stʌf], [sub'stanˀs]
hipótese (f)	hypotese (f)	[hypo'teːsə]
dilema (m)	dilemma (i)	[di'lɛma]
tese (f)	afhandling (f)	['awˌhanˀleŋ]
dogma (m)	dogme (i)	['dɒwmə]
doutrina (f)	doktrin (f)	[dʌk'tʁiˀn]
pesquisa (f)	forskning (f)	['fɒːsknɛŋ]
pesquisar (vt)	at forske	[ʌ 'fɒːskə]
testes (m pl)	test (f)	['tɛst]
laboratório (m)	laboratorium (i)	[labɒʁa'toʁ'jɔm]
método (m)	metode (f)	[me'toːðə]
molécula (f)	molekyle (i)	[molə'kyːlə]
monitoramento (m)	overvågning (f)	['ɒwʌˌvɒwˀneŋ]
descoberta (f)	opdagelse (f)	['ʌpˌdæˀjəlsə]
postulado (m)	postulat (i)	[pʌstu'læˀt]
princípio (m)	princip (i)	[pʁin'sip]
prognóstico (previsão)	prognose (f)	[pʁo'noːsə]
prognosticar (vt)	at prognosticere	[ʌ pʁonʌsti'seˀʌ]
síntese (f)	syntese (f)	[syn'teːsə]
tendência (f)	tendens (f)	[tɛn'dɛnˀs]
teorema (m)	teorem (i)	[teo'ʁɛˀm]
ensinamentos (m pl)	lærer (f pl)	['lɛːʌ]
fato (m)	faktum (i)	['fɑktɔm]
expedição (f)	ekspedition (f)	[ɛkspedi'ɕoˀn]
experiência (f)	eksperiment (i)	[ɛkspæɐi'mɛnˀt]
acadêmico (m)	akademiker (f)	[aka'deˀmikʌ]
bacharel (m)	bachelor (f)	['badɕəlʌ]
doutor (m)	doktor (f)	['dʌktʌ]
professor (m) associado	docent (f)	[do'sɛnˀt]
mestrado (m)	magister (f)	[ma'gistʌ]
professor (m)	professor (f)	[pʁo'fɛsʌ]

Profissões e ocupações

123. Procura de emprego. Demissão

trabalho (m)	arbejde (i), job (i)	['ɑːˌbɑjˀdə], ['djʌb]
equipe (f)	ansatte (pl), stab (f)	['anˌsatə], ['stæˀb]
pessoal (m)	personale (i, f)	[pæɐ̯so'næːlə]
carreira (f)	karriere (f)	[kɑi'ɛːʌ]
perspectivas (f pl)	udsigter (f pl)	['uðˌsegtʌ]
habilidades (f pl)	mesterskab (i)	['mɛstʌˌskæˀb]
seleção (f)	udvalg (i), udvælgelse (f)	['uðˌvalˀj], ['uðˌvɛlˀjəlsə]
agência (f) de emprego	arbejdsformidling (f)	['ɑːbɑjds fʌ'miðleŋ]
currículo (m)	CV (i), curriculum vitæ (i)	[se've'], [ku'ʁikulɔm 'viːˌtɛ']
entrevista (f) de emprego	jobsamtale (f)	['djʌb 'samˌtæːlə]
vaga (f)	ledig stilling (f)	['leːði 'steleŋ]
salário (m)	løn (f)	['lœnˀ]
salário (m) fixo	fast løn (f)	['fast lœnˀ]
pagamento (m)	betaling (f)	[be'tæˀleŋ]
cargo (m)	stilling (f)	['steleŋ]
dever (do empregado)	pligt (f)	['plegt]
gama (f) de deveres	arbejdspligter (f pl)	['ɑːbɑjds 'plegtʌ]
ocupado (adj)	optaget	['ʌpˌtæˀj]
despedir, demitir (vt)	at afskedige	[ʌ 'awˌske'ðiə]
demissão (f)	afskedigelse (f)	['awˌske'ðˌiˀəlsə]
desemprego (m)	arbejdsløshed (f)	['ɑːbɑjdsˌløːsheðˀ]
desempregado (m)	arbejdsløs (f)	['ɑːbɑjdsˌløˀs]
aposentadoria (f)	pension (f)	[paŋ'ɕoˀn]
aposentar-se (vr)	at gå på pension	[ʌ gɔˀ pɔ paŋ'ɕoˀn]

124. Gente de negócios

diretor (m)	direktør (f)	[diɐ̯ək'tøˀɐ̯]
gerente (m)	forretningsfører (f)	[fʌ'ʁatneŋsˌføːʌ]
patrão, chefe (m)	boss (f)	['bʌs]
superior (m)	overordnet (f)	['ɔwʌˌɒˀdneð]
superiores (m pl)	overordnede (pl)	['ɔwʌˌɒˀdneðə]
presidente (m)	præsident (f)	[pʁɛsi'dɛnˀt]
chairman (m)	formand (f)	['fɔːˌmanˀ]
substituto (m)	stedfortræder (f)	['stɛð fʌˌtʁɛˀðʌ]
assistente (m)	assistent (f)	[asi'stɛnˀt]

111

secretário (m)	sekretær (f)	[sekʁə'tɛʔɐ̯]
secretário (m) pessoal	privatsekretær (f)	[pʁi'væt sekʁə'tɛʔɐ̯]

homem (m) de negócios	forretningsmand (f)	[fʌ'ʁatneŋsˌmanʔ]
empreendedor (m)	entreprenør (f)	[ɑŋtʁɛpʁɛ'nøʔɐ̯]
fundador (m)	grundlægger (f)	['gʁɔnʔˌlɛgʌ]
fundar (vt)	at grundlægge	[ʌ 'gʁɔnʔˌlɛgə]

principiador (m)	stifter (f)	['steftʌ]
parceiro, sócio (m)	partner (f)	['pɑːtnʌ]
acionista (m)	aktionær (f)	[akɕo'nɛʔɐ̯]

milionário (m)	millionær (f)	[miljo'nɛʔɐ̯]
bilionário (m)	milliardær (f)	[miljɑ'dɛʔɐ̯]
proprietário (m)	ejer (f)	['ajʌ]
proprietário (m) de terras	jordbesidder (f)	['joɐ̯beˌsiðʔʌ]

cliente (m)	kunde (f)	['kɔnə]
cliente (m) habitual	stamkunde, fast kunde (f)	['stɑmˌkɔnə], ['fast ˌkɔnə]
comprador (m)	køber (f)	['køːbʌ]
visitante (m)	besøgende (f)	[be'søʔjənə]

profissional (m)	professionel (f)	[pʁo'fɛɕoˌnɛlʔ]
perito (m)	ekspert (f)	[ɛks'pæɐ̯t]
especialista (m)	specialist (f)	[speɕa'list]

banqueiro (m)	bankier (f)	[baŋ'kje]
corretor (m)	mægler (f)	['mɛjlʌ]

caixa (m, f)	kasserer (f)	[ka'seʔʌ]
contador (m)	bogholder (f)	['bɔwˌhʌlʌ]
guarda (m)	sikkerhedsvagt (f)	['sekʌˌheðs 'vɑgt]

investidor (m)	investor (f)	[en'vɛstʌ]
devedor (m)	skyldner (f)	['skylnʌ]
credor (m)	kreditor (f)	['kʁeditʌ]
mutuário (m)	låntager (f)	['lɔːnˌtæʔjʌ]

importador (m)	importør (f)	[empɒ'tøʔɐ̯]
exportador (m)	eksportør (f)	[ɛkspɒ'tøʔɐ̯]

produtor (m)	producent (f)	[pʁodu'sɛnʔt]
distribuidor (m)	distributør (f)	[distʁibu'tøʔɐ̯]
intermediário (m)	mellemmand (f)	['mɛləmˌmanʔ]

consultor (m)	konsulent (f)	[kʌnsu'lɛnʔt]
representante comercial	repræsentant (f)	[ʁepʁɛsən'tanʔt]
agente (m)	agent (f)	[a'gɛnʔt]
agente (m) de seguros	forsikringsagent (f)	[fʌ'sekʁɛŋs a'gɛnʔt]

125. Profissões de serviços

cozinheiro (m)	kok (f)	['kʌk]
chefe (m) de cozinha	køkkenchef (f)	['køkənˌɕɛʔf]

padeiro (m)	bager (f)	['bæ:jʌ]
barman (m)	bartender (f)	['bɑːˌtɛndʌ]
garçom (m)	tjener (f)	['tjɛːnʌ]
garçonete (f)	servitrice (f)	[sæɐ̯vi'tʁi:sə]

advogado (m)	advokat (f)	[aðvo'kæʔt]
jurista (m)	jurist (f)	[ju'ʁist]
notário (m)	notar (f)	[no'tɑʔ]

eletricista (m)	elektriker (f)	[e'lɛktʁikʌ]
encanador (m)	blikkenslager (f)	['blekənˌslæʔjʌ]
carpinteiro (m)	tømrer (f)	['tœmʁʌ]

massagista (m)	massør (f)	[ma'søˀɐ̯]
massagista (f)	massøse (f)	[ma'sø:sə]
médico (m)	læge (f)	['lɛ:jə]

taxista (m)	taxichauffør (f)	['taksi ɕo'føˀɐ̯]
condutor (automobilista)	chauffør (f)	[ɕo'føˀɐ̯]
entregador (m)	bud (i)	['buð]

camareira (f)	stuepige (f)	['stuəˌpi:ə]
guarda (m)	sikkerhedsvagt (f)	['sekʌˌheðs 'vagt]
aeromoça (f)	stewardesse (f)	[stjua'dɛsə]

professor (m)	lærer (f)	['lɛ:ʌ]
bibliotecário (m)	bibliotekar (f)	[bibliotə'kɑʔ]
tradutor (m)	oversætter (f)	['ɒwʌˌsɛtʌ]
intérprete (m)	tolk (f)	['tʌlʔk]
guia (m)	guide (f)	['gɑjd]

cabeleireiro (m)	frisør (f)	[fʁi'søˀɐ̯]
carteiro (m)	postbud (i)	['pʌstˌbuð]
vendedor (m)	sælger (f)	['sɛljʌ]

jardineiro (m)	gartner (f)	['gɑ:tnʌ]
criado (m)	tjener (f)	['tjɛːnʌ]
criada (f)	tjenestepige (f)	['tjɛːnəstəˌpi:ə]
empregada (f) de limpeza	rengøringskone (f)	['ʁɛːnˌgœˀɐ̯eŋs 'ko:nə]

126. Profissões militares e postos

soldado (m) raso	menig (f)	['me:ni]
sargento (m)	sergent (f)	[sæɐ̯'ɕanʔt]
tenente (m)	løjtnant (f)	['lʌjtˌnanʔt]
capitão (m)	kaptajn (f)	[kap'tɑjʔn]

major (m)	major (f)	[ma'joˀɐ̯]
coronel (m)	oberst (f)	['oˀbʌst]
general (m)	general (f)	[genə'ʁɑʔl]
marechal (m)	marskal (f)	['mɑːˌɕalʔ]
almirante (m)	admiral (f)	[aðmi'ʁɑʔl]
militar (m)	militær (i)	[mili'tɛˀɐ̯]
soldado (m)	soldat (f)	[sol'dæʔt]

113

| oficial (m) | officer (f) | [ʌfi'se'ɡ̊] |
| comandante (m) | befalingsmand (f) | [be'fæ'leŋs̩man'] |

guarda (m) de fronteira	grænsevagt (f)	['gʁansə,vɑgt]
operador (m) de rádio	radiooperatør (f)	['ʁadjo opeʁɑ'tø'ɡ̊]
explorador (m)	opklaringssoldat (f)	['ʌp̊,klɑ'eŋs sol'dæ't]
sapador-mineiro (m)	pioner (f)	[pio'ne'ɡ̊]
atirador (m)	skytte (f)	['skøtə]
navegador (m)	styrmand (f)	['styɡ̊,man']

127. Oficiais. Padres

| rei (m) | konge (f) | ['kʌŋə] |
| rainha (f) | dronning (f) | ['dʁʌneŋ] |

| príncipe (m) | prins (f) | ['pʁɛn's] |
| princesa (f) | prinsesse (f) | [pʁɛn'sɛsə] |

| czar (m) | tsar (f) | ['sɑ'] |
| czarina (f) | tsarina (f) | [sa'ʁiːna] |

presidente (m)	præsident (f)	[pʁɛsi'dɛn't]
ministro (m)	minister (f)	[mi'nistʌ]
primeiro-ministro (m)	statsminister (f)	['stæ̍s mi'nistʌ]
senador (m)	senator (f)	[se'næːtʌ]

diplomata (m)	diplomat (f)	[diplo'mæ't]
cônsul (m)	konsul (f)	['kʌn,su'l]
embaixador (m)	ambassadør (f)	[ambasa'dø'ɡ̊]
conselheiro (m)	rådgiver (f)	['ʁɔ'ð,gi'vʌ]

funcionário (m)	embedsmand (f)	['ɛmbeðs,man']
prefeito (m)	præfekt (f)	[pʁɛ'fɛkt]
Presidente (m) da Câmara	borgmester (f)	[bɒw'mɛstʌ]

| juiz (m) | dommer (f) | ['dʌmʌ] |
| procurador (m) | anklager (f) | ['an,klæ'jʌ] |

missionário (m)	missionær (f)	[miɕo'nɛ'ɡ̊]
monge (m)	munk (f)	['mɔn'k]
abade (m)	abbed (f)	['abeð]
rabino (m)	rabbiner (f)	[ʁa'bi'nʌ]

vizir (m)	vesir (f)	[ve'siɡ̊']
xá (m)	shah (f)	['ɕæ']
xeique (m)	sheik (f)	['ɕaj'k]

128. Profissões agrícolas

abelheiro (m)	biavler (f)	['bi,awlʌ]
pastor (m)	hyrde (f)	['hyɡ̊də]
agrônomo (m)	agronom (f)	[agʁo'no'm]

| criador (m) de gado | kvægavler (f) | ['kvɛj‚awlʌ] |
| veterinário (m) | dyrlæge (f) | ['dyɐ̯‚lɛ:jə] |

agricultor, fazendeiro (m)	landmand, bonde (f)	['lan‚man'], ['bɔnə]
vinicultor (m)	vinavler (f)	['vi:n‚awlʌ]
zoólogo (m)	zoolog (f)	[soo'lo']
vaqueiro (m)	cowboy (f)	['kɒw‚bʌj]

129. Profissões artísticas

| ator (m) | skuespiller (f) | ['sku:ə‚spelʌ] |
| atriz (f) | skuespillerinde (f) | ['sku:ə‚spelʌ'enə] |

| cantor (m) | sanger (f) | ['sɑŋʌ] |
| cantora (f) | sangerinde (f) | [sɑŋʌ'enə] |

| bailarino (m) | danser (f) | ['dansʌ] |
| bailarina (f) | danserinde (f) | [dansʌ'enə] |

| artista (m) | skuespiller (f) | ['sku:ə‚spelʌ] |
| artista (f) | skuespillerinde (f) | ['sku:ə‚spelʌ'enə] |

músico (m)	musiker (f)	['mu'sikʌ]
pianista (m)	pianist (f)	[pia'nist]
guitarrista (m)	guitarist (f)	[gitɑ'ʁist]

maestro (m)	dirigent (f)	[diɐ̯i'gɛn't]
compositor (m)	komponist (f)	[kɔmpo'nist]
empresário (m)	impresario (f)	[empʁə'sɑ'io]

diretor (m) de cinema	filminstruktør (f)	['film enstʁuk'tø'ɐ̯]
produtor (m)	producer (f)	[pʁo'dju:sʌ]
roteirista (m)	manuskriptforfatter (f)	[manu'skʁɛpt fʌ'fatʌ]
crítico (m)	kritiker (f)	['kʁitikʌ]

escritor (m)	forfatter (f)	[fʌ'fatʌ]
poeta (m)	poet (f), digter (f)	[po'e't], ['degtʌ]
escultor (m)	skulptør (f)	[skulp'tø'ɐ̯]
pintor (m)	kunstner (f)	['kɔnstnʌ]

malabarista (m)	jonglør (f)	[ɕʌŋ'lø'ɐ̯]
palhaço (m)	klovn (f)	['klɒw'n]
acrobata (m)	akrobat (f)	[ɑkʁo'bæ't]
ilusionista (m)	tryllekunstner (f)	['tʁylə‚kɔn'stnʌ]

130. Várias profissões

médico (m)	læge (f)	['lɛ:jə]
enfermeira (f)	sygeplejerske (f)	['sy:ə‚plɑj'ʌskə]
psiquiatra (m)	psykiater (f)	[syki'æ'tʌ]
dentista (m)	tandlæge (f)	['tan‚lɛ:jə]
cirurgião (m)	kirurg (f)	[ki'ʁuɐ̯'w]

astronauta (m)	astronaut (f)	[astʁoˈnɑwˀt]
astrônomo (m)	astronom (f)	[astʁoˈnoˀm]
piloto (m)	pilot (f)	[piˈloˀt]

motorista (m)	fører (f)	[ˈføːʌ]
maquinista (m)	togfører (f)	[ˈtɔwˌføːʌ]
mecânico (m)	mekaniker (f)	[meˈkæˀnikʌ]

mineiro (m)	minearbejder (f)	[ˈmiːnəˈɑːˌbɑjˀdʌ]
operário (m)	arbejder (f)	[ˈɑːˌbɑjˀdʌ]
serralheiro (m)	låsesmed (f)	[ˈlɔːsəˌsmeð]
marceneiro (m)	snedker (f)	[ˈsneˀkʌ]
torneiro (m)	drejer (f)	[ˈdʁɑjʌ]
construtor (m)	bygningsarbejder (f)	[ˈbygneŋs ˈɑːˌbɑjˀdʌ]
soldador (m)	svejser (f)	[ˈsvɑjsʌ]

professor (m)	professor (f)	[pʁoˈfɛsʌ]
arquiteto (m)	arkitekt (f)	[akiˈtɛkt]
historiador (m)	historiker (f)	[hiˈstoˀʁikʌ]
cientista (m)	videnskabsmand (f)	[ˈviðənˌskæˀbs manˀ]
físico (m)	fysiker (f)	[ˈfyˀsikʌ]
químico (m)	kemiker (f)	[ˈkeˀmikʌ]

arqueólogo (m)	arkæolog (f)	[ˌɑːkɛoˈloˀ]
geólogo (m)	geolog (f)	[geoˈloˀ]
pesquisador (cientista)	forsker (f)	[ˈfɔːskʌ]

babysitter, babá (f)	barnepige (f)	[ˈbɑːnəˌpiːə]
professor (m)	pædagog (f)	[pɛdaˈgoˀ]

redator (m)	redaktør (f)	[ʁɛdakˈtøˀg̊]
redator-chefe (m)	chefredaktør (f)	[ˈɕɛf ʁɛdakˈtøˀg̊]
correspondente (m)	korrespondent (f)	[kɒɒspʌnˈdɛnˀt]
datilógrafa (f)	maskinskriverske (f)	[maˈskiːn ˈskʁiˀvʌskə]

designer (m)	designer (f)	[deˈsɑjnʌ]
especialista (m) em informática	computer-ekspert (f)	[kʌmˈpjuːtʌ ɛksˈpæg̊t]
programador (m)	programmør (f)	[pʁogʁaˈmøˀg̊]
engenheiro (m)	ingeniør (f)	[enɕənˈjøˀg̊]

marujo (m)	sømand (f)	[ˈsøˌmanˀ]
marinheiro (m)	matros (f)	[maˈtʁoˀs]
socorrista (m)	redder (f)	[ˈʁɛðʌ]

bombeiro (m)	brandmand (f)	[ˈbʁanˌmanˀ]
polícia (m)	politibetjent (f)	[poliˈti beˈtjɛnˀt]
guarda-noturno (m)	nattevagt, vægter (f)	[ˈnatəˌvagt], [ˈvɛgtʌ]
detetive (m)	detektiv, opdager (f)	[detekˈtiwˀ], [ˈʌpˌdæˀjʌ]

funcionário (m) da alfândega	toldbetjent (f)	[ˈtʌl beˈtjɛnˀt]
guarda-costas (m)	livvagt (f)	[ˈliwˌvagt]
guarda (m) prisional	fangevogter (f)	[ˈfɑŋəˌvʌgtʌ]
inspetor (m)	inspektør (f)	[enspɛkˈtøˀg̊]
esportista (m)	idrætsmand (f)	[ˈidʁatsˌmanˀ]
treinador (m)	træner (f)	[ˈtʁɛːnʌ]

açougueiro (m)	slagter (f)	['slɑgtʌ]
sapateiro (m)	skomager (f)	['skoˌmæˀjʌ]
comerciante (m)	handelsmand (f)	['hanəlsˌmanˀ]
carregador (m)	lastearbejder (f)	['lastə'ɑːˌbɑjˀdʌ]
estilista (m)	modedesigner (f)	['moːðə de'sɑjnʌ]
modelo (f)	model (f)	[mo'dɛlˀ]

131. Ocupações. Estatuto social

estudante (~ de escola)	skoleelev (f)	['skoːlə e'leˀw]
estudante (~ universitária)	studerende (f)	[stu'deˀʌnə]
filósofo (m)	filosof (f)	[filo'sʌf]
economista (m)	økonom (f)	[øko'noˀm]
inventor (m)	opfinder (f)	['ʌpˌfenˀʌ]
desempregado (m)	arbejdsløs (f)	['ɑːbɑjdsˌløˀs]
aposentado (m)	pensionist (f)	[pɑŋɕo'nist]
espião (m)	spion (f)	[spi'oˀn]
preso, prisioneiro (m)	fange (f)	['faŋə]
grevista (m)	strejkende (f)	['stʁɑjkɛnə]
burocrata (m)	bureaukrat (f)	[byo'kʁɑˀt]
viajante (m)	rejsende (f)	['ʁɑjsənə]
homossexual (m)	homoseksuel (f)	['hoːmosɛksu'ɛlˀ]
hacker (m)	hacker (f)	['hakʌ]
hippie (m, f)	hippie (f)	['hipi]
bandido (m)	bandit (f)	[ban'dit]
assassino (m)	lejemorder (f)	['lɑjəˌmoɐ̯dʌ]
drogado (m)	narkoman (f)	[nɑko'mæˀn]
traficante (m)	narkohandler (f)	['nɑːkoˌhanlʌ]
prostituta (f)	prostitueret (f)	[pʁostitu'eˀʌð]
cafetão (m)	alfons (f)	[al'fʌŋs]
bruxo (m)	troldmand (f)	['tʁʌlˌmanˀ]
bruxa (f)	troldkvinde (f)	['tʁʌlˌkvenə]
pirata (m)	pirat, sørøver (f)	[pi'ʁɑˀt], ['søˌʁœːvʌ]
escravo (m)	slave (f)	['slæːvə]
samurai (m)	samurai (f)	[samu'ʁɑjˀ]
selvagem (m)	vildmand (f)	['vilˌmanˀ]

Desportos

132. Tipos de desportos. Desportistas

esportista (m)	idrætsmand (f)	['idʁatsˌmanˀ]
tipo (m) de esporte	idrætsgren (f)	['idʁatsˌgʁɛˀn]
basquete (m)	basketball (f)	['bɑːskətˌbɒːl]
jogador (m) de basquete	basketballspiller (f)	['bɑːskətˌbɒːl ˌspelʌ]
beisebol (m)	baseball (f)	['bɛjsˌbɒːl]
jogador (m) de beisebol	baseballspiller (f)	['bɛjsˌbɒːl ˌspelʌ]
futebol (m)	fodbold (f)	['foðˌbʌlˀd]
jogador (m) de futebol	fodboldspiller (f)	['foðbʌldˌspelʌ]
goleiro (m)	målmand (f)	['mɔːlˌmanˀ]
hóquei (m)	ishockey (f)	['isˌhʌki]
jogador (m) de hóquei	ishockeyspiller (f)	['isˌhʌki ˌspelʌ]
vôlei (m)	volleyball (f)	['vʌliˌbɒːl]
jogador (m) de vôlei	volleyballspiller (f)	['vʌliˌbɒːl 'spelʌ]
boxe (m)	boksning (f)	['bʌksneŋ]
boxeador (m)	bokser (f)	['bʌksʌ]
luta (f)	brydning (f)	['bʁyðneŋ]
lutador (m)	bryder (f)	['bʁyːðʌ]
caratê (m)	karate (f)	[kɑ'ʁɑːtə]
carateca (m)	karateudøver (f)	[kɑ'ʁɑːtəˌudøˀvʌ]
judô (m)	judo (f)	['juːdo]
judoca (m)	judokæmper (f)	['juːdo 'kɛmpʌ]
tênis (m)	tennis (f)	['tɛnis]
tenista (m)	tennisspiller (f)	['tɛnisˌspelʌ]
natação (f)	svømning (f)	['svœmneŋ]
nadador (m)	svømmer (f)	['svœmʌ]
esgrima (f)	fægtning (f)	['fɛgtneŋ]
esgrimista (m)	fægter (f)	['fɛgtʌ]
xadrez (m)	skak (f)	['skɑk]
jogador (m) de xadrez	skakspiller (f)	['skɑkˌspelʌ]
alpinismo (m)	alpinisme (f)	[alpi'nismə]
alpinista (m)	alpinist (f)	[alpi'nist]
corrida (f)	løb (i)	['løˀb]

corredor (m)	løber (f)	['lø:bʌ]
atletismo (m)	atletik, fri idræt (f)	[atlə'tik], ['fʁi' 'i,dʁat]
atleta (m)	atlet (f)	[at'le?t]

| hipismo (m) | ridesport (f) | ['ʁi:ðə,spɒ:t] |
| cavaleiro (m) | rytter (f) | ['ʁytʌ] |

patinação (f) artística	kunstskøjteløb (i)	['kɔnst,skʌjtələ?b]
patinador (m)	kunstskøjteløber (f)	['kɔnst,skʌjtələ:bʌ]
patinadora (f)	kunstskøjteløber (f)	['kɔnst,skʌjtələ:bʌ]

| halterofilismo (m) | vægtløftning (f) | ['vɛgt,løftneŋ] |
| halterofilista (m) | vægtløfter (f) | ['vɛgt,løftʌ] |

| corrida (f) de carros | motorløb (i) | ['mo:tʌ,lø?b] |
| piloto (m) | racerkører (f) | ['ʁɛ:sʌ,kø:ʌ] |

| ciclismo (m) | cykelsport (f) | ['sykəl,spɒ:t] |
| ciclista (m) | cyklist (f) | [syk'list] |

salto (m) em distância	længdespring (i)	['lɛŋdə,spʁɛŋ?]
salto (m) com vara	stangspring (i)	['stɑŋ,spʁɛŋ?]
atleta (m) de saltos	springer (f)	['spʁɛŋʌ]

133. Tipos de desportos. Diversos

futebol (m) americano	amerikansk fodbold (f)	[amʁi'ka?nsk 'foð,bʌl?d]
badminton (m)	badminton (f)	['badmentʌn]
biatlo (m)	skiskydning (f)	['ski,skyðneŋ]
bilhar (m)	billard (i, f)	['bili,ɑ?d]

bobsled (m)	bobslæde (f)	['bʌb,slɛ:ðə]
musculação (f)	bodybuilding (f)	['bʌdi,bildeŋ]
polo (m) aquático	vandpolo (f)	['van,po:lo]
handebol (m)	håndbold (f)	['hʌn,bʌl?d]
golfe (m)	golf (f)	['gʌl?f]

remo (m)	roning (f)	['ʁo?neŋ]
mergulho (m)	dykning (f)	['døkneŋ]
corrida (f) de esqui	langrend (i)	['lɑŋ,ʁan?]
tênis (m) de mesa	bordtennis (f)	['boʁ,tɛnis]

vela (f)	sejlsport (f)	['sɑjl,spɒ:t]
rali (m)	rally (i)	['ʁali]
rúgbi (m)	rugby (f)	['ʁʌgbi]
snowboard (m)	snowboard (i)	['snɔw,bɒ:d]
arco-e-flecha (m)	bueskydning (f)	['bu:ə,skyðneŋ]

134. Ginásio

| barra (f) | vægtstang (f) | ['vɛgt,stɑŋ?] |
| halteres (m pl) | håndvægte (f pl) | ['hʌn,vɛgtə] |

119

aparelho (m) de musculação	træningsmaskine (f)	['tʁɛːneŋs ma'skiːnə]
bicicleta (f) ergométrica	motionscykel (f)	[mo'ɕonsˌsykəl]
esteira (f) de corrida	løbebånd (i)	['løːbəˌbʌnˀ]

barra (f) fixa	reck (f)	['ʁak]
barras (f pl) paralelas	barre (f)	['bɑːɑ]
cavalo (m)	hest (f)	['hɛst]
tapete (m) de ginástica	måtte (f)	['mʌtə]

corda (f) de saltar	sjippetov (i)	['ɕipəˌtɒw]
aeróbica (f)	aerobic (f)	[ɛ'ʁʌbik]
ioga, yoga (f)	yoga (f)	['joːga]

135. Hóquei

hóquei (m)	ishockey (f)	['isˌhʌki]
jogador (m) de hóquei	ishockeyspiller (f)	['isˌhʌki ˌspelʌ]
jogar hóquei	at spille ishockey	[ʌ 'spelə 'isˌhʌki]
gelo (m)	is (f)	['iˀs]

disco (m)	puck (f)	['puk]
taco (m) de hóquei	kølle (f)	['kølə]
patins (m pl) de gelo	skøjter (f pl)	['skʌjtʌ]

| muro (m) | bande (f) | ['bandə] |
| tiro (m) | skud (i) | ['skuð] |

goleiro (m)	målmand (f)	['mɔːlˌmanˀ]
gol (m)	mål (i)	['mɔˀl]
marcar um gol	at score mål	[ʌ 'skoːʌ 'mɔˀl]

tempo (m)	periode (f)	[pæʁi'oːðə]
segundo tempo (m)	anden periode (f)	['anən pæʁi'oːðə]
banco (m) de reservas	udskiftningsbænk (f)	['uðˌskiftneŋsˌbɛŋˀk]

136. Futebol

futebol (m)	fodbold (f)	['foðˌbʌlˀd]
jogador (m) de futebol	fodboldspiller (f)	['foðbʌldˌspelʌ]
jogar futebol	at spille fodbold	[ʌ 'spelə 'foðˌbʌlˀd]

Time (m) Principal	øverste liga (f)	['øwˀʌstə ˌliːga]
time (m) de futebol	fodboldklub (f)	['foðbʌldˌklub]
treinador (m)	træner (f)	['tʁɛːnʌ]
proprietário (m)	ejer (f)	['ɑjʌ]

equipe (f)	hold (i)	['hʌlˀ]
capitão (m)	anfører (f)	['anˌføːʌ]
jogador (m)	spiller (f)	['spelʌ]
jogador (m) reserva	udskiftningsspiller (f)	['uðˌskiftneŋs'spelʌ]
atacante (m)	angriber (f)	['anˌgʁiˀbʌ]
centroavante (m)	centerforward (f)	[sɛntʌ'fɔːvad]

marcador (m)	målscorer (f)	['mɔ:lˌsko:ʌ]
defesa (m)	forsvarer, back (f)	['fɒːˌsvɑˀʌ], ['bɑk]
meio-campo (m)	halfback (f)	['hafˌbɑk]

jogo (m), partida (f)	kamp (f)	['kɑmˀp]
encontrar-se (vr)	at mødes	[ʌ 'møːðəs]
final (m)	finale (f)	[fi'næːlə]
semifinal (f)	semifinale (f)	['semifi'næːlə]
campeonato (m)	mesterskab (i)	['mɛstʌˌskæˀb]

tempo (m)	halvleg (f)	['haˌlɑjˀ]
primeiro tempo (m)	første halvleg (f)	['fœᵹstə 'haˌlɑjˀ]
intervalo (m)	halvtid (f)	['halˌtiðˀ]

goleira (f)	mål (i)	['mɔˀl]
goleiro (m)	målmand (f)	['mɔːlˌmanˀ]
trave (f)	stolpe (f)	['stʌlpə]
travessão (m)	overligger (f)	['ɒwʌˌlegʌ]
rede (f)	net (i)	['nɛt]
tomar um gol	at lukke mål ind	[ʌ 'lɔkə 'mɔˀl en]

bola (f)	bold (f)	['bʌlˀd]
passe (m)	pasning, aflevering (f)	['pasnen], ['awleˌveᵹˀen]
chute (m)	spark (i), skud (i)	['spɑːk], ['skuð]
chutar (vt)	at sparke	[ʌ 'spɑːkə]
pontapé (m)	frispark (i)	['fᵹiˌspɑːk]
escanteio (m)	hjørnespark (i)	['jœᵹnəˌspɑːk]

ataque (m)	angreb (i)	['anˌgᵹɛˀb]
contra-ataque (m)	modangreb (i)	['moðˌangᵹɛˀb]
combinação (f)	kombination (f)	[kʌmbina'ɕoˀn]

árbitro (m)	dommer (f)	['dʌmʌ]
apitar (vi)	at fløjte	[ʌ 'flʌjtə]
apito (m)	fløjt (i)	['flʌjˀt]
falta (f)	forseelse (f)	[fʌ'seˀəlsə]
cometer a falta	at begå en forseelse	[ʌ be'gɔˀ en fʌ'seˀəlsə]
expulsar (vt)	at udvise	[ʌ 'uðˌviˀsə]

cartão (m) amarelo	gult kort (f)	['gult ˌkɒːt]
cartão (m) vermelho	rødt kort (i)	['ᵹœt ˌkɒːt]
desqualificação (f)	diskvalifikation (f)	['diskvalifikaˌɕoˀn]
desqualificar (vt)	at diskvalificere	[ʌ 'diskvalifiˌseˀʌ]

pênalti (m)	straffespark (i)	['stᵹafəˌspɑːk]
barreira (f)	mur (f)	['muᵹˀ]
marcar (vt)	at score	[ʌ 'sko:ʌ]
gol (m)	mål (i)	['mɔˀl]
marcar um gol	at score mål	[ʌ 'sko:ʌ 'mɔˀl]

substituição (f)	udskiftning (f)	['uðˌskiftnen]
substituir (vt)	at bytte ud	[ʌ 'bytə uð]
regras (f pl)	regler (f pl)	['ᵹɛjlʌ]
tática (f)	taktik (f)	[tak'tik]
estádio (m)	stadion (i)	['stæˀdjʌn]
arquibancadas (f pl)	tribune (f)	[tᵹi'byːnə]

fã, torcedor (m)	fan (f)	['fæ:n]
gritar (vi)	at skrige	[ʌ 'skʁi:ə]
placar (m)	måltavle (f)	['mɔ:l̩tɑwlə]
resultado (m)	resultat (i)	[ʁɛsul'tæˀt]
derrota (f)	nederlag (i)	['neðʌˌlæˀj]
perder (vt)	at tabe	[ʌ 'tæ:bə]
empate (m)	uafgjorte resultat (i)	['uɑwˌgjoɐ̯ˀtə ʁɛsul'tæˀt]
empatar (vi)	at spille uafgjort	[ʌ 'spelə 'uɑwˌgjoɐ̯ˀt]
vitória (f)	sejr (f)	['sɑjˀʌ]
vencer (vi, vt)	at vinde	[ʌ 'venə]
campeão (m)	mester (f)	['mɛstʌ]
melhor (adj)	bedst	['bɛst]
felicitar (vt)	at gratulere	[ʌ gʁɑtu'leˀʌ]
comentarista (m)	kommentator (f)	[kɔmən'tæ:tʌ]
comentar (vt)	at kommentere	[ʌ kɔmən'teˀʌ]
transmissão (f)	sending (f)	['sɛneŋ]

137. Esqui alpino

esqui (m)	ski (f pl)	['skiˀ]
esquiar (vi)	at stå på ski	[ʌ stɔˀ pɔˀ 'skiˀ]
estação (f) de esqui	skiresort (i, f)	['ski ʁi'sɔ:t]
teleférico (m)	skilift (f)	['skiˌlift]
bastões (m pl) de esqui	skistave (f pl)	['skiˌstæ:wə]
declive (m)	skråning (f)	['skʁɔˀneŋ]
slalom (m)	slalom (f)	['slæ:lɔm]

138. Tênis. Golfe

golfe (m)	golf (f)	['gʌlˀf]
clube (m) de golfe	golfklub (f)	['gʌlfˌklub]
jogador (m) de golfe	golfspiller (f)	['gʌlfˌspelʌ]
buraco (m)	hul (i)	['hɔl]
taco (m)	kølle (f)	['kølə]
trolley (m)	golfvogn (f)	['gʌlfˌvɒwˀn]
tênis (m)	tennis (f)	['tɛnis]
quadra (f) de tênis	tennisbane (f)	['tɛnisˌbæ:nə]
saque (m)	serv (f)	['sæɐ̯ˀv]
sacar (vi)	at serve	[ʌ 'sæɐ̯və]
raquete (f)	ketsjer (f)	['kətɕʌ]
rede (f)	net (i)	['nɛt]
bola (f)	bold (f)	['bʌlˀd]

139. Xadrez

xadrez (m)	skak (f)	['skɑk]
peças (f pl) de xadrez	skakbrikker (f pl)	['skɑk‚bʁɛkʌ]
jogador (m) de xadrez	skakspiller (f)	['skɑk‚spelʌ]
tabuleiro (m) de xadrez	skakbræt (i)	['skɑk‚bʁat]
peça (f)	skakbrik (f)	['skɑk‚bʁɛk]

brancas (f pl)	hvide brikker (f pl)	['vi:ðə ‚bʁɛkʌ]
pretas (f pl)	sorte brikker (f pl)	['soʁtə ‚bʁɛkʌ]

peão (m)	bonde (f)	['bɔnə]
bispo (m)	løber (f)	['lø:bʌ]
cavalo (m)	springer (f)	['spʁɛŋʌ]
torre (f)	tårn (i)	['tɒˀn]
dama (f)	dronning, dam (f)	['dʁʌnen], ['dɑmˀ]
rei (m)	konge (f)	['kʌŋə]

vez (f)	træk (i)	['tʁak]
mover (vt)	at flytte	[ʌ 'fløtə]
sacrificar (vt)	at ofre	[ʌ 'ʌfʁʌ]
roque (m)	rokade (f)	[ʁo'kæ:ðə]
xeque (m)	skak (f)	['skɑk]
xeque-mate (m)	mat (f)	['mat]

torneio (m) de xadrez	skakturnering (f)	['skɑk tuɐ'neˀɐen]
grão-mestre (m)	stormester (f)	['stoɐ‚mɛstʌ]
combinação (f)	kombination (f)	[kʌmbina'ɕoˀn]
partida (f)	parti (i)	[pɑ'tiˀ]
jogo (m) de damas	dam (i, f), damspil (f)	['dɑmˀ], ['dɑm‚sbel]

140. Boxe

boxe (m)	boksning (f)	['bʌksneŋ]
combate (m)	kamp (f)	['kɑmˀp]
luta (f) de boxe	boksekamp (f)	['bʌksə‚kɑmˀp]
round (m)	runde (f)	['ʁɔndə]

ringue (m)	ring (f)	['ʁɛŋ]
gongo (m)	gong (f)	['gʌŋ]

murro, soco (m)	stød (i)	['støð]
derrubada (f)	knockdown (f)	[nʌk'dɑwn]

nocaute (m)	knockout (f)	[nʌk'ɑwt]
nocautear (vt)	at slå ud	[ʌ 'slɔˀ uð']

luva (f) de boxe	boksehandske (f)	['bʌksə‚hɑnskə]
juiz (m)	dommer (f)	['dʌmʌ]

peso-pena (m)	letvægt (f)	['lɛt‚vɛgt]
peso-médio (m)	mellemvægt (f)	['mɛləm‚vɛgt]
peso-pesado (m)	sværvægt (f)	['svɛɐ‚vɛgt]

141. Desportos. Diversos

Jogos (m pl) Olímpicos	de olympiske lege	[di o'løm'piskə 'lɑj'ə]
vencedor (m)	sejrherre (f)	['sɑjʌ̩hæ'ʌ]
vencer (vi)	at vinde, at sejre	[ʌ 'venə], [ʌ 'sɑjʁʌ]
vencer (vi, vt)	at vinde	[ʌ 'venə]
líder (m)	leder (f)	['le:ðʌ]
liderar (vt)	at lede	[ʌ 'le:ðə]
primeiro lugar (m)	førsteplads (f)	['fœɐ̯stə̩plas]
segundo lugar (m)	andenplads (f)	['anən̩plas]
terceiro lugar (m)	tredjeplads (f)	['tʁɛðjə̩plas]
medalha (f)	medalje (f)	[me'daljə]
troféu (m)	trofæ (i)	[tʁo'fɛ']
taça (f)	pokal (f)	[po'kæ'l]
prêmio (m)	pris (f)	['pʁi's]
prêmio (m) principal	hovedpris (f)	['ho:əð̩pʁi's]
recorde (m)	rekord (f)	[ʁɛ'kɔːd]
estabelecer um recorde	at sætte rekord	[ʌ 'sɛtə ʁɛ'kɔːd]
final (m)	finale (f)	[fi'næ:lə]
final (adj)	finale-	[fi'næ:lə-]
campeão (m)	mester (f)	['mɛstʌ]
campeonato (m)	mesterskab (i)	['mɛstʌ̩skæ'b]
estádio (m)	stadion (i)	['stæ'djʌn]
arquibancadas (f pl)	tribune (f)	[tʁi'by:nə]
fã, torcedor (m)	fan (f)	['fæ:n]
adversário (m)	modstander (f)	['moð̩stan'ʌ]
partida (f)	start (f)	['stɑ't]
linha (f) de chegada	mål (i), målstreg (f)	['mɔ'l], ['mɔ'l̩stʁɑj']
derrota (f)	nederlag (i)	['neðʌ̩læ'j]
perder (vt)	at tabe	[ʌ 'tæ:bə]
árbitro, juiz (m)	dommer (f)	['dʌmʌ]
júri (m)	jury (f)	['dju:ɐ̯i]
resultado (m)	resultat (i)	[ʁɛsul'tæ't]
empate (m)	uafgjorte resultat (i)	['uɑw̩gjoɐ̯'tə ʁɛsul'tæ't]
empatar (vi)	at spille uafgjort	[ʌ 'spelə 'uɑw̩gjoɐ̯'t]
ponto (m)	point (i)	[po'ɛn]
resultado (m) final	resultat (i)	[ʁɛsul'tæ't]
tempo (m)	periode (f)	[pæɐ̯i'o:ðə]
intervalo (m)	halvtid (f)	['hal̩tið']
doping (m)	doping (f)	['do:peŋ]
penalizar (vt)	at straffe	[ʌ 'stʁɑfə]
desqualificar (vt)	at diskvalificere	[ʌ 'diskvalifi̩se'ʌ]
aparelho, aparato (m)	redskab (i)	['ʁɛð̩skæ'b]
dardo (m)	spyd (i)	['spyð]

| peso (m) | kugle (f) | ['ku:lə] |
| bola (f) | kugle (f) | ['ku:lə] |

alvo, objetivo (m)	mål (i)	['mɔʔl]
alvo (~ de papel)	skydeskive (f)	['sky:ðəˌski:və]
disparar, atirar (vi)	at skyde	[ʌ 'sky:ðə]
preciso (tiro ~)	fuldtræffer	['fulˌtʁafʌ]

treinador (m)	træner (f)	['tʁɛ:nʌ]
treinar (vt)	at træne	[ʌ 'tʁɛ:nə]
treinar-se (vr)	at træne	[ʌ 'tʁɛ:nə]
treino (m)	træning (f)	['tʁɛ:neŋ]

academia (f) de ginástica	sportshal (f)	['spɒ:tsˌhalʔ]
exercício (m)	øvelse (f)	['ø:vəlsə]
aquecimento (m)	opvarmning (f)	['ʌpˌvɑʔmneŋ]

Educação

142. Escola

escola (f)	skole (f)	['sko:lə]
diretor (m) de escola	skoleinspektør (f)	['sko:lə enspək'tø'ǥ]
aluno (m)	elev (f)	[e'le'w]
aluna (f)	elev (f)	[e'le'w]
estudante (m)	skoleelev (f)	['sko:lə e'le'w]
estudante (f)	skoleelev (f)	['sko:lə e'le'w]
ensinar (vt)	at undervise	[ʌ 'ɔnʌˌvi'sə]
aprender (vt)	at lære	[ʌ 'lɛ:ʌ]
decorar (vt)	at lære udenad	[ʌ 'lɛ:ʌ 'uðən'að]
estudar (vi)	at lære	[ʌ 'lɛ:ʌ]
estar na escola	at gå i skole	[ʌ gɔ' i 'sko:lə]
ir à escola	at gå i skole	[ʌ gɔ' i 'sko:lə]
alfabeto (m)	alfabet (i)	[alfa'be't]
disciplina (f)	fag (i)	['fæ'j]
sala (f) de aula	klasseværelse (i)	['klaseˌvæǥʌlsə]
lição, aula (f)	time (f)	['ti:mə]
recreio (m)	frikvarter (i)	['fʁikvɑˌte'ǥ]
toque (m)	skoleklokke (f)	['sko:ləˌklʌkə]
classe (f)	skolebord (i)	['sko:ləˌbo'ǥ]
quadro (m) negro	tavle (f)	['tawlə]
nota (f)	karakter (f)	[kaak'te'ǥ]
boa nota (f)	høj karakter (f)	['hʌj kaak'te'ǥ]
nota (f) baixa	dårlig karakter (f)	['dɒ:li kaak'te'ǥ]
dar uma nota	at give karakter	[ʌ 'gi' kaak'te'ǥ]
erro (m)	fejl (f)	['fɑj'l]
errar (vi)	at lave fejl	[ʌ 'læ:və 'fɑj'l]
corrigir (~ um erro)	at rette	[ʌ 'ʁatə]
cola (f)	snydeseddel (f)	['sny:ðəˌsɛð'əl]
dever (m) de casa	hjemmeopgave (f)	['jɛmə 'ʌpˌgæ:və]
exercício (m)	øvelse (f)	['ø:vəlsə]
estar presente	at være til stede	[ʌ 'vɛ:ʌ tel 'stɛ:ðə]
estar ausente	at være fraværende	[ʌ 'vɛ:ʌ 'fʁɑˌvɛ'ʌnə]
faltar às aulas	at forsømme skolen	[ʌ fʌ'sœm'ə 'sko:lən]
punir (vt)	at straffe	[ʌ 'stʁafə]
punição (f)	straf (f), afstraffelse (f)	['stʁaf], ['awˌstʁafəlsə]
comportamento (m)	opførsel (f)	['ʌpˌføǥ'səl]

boletim (m) escolar	karakterbog (f)	[kɑak'teɡ̊ˌbɔʔw]
lápis (m)	blyant (f)	['bly:ˌanʔt]
borracha (f)	viskelæder (i)	['veskəˌlɛðʔʌ]
giz (m)	kridt (i)	['kʁit]
porta-lápis (m)	penalhus (i)	[pe'næʔlˌhuʔs]

mala, pasta, mochila (f)	skoletaske (f)	['sko:lə ˌtaskə]
caneta (f)	pen (f)	['pɛnʔ]
caderno (m)	hæfte (i)	['hɛftə]
livro (m) didático	lærebog (f)	['lɛːʌˌbɔʔw]
compasso (m)	passer (f)	['pasʌ]

| traçar (vt) | at tegne | [ʌ 'tajnə] |
| desenho (m) técnico | teknisk tegning (f) | ['tɛknisk 'tajneŋ] |

poesia (f)	digt (i)	['degt]
de cor	udenad	['uðən'að]
decorar (vt)	at lære udenad	[ʌ 'lɛːʌ 'uðən'að]

férias (f pl)	skoleferie (f)	['sko:ləˌfeɡ̊ʔiə]
estar de férias	at holde ferie	[ʌ 'hʌlə 'feɡ̊ʔiə]
passar as férias	at tilbringe ferien	[ʌ 'telˌbʁeŋʔə 'feɡ̊ʔiən]

teste (m), prova (f)	prøve (f)	['pʁœ:wə]
redação (f)	skolestil (f)	['sko:lə ˌstiʔl]
ditado (m)	diktat (i, f)	[dik'tæʔt]
exame (m), prova (f)	eksamen (f)	[ɛk'sæʔmən]
fazer prova	at tage en eksamen	[ʌ 'aw'lɛgə en ɛk'sæʔmən]
experiência (~ química)	forsøg (i)	[fʌ'søʔj]

143. Colégio. Universidade

academia (f)	akademi (i)	[akadə'miʔ]
universidade (f)	universitet (i)	[univæɡ̊si'teʔt]
faculdade (f)	fakultet (i)	[fakul'teʔt]

estudante (m)	studerende (f)	[stu'deʔʌnə]
estudante (f)	kvindelig studerende (f)	['kvenəli stu'deʔʌnə]
professor (m)	lærer, forelæser (f)	['lɛːʌ], ['fɔːɒˌlɛʔsʌ]

| auditório (m) | forelæsningssal (f) | ['fɔːɒˌlɛʔsneŋˌsæʔl] |
| graduado (m) | alumne (f) | [a'lɔmnə] |

| diploma (m) | diplom (i) | [di'ploʔm] |
| tese (f) | afhandling (f) | ['awˌhanʔleŋ] |

| estudo (obra) | studie (i, f) | ['stuʔdjə] |
| laboratório (m) | laboratorium (i) | [labɒʁɑ'toɡ̊ʔjɔm] |

| palestra (f) | forelæsning (f) | ['fɔːɒˌlɛʔsneŋ] |
| colega (m) de curso | studiekammerat (f) | ['stuʔdjə kamə'ʁɑʔt] |

| bolsa (f) de estudos | stipendium (i) | [sti'pɛnʔdjom] |
| grau (m) acadêmico | akademisk grad (f) | [aka'deʔmisk 'gʁɑʔð] |

144. Ciências. Disciplinas

matemática (f)	matematik (f)	[matəma'tik]
álgebra (f)	algebra (f)	['algə‚bʁɑ']
geometria (f)	geometri (f)	[geomə'tʁi']

astronomia (f)	astronomi (f)	[astʁo'no'm]
biologia (f)	biologi (f)	[biolo'gi']
geografia (f)	geografi (f)	[geogʁɑ'fi']
geologia (f)	geologi (f)	[geolo'gi']
história (f)	historie (f)	[hi'stoɡ'iə]

medicina (f)	medicin (f)	[medi'si'n]
pedagogia (f)	pædagogik (f)	[pɛdago'gik]
direito (m)	ret (f)	['ʁat]

física (f)	fysik (f)	[fy'sik]
química (f)	kemi (f)	[ke'mi']
filosofia (f)	filosofi (f)	[filoso'fi']
psicologia (f)	psykologi (f)	[sykolo'gi']

145. Sistema de escrita. Ortografia

gramática (f)	grammatik (f)	[gʁama'tik]
vocabulário (m)	ordforråd (i)	['oɡfɒ‚ʁɔ'ð]
fonética (f)	fonetik (f)	[fonə'tik]

substantivo (m)	substantiv (i)	['substan‚tiw']
adjetivo (m)	adjektiv (i)	['aðjɛk‚tiw']
verbo (m)	verbum (i)	['væɡbɔm]
advérbio (m)	adverbium (i)	[að'væɡ'bjɔm]

pronome (m)	pronomen (i)	[pʁo'no:mən]
interjeição (f)	interjektion (f)	[entʌjɛk'ɕo'n]
preposição (f)	præposition (f)	[pʁɛposi'ɕo'n]

raiz (f)	rod (f)	['ʁo'ð]
terminação (f)	endelse (f)	['ɛnəlsə]
prefixo (m)	præfiks (i)	[pʁɛ'fiks]
sílaba (f)	stavelse (f)	['stæ:vəlsə]
sufixo (m)	suffiks (i)	[su'fiks]

acento (m)	betoning (f), tryk (i)	[be'to'nen], ['tʁœk]
apóstrofo (f)	apostrof (f)	[ɑpo'stʁʌf]

ponto (m)	punktum (i)	['pɔŋtɔm]
vírgula (f)	komma (i)	['kʌma]
ponto e vírgula (m)	semikolon (i)	[semi'ko:lʌn]
dois pontos (m pl)	kolon (i)	['ko:lʌn]
reticências (f pl)	tre prikker (f pl)	['tʁɛ: 'pʁɛkʌ]

ponto (m) de interrogação	spørgsmålstegn (i)	['spœɡs‚mɔls taj'n]
ponto (m) de exclamação	udråbstegn (i)	['uðʁɔbs‚taj'n]

aspas (f pl)	anførselstegn (i pl)	['an‚føɡsəls‚tɑjˀn]
entre aspas	i anførselstegn	[i 'an‚føɡsəls‚tɑjˀn]
parênteses (m pl)	parentes (f)	[pɑɑn'teˀs]
entre parênteses	i parentes	[i pɑɑn'teˀs]
hífen (m)	bindestreg (f)	['benəstɻɑj]
travessão (m)	tankestreg (f)	['tɑŋkə‚stɻɑjˀ]
espaço (m)	mellemrum (i)	['mɛləm‚ɻɔmˀ]
letra (f)	bogstav (i)	['bɔw‚stæw]
letra (f) maiúscula	stort bogstav (i)	['stoˀɡt 'bɔgstæw]
vogal (f)	vokal (f)	[vo'kæˀl]
consoante (f)	konsonant (f)	[kʌnso'nanˀt]
frase (f)	sætning (f)	['sɛtneŋ]
sujeito (m)	subjekt (i)	[sub'jɛkt]
predicado (m)	prædikat (i)	[pɻɛdi'kæˀt]
linha (f)	linje (f)	['linjə]
em uma nova linha	på ny linje	[pɔ ny 'linjə]
parágrafo (m)	afsnit (i)	['ɑw‚snit]
palavra (f)	ord (i)	['oˀɡ]
grupo (m) de palavras	ordgruppe (f)	['oɡ‚gɻupə]
expressão (f)	udtryk (i)	['uð‚tɻœk]
sinônimo (m)	synonym (i)	[syno'nyˀm]
antônimo (m)	antonym (i)	[anto'nyˀm]
regra (f)	regel (f)	['ɻɛjˀəl]
exceção (f)	undtagelse (f)	['ɔn‚tæˀjəlsə]
correto (adj)	rigtig	['ɻɛgti]
conjugação (f)	bøjning (f)	['bʌjneŋ]
declinação (f)	bøjning (f)	['bʌjneŋ]
caso (m)	kasus (f)	['kæːsus]
pergunta (f)	spørgsmål (i)	['spœɡs‚mɔˀl]
sublinhar (vt)	at understrege	[ʌ 'ɔnʌsdɻɑjə]
linha (f) pontilhada	punkteret linje (f)	[pɔŋ'teˀʌð 'linjə]

146. Línguas estrangeiras

língua (f)	sprog (i)	['spɻɔˀw]
estrangeiro (adj)	fremmed-	['fɻaməð-]
língua (f) estrangeira	fremmedsprog (i)	['fɻaməð'spɻɔˀw]
estudar (vt)	at studere	[ʌ stu'deˀʌ]
aprender (vt)	at lære	[ʌ 'lɛːʌ]
ler (vt)	at læse	[ʌ 'lɛːsə]
falar (vi)	at tale	[ʌ 'tæːlə]
entender (vt)	at forstå	[ʌ fʌ'stɔˀ]
escrever (vt)	at skrive	[ʌ 'skɻiːvə]
rapidamente	hurtigt	['hoɡtit]
devagar, lentamente	langsomt	['lɑŋ‚sʌmt]

fluentemente	flydende	['fly:ðənə]
regras (f pl)	regler (f pl)	['ʁɛjlʌ]
gramática (f)	grammatik (f)	[gʁama'tik]
vocabulário (m)	ordforråd (i)	['oɐ̯fɒˌʁɔ'ð]
fonética (f)	fonetik (f)	[fonə'tik]

livro (m) didático	lærebog (f)	['lɛːʌˌbɔ'w]
dicionário (m)	ordbog (f)	['oɐ̯ˌbɔ'w]
manual (m) autodidático	lærebog (f) til selvstudium	['lɛːʌˌbɔ'w tel 'sɛlˌstu'djɔm]
guia (m) de conversação	parlør (f)	[pɑ'lœːɐ̯]

fita (f) cassete	kassette (f)	[ka'sɛtə]
videoteipe (m)	videokassette (f)	['viˀdjo ka'sɛtə]
CD (m)	cd (f)	[se'deˀ]
DVD (m)	dvd (f)	[deve'deˀ]

alfabeto (m)	alfabet (i)	[alfa'beˀt]
soletrar (vt)	at stave	[ʌ 'stæːvə]
pronúncia (f)	udtale (f)	['uðˌtæːlə]

sotaque (m)	accent (f)	[ɑk'saŋ]
com sotaque	med accent	[mɛ ɑk'saŋ]
sem sotaque	uden accent	['uðən ɑk'saŋ]

palavra (f)	ord (i)	['oˀɐ̯]
sentido (m)	betydning (f)	[be'tyðˀneŋ]

curso (m)	kursus (i)	['kuɐ̯sʌ]
inscrever-se (vr)	at indmelde sig	[ʌ 'enlˌmɛlˀə saj]
professor (m)	lærer (f)	['lɛːʌ]

tradução (processo)	oversættelse (f)	['ɒwʌˌsɛtəlsə]
tradução (texto)	oversættelse (f)	['ɒwʌˌsɛtəlsə]
tradutor (m)	oversætter (f)	['ɒwʌˌsɛtʌ]
intérprete (m)	tolk (f)	['tʌlˀk]

poliglota (m)	polyglot (f)	[poly'glʌt]
memória (f)	hukommelse (f)	[hu'kʌmˀəlsə]

147. Personagens de contos de fadas

Papai Noel (m)	Julemanden	['juːləˌmanˀ]
Cinderela (f)	Askepot	['askəˌpʌt]
sereia (f)	havfrue (f)	['hɑwˌfʁuːə]
Netuno (m)	Neptun	[nɛp'tuˀn]

bruxo, feiticeiro (m)	troldmand (f)	['tʁʌlˌmanˀ]
fada (f)	fe (f)	['feˀ]
mágico (adj)	trylle-	['tʁylə-]
varinha (f) mágica	tryllestav (f)	['tʁyləˌstæˀw]

conto (m) de fadas	eventyr (i)	['ɛːvənˌtyɐ̯ˀ]
milagre (m)	mirakel (i)	[mi'ʁakəl]
anão (m)	dværg (f)	['dvæɐ̯ˀw]

transformar-se em ...	at forvandle sig til ...	[ʌ fʌ'vanʔlə saj tel ...]
fantasma (m)	fantom (i)	[fan'toʔm]
fantasma (m)	spøgelse (i)	['spø:jəlsə]
monstro (m)	monster (i)	['mʌnʔstʌ]
dragão (m)	drage (f)	['dʁɑ:wə]
gigante (m)	gigant, kæmpe (f)	[gi'ganʔt], ['kɛmpə]

148. Signos do Zodíaco

Áries (f)	Vædderen	['vɛðʔʌən]
Touro (m)	Tyren	['tyɐ̯ʔən]
Gêmeos (m pl)	Tvillingerne	['tvileŋʌnə]
Câncer (m)	Krebsen	['kʁabsən]
Leão (m)	Løven	['lø:vən]
Virgem (f)	Jomfruen	['jʌmfʁu:ən]

Libra (f)	Vægten	['vɛgtən]
Escorpião (m)	Skorpionen	[skɒpi'oʔnən]
Sagitário (m)	Skytten	['skøtən]
Capricórnio (m)	Stenbukken	['ste:nˌbɒkn]
Aquário (m)	Vandmanden	['vanˌmanən]
Peixes (pl)	Fiskene	['feskənə]

caráter (m)	karakter (f)	[kɑɑk'teʔɐ̯]
traços (m pl) do caráter	karaktertræk (i pl)	[kɑɑk'teɐ̯ˌtʁak]
comportamento (m)	opførsel (f)	['ʌpˌføɐ̯ʔsəl]
prever a sorte	at spå	[ʌ 'spɔʔ]
adivinha (f)	spåkone (f)	['spʌˌko:nə]
horóscopo (m)	horoskop (i)	[hoo'sko'p]

Artes

149. Teatro

teatro (m)	teater (i)	[te'æᵊtʌ]
ópera (f)	opera (f)	['oˀpeʁɑ]
opereta (f)	operette (f)	[opeˈʁatə]
balé (m)	ballet (f)	[baˈlɛt]

cartaz (m)	teaterplakat (f)	[teˈætʌ plaˈkæˀt]
companhia (f) de teatro	teatertrup (f)	[teˈætʌˌtʁup]
turnê (f)	turne, turné (f)	[toɡ'ne]
estar em turnê	at være på turné	[ʌ 'vɛːʌ pɔˀ toɡ'ne]
ensaiar (vt)	at repetere	[ʌ ʁɛpəˈteˀʌ]
ensaio (m)	repetition (f)	[ʁɛpətiˈɕoˀn]
repertório (m)	repertoire (i)	[ʁɛpæɡtoˈɑː]

apresentação (f)	forestilling (f)	['fɔːɒˌstelˀen]
espetáculo (m)	teaterstykke (i)	[teˈætʌˌstøkə]
peça (f)	skuespil (i)	['skuːəˌspel]

entrada (m)	billet (f)	[biˈlɛt]
bilheteira (f)	billetsalg (i)	[biˈlɛtˌsalˀ]
hall (m)	lobby, foyer (f)	['lʌbi], [fwɑˈje]
vestiário (m)	garderobe (f)	[gadəˈʁoːbə]
senha (f) numerada	mærke (i)	['mæɡkə]
binóculo (m)	kikkert (f)	['kikʌt]
lanterninha (m)	kontrollør (f)	[kʌntʁoˈløˀɡ]

plateia (f)	parket (i)	[pɑˈkɛt]
balcão (m)	balkon (f)	[balˈkʌŋ]
primeiro balcão (m)	første række (f)	['fœɡstəˌʁakə]
camarote (m)	loge (f)	['loːɕə]
fila (f)	række (f)	['ʁakə]
assento (m)	plads (f)	['plas]

público (m)	publikum (i)	['publikɔm]
espectador (m)	tilskuer (f)	['telˌskuˀʌ]
aplaudir (vt)	at klappe	[ʌ 'klɑpə]
aplauso (m)	applaus (f)	[aˈplɑwˀs]
ovação (f)	bifald (i)	['biˌfalˀ]

palco (m)	scene (f)	['seːnə]
cortina (f)	tæppe (i)	['tɛpə]
cenário (m)	dekoration (f)	[dekoʁɑˈɕoˀn]
bastidores (m pl)	kulisser (f pl)	[kuˈlisʌ]

cena (f)	scene (f)	['seːnə]
ato (m)	akt (f)	['ɑkt]
intervalo (m)	pause, mellemakt (f)	['pɑwsə], ['mɛləmˌɑkt]

150. Cinema

ator (m)	skuespiller (f)	['sku:ə‚spelʌ]
atriz (f)	skuespillerinde (f)	['sku:ə‚spelʌ'enə]
cinema (m)	filmindustri (f)	['film endu'stʁiʔ]
filme (m)	film (f)	['fil'm]
episódio (m)	del (f)	['deʔl]
filme (m) policial	kriminalfilm (f)	[kʁimi'næʔl‚fil'm]
filme (m) de ação	actionfilm (f)	['akçən‚fil'm]
filme (m) de aventuras	eventyrfilm (f)	['ɛ:vən‚tyɐ̯ 'fil'm]
filme (m) de ficção científica	science fiction film (f)	[sɑjəns'fekçən 'fil'm]
filme (m) de horror	skrækfilm (f)	['sgʁak‚fil'm]
comédia (f)	komedie (f), lystspil (i)	[ko'meðʔjə], ['løst‚spel]
melodrama (m)	melodrama (i)	[melo'dʁɑ:ma]
drama (m)	drama (i)	['dʁɑ:ma]
filme (m) de ficção	spillefilm (f)	['spelə‚fil'm]
documentário (m)	dokumentarfilm (f)	[dokumɛn'taʔ 'fil'm]
desenho (m) animado	tegnefilm (f)	['tajnə‚fil'm]
cinema (m) mudo	stumfilm (f)	['stɔm‚fil'm]
papel (m)	rolle (f)	['ʁʌlə]
papel (m) principal	hovedrolle (f)	['ho:əð‚ʁʌlə]
representar (vt)	at spille	[ʌ 'spelə]
estrela (f) de cinema	filmstjerne (f)	['film‚stjæɐ̯nə]
conhecido (adj)	kendt, berømt	['kɛn't], [be'ʁœmʔt]
famoso (adj)	berømt	[be'ʁœmʔt]
popular (adj)	populær	[popu'lɛʔɐ̯]
roteiro (m)	manuskript (i)	[manu'skʁɛpt]
roteirista (m)	manuskriptforfatter (f)	[manu'skʁɛpt fʌ'fatʌ]
diretor (m) de cinema	filminstruktør (f)	['film enstʁuk'tøʔɐ̯]
produtor (m)	producer (f)	[pʁo'dju:sʌ]
assistente (m)	assistent (f)	[asi'stɛnʔt]
diretor (m) de fotografia	kameramand (f)	['kæʔmɐʁɑ‚manʔ]
dublê (m)	stuntmand (f)	['stʌnt‚manʔ]
dublê (m) de corpo	dubleant (f)	[duble'anʔt]
filmar (vt)	at indspille en film	[ʌ 'en‚spelʔə ən fil'm]
audição (f)	prøve (f)	['pʁœ:wə]
filmagem (f)	filmoptagelse (f)	['film ʌp‚tæʔjəlsə]
equipe (f) de filmagem	filmhold (i)	['film‚hʌlʔ]
set (m) de filmagem	optagelsessted (i)	['ʌp‚tæʔjəlsə‚stɛð]
câmera (f)	filmkamera (i)	['film‚kæʔmɐʁɑ]
cinema (m)	biograf (f)	[bio'gʁɑʔf]
tela (f)	filmlærred (i)	['film‚læɐ̯ʌð]
exibir um filme	at vise en film	[ʌ 'vi:sə en fil'm]
trilha (f) sonora	lydspor (i)	['lyð‚spoʔɐ̯]
efeitos (m pl) especiais	specialeffekter (f pl)	['speçəl e'fɛktʌ]

133

legendas (f pl)	undertekster (f pl)	['ɔnʌˌtɛkstʌ]
crédito (m)	rulletekst (f)	['ʁuləˌtɛkst]
tradução (f)	oversættelse (f)	['ɒwʌˌsɛtəlsə]

151. Pintura

arte (f)	kunst (f)	['kɔnˀst]
belas-artes (f pl)	de skønne kunster	[di 'skœnə 'kɔnˀstʌ]
galeria (f) de arte	kunstgalleri (i)	['kɔnˀst galʌ'ʁiˀ]
exibição (f) de arte	kunstudstilling (f)	['kɔnst uðˌstelˀeŋ]

pintura (f)	maleri (i)	[ˌmæːlʌ'ʁiˀ]
arte (f) gráfica	grafik (f)	[gʁɑ'fik]
arte (f) abstrata	abstrakt kunst (f)	[ab'stʁɑkt 'kɔnˀst]
impressionismo (m)	impressionisme (f)	[empʁɛɕo'nismə]

pintura (f), quadro (m)	maleri (i)	[ˌmæːlʌ'ʁiˀ]
desenho (m)	tegning (f)	['tɑjneŋ]
cartaz, pôster (m)	poster (f)	['pɒwstʌ]

ilustração (f)	illustration (f)	[ilustʁɑ'ɕoˀn]
miniatura (f)	miniature (f)	[minja'tyːʌ]
cópia (f)	kopi (f)	[ko'piˀ]
reprodução (f)	reproduktion (f)	[ʁɛpʁoduk'ɕoˀn]

mosaico (m)	mosaik (f)	[mosa'ik]
vitral (m)	glasmaleri (i)	['glas ˌmæːlʌ'ʁiˀ]
afresco (m)	fresko (f)	['fʁasko]
gravura (f)	gravure (f)	[gʁɑ'vyːʌ]

busto (m)	buste (f)	['bystə]
escultura (f)	skulptur (f)	[skulp'tuɐ̯ˀ]
estátua (f)	statue (f)	['stæˀtuə]
gesso (m)	gips (f)	['gips]
em gesso (adj)	gips-	['gips-]

retrato (m)	portræt (i)	[pɒ'tʁat]
autorretrato (m)	selvportræt (i)	['sɛlˌpɒtʁat]
paisagem (f)	landskabsmaleri (i)	['lanˌskæbsˌmæːlʌ'ʁiˀ]
natureza (f) morta	stilleben (i)	['stelˌleːbən]
caricatura (f)	karikatur (f)	[kɑika'tuɐ̯ˀ]
esboço (m)	skitse (f)	['skitsə]

tinta (f)	maling (f)	['mæːleŋ]
aquarela (f)	akvarel (f)	[ɑkvɑ'ʁalˀ]
tinta (f) a óleo	olie (f)	['oljə]
lápis (m)	blyant (f)	['blyːˌanˀt]
tinta (f) nanquim	tusch (f)	['tuɕ]
carvão (m)	kul (i)	['kɔl]

desenhar (vt)	at tegne	[ʌ 'tɑjnə]
pintar (vt)	at male	[ʌ 'mæːlə]
posar (vi)	at posere	[ʌ po'seˀʌ]
modelo (m)	model (f)	[mo'dɛlˀ]

modelo (f)	model (f)	[mo'dɛl⁷]
pintor (m)	kunstner (f)	['kɔnstnʌ]
obra (f)	kunstværk (i)	['kɔnst,væɐ̯k]
obra-prima (f)	mesterværk (i)	['mɛstʌ,væɐ̯k]
estúdio (m)	atelier (i)	[atəl'je]

tela (f)	kanvas (i, f), lærred (i)	['kanvas], ['læɐ̯ʌð]
cavalete (m)	staffeli (i)	[stɑfə'li⁷]
paleta (f)	palet (f)	[pa'lɛt]

moldura (f)	ramme (f)	['ʁɑmə]
restauração (f)	restaurering (f)	[ʁɛstɑw'ʁɛ⁷ɐ̯en]
restaurar (vt)	at restaurere	[ʌ ʁɛstɑw'ʁɛ⁷ʌ]

152. Literatura & Poesia

literatura (f)	litteratur (f)	[litəʁɑ'tuɐ̯⁷]
autor (m)	forfatter (f)	[fʌ'fatʌ]
pseudônimo (m)	pseudonym (i)	[sœwdo'ny⁷m]

livro (m)	bog (f)	['bɔ⁷w]
volume (m)	bind (i)	['ben⁷]
índice (m)	indholdsfortegnelse (f)	['enhʌls fʌ'taj⁷nəlsə]
página (f)	side (f)	['si:ðə]
protagonista (m)	hovedperson (f)	['ho:əð pæɐ̯'so⁷n]
autógrafo (m)	autograf (f)	[ɑwto'gʁɑ⁷f]

conto (m)	novelle (f)	[no'vɛlə]
novela (f)	kortroman (f)	['kɔ:d ʁo'mæ⁷n]
romance (m)	roman (f)	[ʁo'mæ⁷n]
obra (f)	værk (i)	['væɐ̯k]
fábula (m)	fabel (f)	['fæ⁷bəl]
romance (m) policial	kriminalroman (f)	[kʁimi'næl ʁo'mæ⁷n]

verso (m)	digt (i)	['degt]
poesia (f)	poesi (f)	[poə'si⁷]
poema (m)	epos (i)	[po'e⁷m]
poeta (m)	poet (f), digter (f)	[po'e⁷t], ['degtʌ]

ficção (f)	skønlitteratur (f)	['skœn litəʁɑ'tuɐ̯⁷]
ficção (f) científica	science fiktion (f)	[sajəns'fekɕən]
aventuras (f pl)	eventyr (i pl)	['ɛ:vən,tyɐ̯⁷]
literatura (f) didática	undervisningslitteratur (f)	['ɔnʌ,vi⁷sneŋs litəʁɑ'tuɐ̯⁷]
literatura (f) infantil	børnelitteratur (f)	['bœɐ̯nə litəʁɑ'tuɐ̯⁷]

153. Circo

circo (m)	cirkus (i)	['siɐ̯kus]
circo (m) ambulante	omrejsende cirkus (i)	['ʌm,ʁɑj⁷sənə 'siɐ̯kus]
programa (m)	program (i)	[pʁo'gʁɑm⁷]
apresentação (f)	forestilling (f)	['fɔ:ɒ,stel⁷en]
número (m)	nummer (i)	['nɔm⁷ʌ]

picadeiro (f)	arena (f)	[a'ʁɛ:na]
pantomima (f)	pantomime (f)	[panto'mi:mə]
palhaço (m)	klovn (f)	['klɒwˀn]

acrobata (m)	akrobat (f)	[akʁo'bæˀt]
acrobacia (f)	akrobatik (f)	[akʁoba'tik]
ginasta (m)	gymnast (f)	[gym'nast]
ginástica (f)	gymnastik (f)	[gymna'stik]
salto (m) mortal	salto (f)	['salto]

homem (m) forte	atlet (f)	[at'leˀt]
domador (m)	dyretæmmer (f)	['dyɡˌtɛmʌ]
cavaleiro (m) equilibrista	rytter (f)	['ʁytʌ]
assistente (m)	assistent (f)	[asi'stɛnˀt]

truque (m)	trick (i)	['tʁɛk]
truque (m) de mágica	trylletrick (i)	['tʁylə,tʁɛk]
ilusionista (m)	tryllekunstner (f)	['tʁylə,kɔnˀstnʌ]

malabarista (m)	jonglør (f)	[ɕʌŋ'løˀɡ]
fazer malabarismos	at jonglere	[ʌ ɕʌŋ'leˀʌ]
adestrador (m)	dressør (f)	[dʁɛ'søˀɡ]
adestramento (m)	dressur (f)	[dʁɛ'suɡˀ]
adestrar (vt)	at dressere	[ʌ dʁɛ'seˀʌ]

154. Música. Música popular

música (f)	musik (f)	[mu'sik]
músico (m)	musiker (f)	['muˀsikʌ]
instrumento (m) musical	musikinstrument (i)	[mu'sik enstʁu'mɛnˀt]
tocar ...	at spille ...	[ʌ 'spelə ...]

guitarra (f)	guitar (f)	['giˌtaˀ]
violino (m)	violin (f)	[vio'liˀn]
violoncelo (m)	cello (f)	['sɛlo]
contrabaixo (m)	kontrabas (f)	['kʌntʁaˌbas]
harpa (f)	harpe (f)	['ha:pə]

piano (m)	piano (i)	[pi'æ:no]
piano (m) de cauda	flygel (i)	['flyˀəl]
órgão (m)	orgel (i)	['ɒˀwəl]

instrumentos (m pl) de sopro	blæseinstrumenter (i pl)	['blɛˀsˌenstʁu'mɛnˀtʌ]
oboé (m)	obo (f)	[o'boˀ]
saxofone (m)	saxofon (f)	[sakso'foˀn]
clarinete (m)	klarinet (f)	[klai'nɛt]
flauta (f)	fløjte (f)	['flʌjtə]
trompete (m)	trompet (f)	[tʁɔm'peˀt]

| acordeão (m) | akkordeon (i) | [a'kɒˀdjʌn] |
| tambor (m) | tromme (f) | ['tʁɔmə] |

| dueto (m) | duet (f) | [du'ɛt] |
| trio (m) | trio (f) | ['tʁi:o] |

quarteto (m)	kvartet (f)	[kvɑ'tɛt]
coro (m)	kor (i)	['ko'ɐ̯]
orquestra (f)	orkester (i)	[ɒ'kɛstʌ]
música (f) pop	popmusik (f)	['pʌp mu'sik]
música (f) rock	rockmusik (f)	['ʁʌk mu'sik]
grupo (m) de rock	rockgruppe (f)	['ʁʌk ˌgʁupə]
jazz (m)	jazz (f)	['djas]
ídolo (m)	idol (i)	[i'do'l]
fã, admirador (m)	beundrer (f)	[be'ɔn'dʁʌ]
concerto (m)	koncert (f)	[kɔn'sæɐ̯t]
sinfonia (f)	symfoni (f)	[symfo'ni']
composição (f)	komposition (f)	[kɔmposi'ɕo'n]
compor (vt)	at komponere	[ʌ kɔmpo'ne'ʌ]
canto (m)	sang (f)	['sɑŋ']
canção (f)	sang (f)	['sɑŋ']
melodia (f)	melodi (f)	[melo'di']
ritmo (m)	rytme (f)	['ʁytmə]
blues (m)	blues (f)	['bluːs]
notas (f pl)	noder (pl)	['noːðʌ]
batuta (f)	taktstok (f)	['tɑktˌstʌk]
arco (m)	bue (f)	['buːə]
corda (f)	streng (f)	['stʁɑŋ']
estojo (m)	kasse (f)	['kasə]

Descanso. Entretenimento. Viagens

155. Viagens

turismo (m)	turisme (f)	[tu'ʁismə]
turista (m)	turist (f)	[tu'ʁist]
viagem (f)	rejse (f)	['ʁɑjsə]
aventura (f)	eventyr (i)	['ɛ:vənˌtyʁ']
percurso (curta viagem)	rejse (f)	['ʁɑjsə]
férias (f pl)	ferie (f)	['feʁ'iə]
estar de férias	at holde ferie	[ʌ 'hʌlə 'feʁ'iə]
descanso (m)	ophold (i), hvile (f)	['ʌpˌhʌl'], ['vi:lə]
trem (m)	tog (i)	['tɔ'w]
de trem (chegar ~)	med tog	[mɛ 'tɔ'w]
avião (m)	fly (i)	['fly']
de avião	med fly	[mɛ 'fly']
de carro	med bil	[mɛ 'bi'l]
de navio	med skib	[mɛ 'ski'b]
bagagem (f)	bagage (f)	[ba'gæ:ɕə]
mala (f)	kuffert (f)	['kɔfʌt]
carrinho (m)	bagagevogn (f)	[ba'gæ:ɕəˌvɒw'n]
passaporte (m)	pas (i)	['pas]
visto (m)	visum (i)	['vi:sɔm]
passagem (f)	billet (f)	[bi'lɛt]
passagem (f) aérea	flybillet (f)	['fly bi'lɛt]
guia (m) de viagem	rejsehåndbog (f)	['ʁɑjsəˌhʌnbɔ'w]
mapa (m)	kort (i)	['kɒ:t]
área (f)	område (i)	['ʌmˌʁɔ:ðə]
lugar (m)	sted (i)	['stɛð]
exótico (adj)	eksotisk	[ɛk'so'tisk]
surpreendente (adj)	forunderlig	[fʌ'ɔn'ʌli]
grupo (m)	gruppe (f)	['gʁupə]
excursão (f)	udflugt (f)	['uðˌflɔgt]
guia (m)	guide (f)	['gɑjd]

156. Hotel

hotel (m)	hotel (i)	[ho'tɛl']
motel (m)	motel (i)	[mo'tɛl']
três estrelas	trestjernet	['tʁɛˌstjæʁ'nəð]
cinco estrelas	femstjernet	['fɛmˌstjæʁ'nəð]

ficar (vi, vt)	at bo	[ʌ 'boˀ]
quarto (m)	værelse (i)	['væɐ̯ʌlsə]
quarto (m) individual	enkeltværelse (i)	['ɛŋˀkəltˌvæɐ̯ʌlsə]
quarto (m) duplo	dobbeltværelse (i)	['dʌbəltˌvæɐ̯ʌlsə]
reservar um quarto	at booke et værelse	[ʌ 'bukə et 'væɐ̯ʌlsə]
meia pensão (f)	halvpension (f)	['halˀ paŋ'ɕoˀn]
pensão (f) completa	helpension (f)	['heˀl paŋ'ɕoˀn]
com banheira	med badekar	[mɛ 'bæːðəˌkɑ]
com chuveiro	med brusebad	[mɛ 'bʁuːsəˌbað]
televisão (m) por satélite	satellit-tv (i)	[satə'lit 'teˀˌveˀ]
ar (m) condicionado	klimaanlæg (i)	['kliːmaˀanˌlɛˀg]
toalha (f)	håndklæde (i)	['hʌnˌklɛːðə]
chave (f)	nøgle (f)	['nʌjlə]
administrador (m)	administrator (f)	[aðmini'stʁɑːtʌ]
camareira (f)	stuepige (f)	['stuəˌpiːə]
bagageiro (m)	drager (f)	['dʁɑːwʌ]
porteiro (m)	portier (f)	[pɒ'tje]
restaurante (m)	restaurant (f)	[ʁɛsto'ʁɑŋ]
bar (m)	bar (f)	['bɑˀ]
café (m) da manhã	morgenmad (f)	['mɒːɒnˌmað]
jantar (m)	aftensmad (f)	['ɑftənsˌmað]
bufê (m)	buffet (f)	[by'fe]
saguão (m)	hall, lobby (f)	['hɒːl], ['lʌbi]
elevador (m)	elevator (f)	[elə'væːtʌ]
NÃO PERTURBE	VIL IKKE FORSTYRRES	['vel 'ekə fʌ'styɐ̯ˀʌs]
PROIBIDO FUMAR!	RYGNING FORBUDT	['ʁy:nen fʌ'byˀð]

157. Livros. Leitura

livro (m)	bog (f)	['bɔˀw]
autor (m)	forfatter (f)	[fʌ'fatʌ]
escritor (m)	forfatter (f)	[fʌ'fatʌ]
escrever (~ um livro)	at skrive	[ʌ 'skʁiːvə]
leitor (m)	læser (f)	['lɛːsʌ]
ler (vt)	at læse	[ʌ 'lɛːsə]
leitura (f)	læsning (f)	['lɛːsneŋ]
para si	for sig selv	[fʌ sɑj 'sɛlˀv]
em voz alta	højt	['hɒjˀt]
publicar (vt)	at publicere	[ʌ publi'seˀʌ]
publicação (f)	publicering (f)	[publi'seˀʁen]
editor (m)	forlægger (f)	['fɔːˌlɛgʌ]
editora (f)	forlag (i)	['fɔːˌlæˀj]
sair (vi)	at udkomme	[ʌ 'uðˌkʌmə]
lançamento (m)	udgivelse (f)	['uðˌgiˀwəlsə]

139

tiragem (f)	oplag (i)	['ʌpˌlæˀj]
livraria (f)	boghandel (f)	['bɔwˌhanˀəl]
biblioteca (f)	bibliotek (i)	[biblio'teˀk]
novela (f)	kortroman (f)	['kɒːd ʁo'mæˀn]
conto (m)	novelle (f)	[no'vɛlə]
romance (m)	roman (f)	[ʁo'mæˀn]
romance (m) policial	kriminalroman (f)	[kʁimi'næl ʁo'mæˀn]
memórias (f pl)	memoirer (pl)	[memo'aːɑ]
lenda (f)	legende (f), sagn (i)	[le'gɛndə], ['sɑwˀn]
mito (m)	myte (f)	['myːtə]
poesia (f)	digte (i pl)	['degtə]
autobiografia (f)	selvbiografi (f)	[ˌsɛlbiogʁa'fiˀ]
obras (f pl) escolhidas	udvalgte værker (i pl)	['uðˌvalˀtə 'væɐ̯kʌ]
ficção (f) científica	science fiction (f)	[sɑjəns'fekɕən]
título (m)	titel (f)	['tiːtəl]
introdução (f)	indledning (f)	['enˌleðˀneŋ]
folha (f) de rosto	titelblad (i)	['tiːtəlˌblað]
capítulo (m)	kapitel (i)	[ka'pitəl]
excerto (m)	uddrag (i)	['uðˌdʁɑˀw]
episódio (m)	episode (f)	[epi'soːðə]
enredo (m)	handling (f)	['hanleŋ]
conteúdo (m)	indhold (i)	['enˌhʌlˀ]
índice (m)	indholdsfortegnelse (f)	['enhʌls fʌ'tɑjˀnəlsə]
protagonista (m)	hovedperson (f)	['hoːəð pæɡ'soˀn]
volume (m)	bind (i)	['benˀ]
capa (f)	omslag (i)	['ʌmˌslæˀj]
encadernação (f)	bogbind (i)	['bɔwˌbenˀ]
marcador (m) de página	bogmærke (i)	['bɔwˌmæɐ̯kə]
página (f)	side (f)	['siːðə]
folhear (vt)	at bladre	[ʌ 'blaðʁʌ]
margem (f)	marginer (f pl)	['mɑˀginʌ]
anotação (f)	annotation (f)	[anota'ɕoˀn]
nota (f) de rodapé	anmærkning (f)	['anˌmæɐ̯kneŋ]
texto (m)	tekst (f)	['tɛkst]
fonte (f)	skrifttype (f)	['skʁɛftˌtyːpə]
falha (f) de impressão	trykfejl (f)	['tʁœkˌfɑjˀl]
tradução (f)	oversættelse (f)	['ɒwʌˌsɛtəlsə]
traduzir (vt)	at oversætte	[ʌ 'ɒwʌˌsɛtə]
original (m)	original (f)	[ɒigi'næˀl]
famoso (adj)	berømt	[be'ʁɶmˀt]
desconhecido (adj)	ukendt	['uˌkɛnˀt]
interessante (adj)	interessant	[entʁə'sanˀt]
best-seller (m)	bestseller (f)	['bɛstˌsɛlʌ]
dicionário (m)	ordbog (f)	['ɒɡˌbɔˀw]
livro (m) didático	lærebog (f)	['lɛːʌˌbɔˀw]
enciclopédia (f)	encyklopædi (f)	[ɛnsyklopə'diˀ]

140

158. Caça. Pesca

caça (f)	jagt (f)	['jɑgt]
caçar (vi)	at jage	[ʌ 'jæ:jə]
caçador (m)	jæger (f)	['jɛ:jʌ]
disparar, atirar (vi)	at skyde	[ʌ 'sky:ðə]
rifle (m)	gevær (i)	[ge'vɛ'ɐ̯]
cartucho (m)	patron (f)	[pa'tʁo'n]
chumbo (m) de caça	hagl (i)	['hɑw'l]
armadilha (f)	saks (f), fælde (f)	['sɑks], ['fɛlə]
armadilha (com corda)	fælde (f)	['fɛlə]
cair na armadilha	at gå i fælden	[ʌ gɔ' i 'fɛlən]
pôr a armadilha	at sætte en fælde	[ʌ 'sɛtə en 'fɛlə]
caçador (m) furtivo	krybskytte (f)	['kʁybˌskøtə]
caça (animais)	vildt (i)	['vil't]
cão (m) de caça	jagthund (f)	['jɑgtˌhun']
safári (m)	safari (f)	[sa'fɑ:i]
animal (m) empalhado	udstoppet dyr (i)	['uðˌstʌpəð ˌdyɐ̯']
pescador (m)	fisker (f)	['feskʌ]
pesca (f)	fiskeri (i)	[feskʌ'ʁi']
pescar (vt)	at fiske	[ʌ 'feskə]
vara (f) de pesca	fiskestang (f)	['feskəˌstaŋ']
linha (f) de pesca	fiskesnøre (f)	['feskəˌsnœ:ʌ]
anzol (m)	krog (f)	['kʁo'w]
boia (f), flutuador (m)	flyder (f)	['fly:ðʌ]
isca (f)	agn (f)	['aw'n]
lançar a linha	at kaste ud	[ʌ 'kastə uð']
morder (peixe)	at bide (på)	[ʌ 'bi:ðə pɔ']
pesca (f)	fangst (f)	['faŋ'st]
buraco (m) no gelo	hul (i) i isen	['hɔl i ˌisən]
rede (f)	net (i)	['nɛt]
barco (m)	båd (f)	['bɔ'ð]
pescar com rede	at fiske med net	[ʌ 'feskə 'mɛ nɛt]
lançar a rede	at kaste nettet	[ʌ 'kastə 'nɛtəð]
puxar a rede	at hale nettet ind	[ʌ 'hæ:lə 'nɛtəð en']
cair na rede	at blive fanget i nettet	[ʌ 'bli:ə 'faŋəð i 'nɛtəð]
baleeiro (m)	hvalfanger (f)	['væ:lˌfaŋʌ]
baleeira (f)	hvalfangerbåd (f)	['væ:lfaŋʌˌbɔ'ð]
arpão (m)	harpun (f)	[hɑ'pu'n]

159. Jogos. Bilhar

bilhar (m)	billard (i, f)	['biliˌɑ'd]
sala (f) de bilhar	billard salon (f)	['biliˌɑ'd sa'lʌn]
bola (f) de bilhar	billardkugle (f)	['biliˌɑ'd 'ku:lə]

embolsar uma bola	at skyde en bal	[ʌ 'sky:ðə en bal]
taco (m)	kø (f), billardkø (f)	['kø'], ['bili,ɑ'd 'kø']
caçapa (f)	hul (i)	['hɔl]

160. Jogos. Jogar cartas

ouros (m pl)	ruder (f)	['ʁu:ðʌ]
espadas (f pl)	spar (f)	['spɑ']
copas (f pl)	hjerter (f)	['jæɐ̯tʌ]
paus (m pl)	klør (f)	['klø'ɐ̯]

ás (m)	es (i)	['ɛs]
rei (m)	konge (f)	['kʌŋə]
dama (f), rainha (f)	dame (f)	['dæ:mə]
valete (m)	knægt (f)	['knɛgt]

carta (f) de jogar	kort, spillekort (i)	['kɒ:t], ['spelə,kɒ:t]
cartas (f pl)	kort (i pl)	['kɒ:t]
trunfo (m)	trumf (f)	['tʁɔmˀf]
baralho (m)	sæt (i) spillekort	['sɛt 'spelə,kɒ:t]

ponto (m)	point (i)	[po'ɛŋ]
dar, distribuir (vt)	at give, at dele ud	[ʌ 'giˀ], [ʌ 'de:lə uðˀ]
embaralhar (vt)	at blande	[ʌ 'blanə]
vez, jogada (f)	træk (i)	['tʁak]
trapaceiro (m)	falskspiller (f)	['falˀsk,spelʌ]

161. Casino. Roleta

cassino (m)	kasino (i)	[ka'si:no]
roleta (f)	roulette (f)	[ʁu'lɛtə]
aposta (f)	indsats (f)	['en,sats]
apostar (vt)	at satse	[ʌ 'satsə]

vermelho (m)	rød (f)	['ʁœd]
preto (m)	sort (f)	['soɐ̯t]
apostar no vermelho	at satse på rød	[ʌ 'satsə pɔˀ 'ʁœðˀ]
apostar no preto	at satse på sort	[ʌ 'satsə pɔˀ 'soɐ̯t]

croupier (m, f)	croupier (f)	[kʁu'pje]
girar da roleta	at snurre hjulet	[ʌ 'snoɐ̯ʌ 'ju:ləð]
regras (f pl) do jogo	spilleregler (f pl)	['spelə,ʁɛjˀlʌ]
ficha (f)	chip, jeton (f)	['tjip], [ɕe'tʌŋ]

| ganhar (vi, vt) | at vinde | [ʌ 'venə] |
| ganho (m) | gevinst (f) | [ge'venˀst] |

| perder (dinheiro) | at tabe | [ʌ 'tæ:bə] |
| perda (f) | tab (i) | ['tæˀb] |

| jogador (m) | spiller (f) | ['spelʌ] |
| blackjack, vinte-e-um (m) | blackjack (f) | ['blak,djak] |

jogo (m) de dados	terningspil (i)	['tæɐ̯neŋˌspel]
dados (m pl)	terninger (f pl)	['tæɐ̯neŋʌ]
caça-níqueis (m)	spilleautomat (f)	['speleˌɑwto'mæˀt]

162. Descanso. Jogos. Diversos

passear (vi)	at spadsere	[ʌ spa'seˀʌ]
passeio (m)	spadseretur (f)	[spa'seʌˌtuɐ̯ˀ]
viagem (f) de carro	køretur (f)	['kø:ʌˌtuɐ̯ˀ]
aventura (f)	eventyr (i)	['ɛ:vənˌtyɐ̯ˀ]
piquenique (m)	picnic (f)	['piknik]

jogo (m)	spil (i)	['spel]
jogador (m)	spiller (f)	['spelʌ]
partida (f)	parti (i)	[pɑ'tiˀ]

colecionador (m)	samler (f)	['sɑmlʌ]
colecionar (vt)	at samle på	[ʌ 'sɑmlə 'pɔˀ]
coleção (f)	samling (f)	['sɑmleŋ]

palavras (f pl) cruzadas	krydsord (i, f)	['kʁysˌoˀɐ̯]
hipódromo (m)	galopbane (f)	[ga'lʌpˌbæ:nə]
discoteca (f)	diskotek (i)	[disko'teˀk]

| sauna (f) | sauna (f) | ['sɑwna] |
| loteria (f) | lotteri (i) | [lʌtʌ'ʁiˀ] |

campismo (m)	campingtur (f)	['kæ:mpeŋˌtuɐ̯ˀ]
acampamento (m)	lejr (f)	['lɑjˀʌ]
barraca (f)	telt (i)	['tɛlˀt]
bússola (f)	kompas (i)	[kɔm'pas]
campista (m)	campist (f)	[kɑm'pist]

ver (vt), assistir à ...	at se	[ʌ 'seˀ]
telespectador (m)	tv-seer (f)	['teˌve 'seˀʌ]
programa (m) de TV	tv-show (i)	['teˌve 'ɕo:w]

163. Fotografia

| máquina (f) fotográfica | kamera (i) | ['kæˀmeʁa] |
| foto, fotografia (f) | foto (i), fotografi (i, f) | ['foto], [fotogʁa'fiˀ] |

fotógrafo (m)	fotograf (f)	[foto'gʁaˀf]
estúdio (m) fotográfico	fotoatelier (i)	['foto atəl'je]
álbum (m) de fotografias	fotoalbum (i)	['fotoˌalbɔm]

lente (f) fotográfica	objektiv (i)	[ʌbjək'tiwˀ]
lente (f) teleobjetiva	teleobjektiv (i)	['te:lə ʌbjək'tiwˀ]
filtro (m)	filter (i)	['filˀtʌ]
lente (f)	linse (f)	['lensə]
ótica (f)	optik (f)	[ʌp'tik]
abertura (f)	blænder (f)	['blɛnʌ]

exposição (f)	eksponeringstid (f)	[ɛkspo'neɐ̯'eŋs̩tið']
visor (m)	søger (f)	['søːjʌ]
câmera (f) digital	digitalkamera (i)	[digi'tæ'l ˌkæ'meɐa]
tripé (m)	stativ (i)	[sta'tiw']
flash (m)	blitz (f)	['blits]
fotografar (vt)	at fotografere	[ʌ fotogɐa'fe'ʌ]
tirar fotos	at tage billeder	[ʌ 'tæ' 'beləðe]
fotografar-se (vr)	at blive fotograferet	[ʌ 'bliːe fotogɐa:'fe'ʌð]
foco (m)	fokus (i, f)	['foːkus]
focar (vt)	at stille skarpt	[ʌ 'stele 'skaːpt]
nítido (adj)	skarp	['skaːp]
nitidez (f)	skarphed (f)	['skaːp̩heð']
contraste (m)	kontrast (f)	[kʌn'tɐast]
contrastante (adj)	kontrast-	[kʌn'tɐast-]
retrato (m)	billede (i)	['beləðe]
negativo (m)	negativ (i)	['negaˌtiw']
filme (m)	film (f)	['fil'm]
fotograma (m)	billede (i)	['beləðe]
imprimir (vt)	at skrive ud	[ʌ 'skɐiːve uð']

164. Praia. Natação

praia (f)	badestrand (f)	['bæːðeˌsdɐɑn']
areia (f)	sand (i)	['san']
deserto (adj)	øde	['øːðe]
bronzeado (m)	solbrændthed (f)	['soːlˌbɐantheð']
bronzear-se (vr)	at sole sig	[ʌ 'soːle saj]
bronzeado (adj)	solbrændt	['soːlˌbɐan't]
protetor (m) solar	solcreme (f)	['soːlˌkɐɛ'm]
biquíni (m)	bikini (f)	[bi'kini]
maiô (m)	badedragt (f)	['bæːðeˌdɐagt]
calção (m) de banho	badebukser (pl)	['bæːðeˌboksʌ]
piscina (f)	svømmebassin (i)	['svœmebaˌsɛn]
nadar (vi)	at svømme	[ʌ 'svœme]
chuveiro (m), ducha (f)	brusebad (i)	['bɐuːseˌbað]
mudar, trocar (vt)	at klæde sig om	[ʌ 'klɛːðe saj ˌʌm']
toalha (f)	håndklæde (i)	['hʌnˌklɛːðe]
barco (m)	båd (f)	['bɔ'ð]
lancha (f)	motorbåd (f)	['moːtʌˌbɔ'ð]
esqui (m) aquático	vandski (f pl)	['vanˌski']
barco (m) de pedais	vandcykel (f)	['vanˌsykəl]
surf, surfe (m)	surfing (f)	['sœːfeŋ]
surfista (m)	surfer (f)	['sœːfʌ]
equipamento (m) de mergulho	SCUBA-sæt (i)	['skuːbe'sɛt]

pé (m pl) de pato | svømmefødder (f pl) | ['svœmeˌføðˀʌ]
máscara (f) | maske (f) | ['maskə]
mergulhador (m) | dykker (f) | ['døkʌ]
mergulhar (vi) | at dykke | [ʌ 'døkə]
debaixo d'água | under vandet | ['ɔnʌ 'vanəð]

guarda-sol (m) | parasol (f) | [pɑɑ'sʌlˀ]
espreguiçadeira (f) | liggestol (f) | ['legeˌstoˀl]
óculos (m pl) de sol | solbriller (pl) | ['soːlˌbʁɛlʌ]
colchão (m) de ar | luftmadras (f) | ['lɔftma'dʁɑs]

brincar (vi) | at lege | [ʌ 'lɑjə]
ir nadar | at bade | [ʌ 'bæˀðə]

bola (f) de praia | bold (f) | ['bʌlˀd]
encher (vt) | at puste op | [ʌ 'puːstə ʌp]
inflável (adj) | oppustelig | [ʌp'puˀstəli]

onda (f) | bølge (f) | ['bøljə]
boia (f) | bøje (f) | ['bʌjə]
afogar-se (vr) | at drukne | [ʌ 'dʁɔknə]

salvar (vt) | at redde | [ʌ 'ʁɛðə]
colete (m) salva-vidas | redningsvest (f) | ['ʁɛðneŋsˌvɛst]
observar (vt) | at observere | [ʌ ʌbsæʁ'veˀʌ]
salva-vidas (pessoa) | livredder (f) | ['liwˌʁɛðʌ]

EQUIPAMENTO TÉCNICO. TRANSPORTES

Equipamento técnico. Transportes

165. Computador

computador (m)	computer (f)	[kʌm'pju:tʌ]
computador (m) portátil	bærbar, laptop (f)	['bɛɡ̊‚bɑʔ], ['lap‚tʌp]
ligar (vt)	at tænde	[ʌ 'tɛnə]
desligar (vt)	at slukke	[ʌ 'slɔkə]
teclado (m)	tastatur (i)	[tasta'tuɡ̊ʔ]
tecla (f)	tast (f)	['tast]
mouse (m)	mus (f)	['muʔs]
tapete (m) para mouse	musemåtte (f)	['mu:sə‚mʌtə]
botão (m)	knap (f)	['knɑp]
cursor (m)	markør (f)	[mɑ'kø'ɡ̊]
monitor (m)	monitor, skærm (f)	['mʌnitʌ], ['skæɡ̊ʔm]
tela (f)	skærm (f)	['skæɡ̊ʔm]
disco (m) rígido	harddisk (f)	['hɑːd‚desk]
capacidade (f) do disco rígido	harddisk kapacitet (f)	['hɑːd‚desk kapasi'teʔt]
memória (f)	hukommelse (f)	[hu'kʌmʔəlsə]
memória RAM (f)	RAM, arbejdslager (i)	['ʁɑmʔ], ['ɑːbɑjds‚læʔjʌ]
arquivo (m)	fil (f)	['fiʔl]
pasta (f)	mappe (f)	['mɑpə]
abrir (vt)	at åbne	[ʌ 'ɔ:bnə]
fechar (vt)	at lukke	[ʌ 'lɔkə]
salvar (vt)	at bevare	[ʌ be'vɑʔɑ]
deletar (vt)	at slette, at fjerne	[ʌ 'slɛtə], [ʌ 'fjæɡ̊nə]
copiar (vt)	at kopiere	[ʌ ko'pjeʔʌ]
ordenar (vt)	at sortere	[ʌ sɒ'teʔʌ]
copiar (vt)	at overføre	[ʌ 'ɒwʌ‚fø'ʌ]
programa (m)	program (i)	[pʁo'gʁɑmʔ]
software (m)	programmel (i)	[pʁogʁɑ'mɛlʔ]
programador (m)	programmør (f)	[pʁogʁɑ'mø'ɡ̊]
programar (vt)	at programmere	[ʌ pʁogʁɑ'meʔʌ]
hacker (m)	hacker (f)	['hakʌ]
senha (f)	adgangskode (f)	['aðgɑŋs‚ko:ðə]
vírus (m)	virus (i, f)	['vi:ʁus]
detectar (vt)	at opdage	[ʌ 'ʌp‚dæʔjə]
byte (m)	byte (f)	['bɑjt]

megabyte (m)	megabyte (f)	['me:ga͵bajt]
dados (m pl)	data (i pl)	['dæ:ta]
base (f) de dados	database (f)	['dæ:ta͵bæ:sə]

cabo (m)	kabel (i)	['kæ'bəl]
desconectar (vt)	at koble fra	[ʌ 'kʌblə fʁɑ']
conectar (vt)	at koble	[ʌ 'kʌblə 'te]

166. Internet. E-mail

internet (f)	internet (i)	['entʌ͵nɛt]
browser (m)	browser (f)	['bɹɑwsʌ]
motor (m) de busca	søgemaskine (f)	['sø:ma͵ski:nə]
provedor (m)	leverandør (f)	[levəʁɑn'dø'ɐ̯]

webmaster (m)	webmaster (f)	['wɛb͵mɑ:stʌ]
website (m)	website (i, f)	['wɛb͵sajt]
web page (f)	webside (f)	['wɛb͵si:ðə]

endereço (m)	adresse (f)	[a'dʁasə]
livro (m) de endereços	adressebog (f)	[a'dʁasə͵bɔ'w]

caixa (f) de correio	postkasse (f)	['pʌst͵kasə]
correio (m)	post (f)	['pʌst]
cheia (caixa de correio)	fuld	['ful']

mensagem (f)	meddelelse (f)	['mɛð͵de'ləlsə]
mensagens (f pl) recebidas	indgående meddelelser (f pl)	['en͵gɔ'ənə 'mɛð͵de'ləlsʌ]
mensagens (f pl) enviadas	udgående meddelelser (f pl)	['uð͵gɔ:ənə 'mɛð͵de'ləlsʌ]

remetente (m)	afsender (f)	['aw͵sɛn'ʌ]
enviar (vt)	at sende	[ʌ 'sɛnə]
envio (m)	afsendelse (f)	['aw͵sɛn'əlsə]

destinatário (m)	modtager (f)	['moð͵tæ'jʌ]
receber (vt)	at modtage	[ʌ 'moð͵tæ']

correspondência (f)	korrespondance (f)	[kɒɒspʌn'daŋsə]
corresponder-se (vr)	at brevveksle	[ʌ 'bʁɛw͵vɛkslə]

arquivo (m)	fil (f)	['fi'l]
fazer download, baixar (vt)	at downloade	[ʌ 'dɑwn͵lɔwdə]
criar (vt)	at oprette, at skabe	[ʌ 'ʌb͵ʁatə], [ʌ 'skæ:bə]
deletar (vt)	at slette, at fjerne	[ʌ 'slɛtə], [ʌ 'fjæɐ̯nə]
deletado (adj)	slettet	['slɛtəð]

conexão (f)	forbindelse (f)	[fʌ'ben'əlsə]
velocidade (f)	hastighed (f)	['hasti͵heð']
modem (m)	modem (i)	['mo:dɛm]
acesso (m)	adgang (f)	['að͵gɑŋ']
porta (f)	port (f)	['poɐ̯'t]

conexão (f)	tilkobling (f)	['tel͵kʌblen]
conectar (vi)	at koblet op til ...	[ʌ 'kʌblə 'ʌp tel ...]

147

| escolher (vt) | at vælge | [ʌ 'vɛljə] |
| buscar (vt) | at søge efter ... | [ʌ 'søːə 'ɛftʌ ...] |

167. Eletricidade

eletricidade (f)	elektricitet (f)	[elɛktʁisi'teˀt]
elétrico (adj)	elektrisk	[e'lɛktʁisk]
planta (f) elétrica	elværk (i)	['ɛlˌvæg̊k]
energia (f)	energi (f)	[enæg̊'giˀ]
energia (f) elétrica	elkraft (f)	['ɛlˌkʁɑft]

lâmpada (f)	elpære (f)	['ɛlˌpɛˀʌ]
lanterna (f)	lommelygte (f)	['lʌməˌløgtə]
poste (m) de iluminação	gadelygte (f)	['gæːðəˌløgtə]

luz (f)	lys (i)	['lyˀs]
ligar (vt)	at tænde	[ʌ 'tɛnə]
desligar (vt)	at slukke	[ʌ 'slɔkə]
apagar a luz	at slukke lyset	[ʌ 'slɔkə 'lyˀsəð]

queimar (vi)	at brænde ud	[ʌ 'bʁanə uðˀ]
curto-circuito (m)	kortslutning (f)	['kɔːtˌslutneŋ]
ruptura (f)	kabelbrud (i)	['kæˀbəlˌbʁuð]
contato (m)	kontakt (f)	[kɔn'takt]

interruptor (m)	afbryder (f)	['awˌbʁyðˀʌ]
tomada (de parede)	stikkontakt (f)	['stek kɔn'takt]
plugue (m)	stik (i)	['stek]
extensão (f)	stikdåse (f)	['stekˌdɔːsə]

fusível (m)	sikring (f)	['sekʁɛŋ]
fio, cabo (m)	ledning (f)	['leðneŋ]
instalação (f) elétrica	ledningsnet (i)	['leðneŋsˌnɛt]

ampère (m)	ampere (f)	[am'pɛːg̊]
amperagem (f)	strømstyrke (f)	['stʁœmˌstyg̊kə]
volt (m)	volt (f)	['vʌlˀt]
voltagem (f)	spænding (f)	['spɛneŋ]

| aparelho (m) elétrico | elektrisk apparat (i) | [e'lɛktʁisk ɑpɑ'ʁɑˀt] |
| indicador (m) | indikator (f) | [endi'kæːtʌ] |

eletricista (m)	elektriker (f)	[e'lɛktʁikʌ]
soldar (vt)	at lodde	[ʌ 'lʌðə]
soldador (m)	loddekolbe (f)	['lʌðəˌkʌlbə]
corrente (f) elétrica	strøm (f)	['stʁœmˀ]

168. Ferramentas

ferramenta (f)	værktøj (i)	['væg̊kˌtʌj]
ferramentas (f pl)	værktøjer (i pl)	['væg̊kˌtʌjʌ]
equipamento (m)	udstyr (i)	['uðˌstyg̊ˀ]

martelo (m)	hammer (f)	['hɑmʌ]
chave (f) de fenda	skruetrækker (f)	['skʁu:əˌtʁakʌ]
machado (m)	økse (f)	['øksə]
serra (f)	sav (f)	['sæˀv]
serrar (vt)	at save	[ʌ 'sæ:və]
plaina (f)	høvl (f)	['hœwˀl]
aplainar (vt)	at høvle	[ʌ 'hœwlə]
soldador (m)	loddekolbe (f)	['lʌðəˌkʌlbə]
soldar (vt)	at lodde	[ʌ 'lʌðə]
lima (f)	fil (f)	['fiˀl]
tenaz (f)	knibtang (f)	['kniwˌtɑŋˀ]
alicate (m)	fladtang (f)	['flaðˌtɑŋˀ]
formão (m)	stemmejern (i)	['stɛmə jæɡˀn]
broca (f)	bor (i)	['boˀɡ]
furadeira (f) elétrica	boremaskine (f)	['bo:ʌ ma'ski:nə]
furar (vt)	at bore	[ʌ 'bo:ʌ]
faca (f)	kniv (f)	['kniwˀ]
lâmina (f)	blad (i)	['blað]
afiado (adj)	skarp	['skɑ:p]
cego (adj)	sløv	['sløwˀ]
embotar-se (vr)	at blive sløv	[ʌ 'bli:ə 'sløwˀ]
afiar, amolar (vt)	at skærpe, at hvæsse	[ʌ 'skæɡpə], [ʌ 'vɛsə]
parafuso (m)	bolt (f)	['bʌlˀt]
porca (f)	møtrik (f)	['møtʁɛk]
rosca (f)	gevind (i)	[ge'venˀ]
parafuso (para madeira)	skrue (f)	['skʁu:ə]
prego (m)	søm (i)	['sœmˀ]
cabeça (f) do prego	sømhoved (i)	['sœmˌho:əð]
régua (f)	lineal (f)	[line'æˀl]
fita (f) métrica	målebånd (i)	['mɔ:ləˌbʌnˀ]
nível (m)	vaterpas (i)	['vatʌˌpas]
lupa (f)	lup (f)	['lup]
medidor (m)	måleinstrument (i)	['mɔ:lə enstʁu'mɛnˀt]
medir (vt)	at måle	[ʌ 'mɔ:lə]
escala (f)	skala (f)	['skæ:la]
indicação (f), registro (m)	aflæsninger (f pl)	['awˌlɛˀsneŋʌ]
compressor (m)	kompressor (f)	[kʌm'pʁasʌ]
microscópio (m)	mikroskop (i)	[mikʁo'sko'p]
bomba (f)	pumpe (f)	['pɔmpə]
robô (m)	robot (f)	[ʁo'bʌt]
laser (m)	laser (f)	['lɛjsʌ], ['læ:sʌ]
chave (f) de boca	skruenøgle (f)	['skʁu:əˌnʌjlə]
fita (f) adesiva	klisterbånd (i), tape (f)	['klistʌˌbʌnˀ], ['tɛjp]
cola (f)	lim (f)	['liˀm]

lixa (f)	sandpapir (i)	['sanpa,piɐ̯']
mola (f)	fjeder (f)	['fjeð'ʌ]
ímã (m)	magnet (f)	[mɑw'ne't]
luva (f)	handsker (f pl)	['hanskʌ]

corda (f)	reb (i)	['ʁɛ'b]
cabo (~ de nylon, etc.)	snor (f)	['sno'ɐ̯]
fio (m)	ledning (f)	['leðneŋ]
cabo (~ elétrico)	kabel (i)	['kæ'bəl]

marreta (f)	mukkert (f)	['mɔkʌt]
pé de cabra (m)	brækstang (f)	['bʁak,jæɐ̯'n]
escada (f) de mão	stige (f)	['sti:ə]
escada (m)	trappestige (f)	['tʁɑpe,sti:ə]

enroscar (vt)	at skrue fast	[ʌ 'skʁu:ə 'fast]
desenroscar (vt)	at skrue af	[ʌ 'skʁu:ə 'æ']
apertar (vt)	at klemme	[ʌ 'klɛmə]
colar (vt)	at klæbe, at lime	[ʌ 'klɛ:bə], [ʌ 'li:mə]
cortar (vt)	at skære	[ʌ 'skɛ:ʌ]

falha (f)	funktionsfejl (f)	[foŋ'ɕo'ns,faj'l]
conserto (m)	reparation (f)	[ʁepʁɑ'ɕo'n]
consertar, reparar (vt)	at reparere	[ʌ ʁɛpə'ʁɛ'ʌ]
regular, ajustar (vt)	at justere	[ʌ ju'ste'ʌ]

verificar (vt)	at tjekke	[ʌ 'tjɛkə]
verificação (f)	kontrol (f)	[kɔn'tʁʌl']
indicação (f), registro (m)	aflæsninger (f pl)	['ɑw,lɛ'sneŋʌ]

| seguro (adj) | pålidelig | [pʌ'liðˀəli] |
| complicado (adj) | kompleks | [kʌm'plɛks] |

enferrujar (vi)	at ruste	[ʌ 'ʁɔstə]
enferrujado (adj)	rusten	['ʁɔstən]
ferrugem (f)	rust (f)	['ʁɔst]

Transportes

169. Avião

avião (m)	fly (l)	['fly']
passagem (f) aérea	flybillet (f)	['fly bi'lɛt]
companhia (f) aérea	flyselskab (i)	['fly'sɛlˌskæˀb]
aeroporto (m)	lufthavn (f)	['lɔftˌhɑwˀn]
supersônico (adj)	overlyds-	['ɒwʌˌlyðs-]
comandante (m) do avião	kaptajn (f)	[kɑp'tajˀn]
tripulação (f)	besætning (f)	[be'sɛtneŋ]
piloto (m)	pilot (f)	[pi'loˀt]
aeromoça (f)	stewardesse (f)	[stjuɑ'dɛsə]
copiloto (m)	styrmand (f)	['styɐ̯ˌmanˀ]
asas (f pl)	vinger (f pl)	['veŋʌ]
cauda (f)	hale (f)	['hæːlə]
cabine (f)	cockpit (i)	['kʌkˌpit]
motor (m)	motor (f)	['moːtʌ]
trem (m) de pouso	landingshjul (i)	['laneŋsˌjuˀl]
turbina (f)	turbine (f)	[tuɐ̯'biːnə]
hélice (f)	propel (f)	[pʁo'pɛlˀ]
caixa-preta (f)	sort boks (f)	['soɐ̯t 'bʌks]
coluna (f) de controle	rat (i)	['ʁat]
combustível (m)	brændstof (i)	['bʁanˌstʌf]
instruções (f pl) de segurança	sikkerhedsinstruks (f)	['sekʌˌheðˀ en'stʁuks]
máscara (f) de oxigênio	iltmaske (f)	['iltˌmaskə]
uniforme (m)	uniform (f)	[uni'fɒˀm]
colete (m) salva-vidas	redningsvest (f)	['ʁɛðneŋsˌvɛst]
paraquedas (m)	faldskærm (f)	['falˌskæɐ̯ˀm]
decolagem (f)	start (f)	['stɑˀt]
descolar (vi)	at lette	[ʌ 'lɛtə]
pista (f) de decolagem	startbane (f)	['stɑːtˌbæːnə]
visibilidade (f)	sigtbarhed (f)	['segtbɑˌheðˀ]
voo (m)	flyvning (f)	['flywneŋ]
altura (f)	højde (f)	['hʌjˀdə]
poço (m) de ar	lufthul (i)	['lɔftˌhɔl]
assento (m)	plads (f)	['plas]
fone (m) de ouvido	hovedtelefoner (f pl)	['hoːəð teleˈfoˀnʌ]
mesa (f) retrátil	klapbord (i)	['klɑpˌboˀɡ̊]
janela (f)	vindue (i)	['vendu]
corredor (m)	midtergang (f)	['metʌˌɡaŋˀ]

170. Comboio

trem (m)	tog (i)	['tɔ'w]
trem (m) elétrico	lokaltog (i)	[lo'kæ'l,tɔ'w]
trem (m)	lyntog, eksprestog (i)	['ly:n,tɔ'w], [ɛks'pʁas,tɔ'w]
locomotiva (f) diesel	diesellokomotiv (i)	['di'səl lokomo'tiw']
locomotiva (f) a vapor	damplokomotiv (i)	['damp lokomo'tiw']
vagão (f) de passageiros	vogn (f)	['vɒw'n]
vagão-restaurante (m)	spisevogn (f)	['spi:sə,vɒw'n]
carris (m pl)	skinner (f pl)	['skenʌ]
estrada (f) de ferro	jernbane (f)	['jæɐ̯'n,bæ:nə]
travessa (f)	svelle (f)	['svɛlə]
plataforma (f)	perron (f)	[pa'ʁʌŋ]
linha (f)	spor (i)	['spo'ɐ̯]
semáforo (m)	semafor (f)	[sema'fo'ɐ̯]
estação (f)	station (f)	[sta'ɕo'n]
maquinista (m)	togfører (f)	['tɔw,fø:ʌ]
bagageiro (m)	drager (f)	['dʁɑ:wʌ]
hospedeiro, -a (m, f)	togbetjent (f)	['tɔw be'tjɛn't]
passageiro (m)	passager (f)	[pasa'ɕe'ɐ̯]
revisor (m)	kontrollør (f)	[kʌntʁo'lø'ɐ̯]
corredor (m)	korridor (f)	[kɒi'do'ɐ̯]
freio (m) de emergência	nødbremse (f)	['nøð,bʁamsə]
compartimento (m)	kupe, kupé (f)	[ku'pe']
cama (f)	køje (f)	['kʌjə]
cama (f) de cima	overkøje (f)	['ɒwʌ,kʌjə]
cama (f) de baixo	underkøje (f)	['ɔnʌ,kʌjə]
roupa (f) de cama	sengetøj (i)	['sɛŋə,tʌj]
passagem (f)	billet (f)	[bi'lɛt]
horário (m)	køreplan (f)	['kø:ʌ,plæ'n]
painel (m) de informação	informationstavle (f)	[enfɒma'ɕons ,tawlə]
partir (vt)	at afgå	[ʌ 'ɑw,gɔ']
partida (f)	afgang (f)	['ɑw,gaŋ']
chegar (vi)	at ankomme	[ʌ 'an,kʌm'ə]
chegada (f)	ankomst (f)	['an,kʌm'st]
chegar de trem	at ankomme med toget	[ʌ 'an,kʌm'ə mɛ 'tɔ'wəð]
pegar o trem	at stå på toget	[ʌ 'sti:ə pɔ 'tɔ'wəð]
descer de trem	at stå af toget	[ʌ 'sti:ə a 'tɔ'wəð]
acidente (m) ferroviário	togulykke (f)	['tɔw u,løkə]
descarrilar (vi)	at afspore	[ʌ 'ɑw,spo'ʌ]
locomotiva (f) a vapor	damplokomotiv (i)	['damp lokomo'tiw']
foguista (m)	fyrbøder (f)	['fyɐ̯,bøðʌ]
fornalha (f)	fyrrum (i)	['fyɐ̯,ʁɔm']
carvão (m)	kul (i)	['kɔl]

171. Barco

navio (m)	**skib** (i)	['ski'b]
embarcação (f)	**fartøj** (i)	['fɑːˌtʌj]
barco (m) a vapor	**dampskib** (i)	['damp‿ski'b]
barco (m) fluvial	**flodbåd** (f)	['floðˌbɔ'ð]
transatlântico (m)	**cruiseskib** (i)	['kɹuːsˌski'b]
cruzeiro (m)	**krydser** (f)	['kɹysʌ]
iate (m)	**yacht** (f)	['jɑgt]
rebocador (m)	**bugserbåd** (f)	[bug'seɡˌbɔ'ð]
barcaça (f)	**pram** (f)	['pʁɑm']
ferry (m)	**færge** (f)	['fæɡwə]
veleiro (m)	**sejlbåd** (f)	['sɑjlˌbɔ'ð]
bergantim (m)	**brigantine** (f)	[bʁigan'tiːnə]
quebra-gelo (m)	**isbryder** (f)	['isˌbʁyðʌ]
submarino (m)	**u-båd** (f)	['u'ˌbɔð]
bote, barco (m)	**båd** (f)	['bɔ'ð]
baleeira (bote salva-vidas)	**jolle** (f)	['jʌlə]
bote (m) salva-vidas	**redningsbåd** (f)	['ʁɛðneŋsˌbɔ'ð]
lancha (f)	**motorbåd** (f)	['moːtʌˌbɔ'ð]
capitão (m)	**kaptajn** (f)	[kɑp'tɑj'n]
marinheiro (m)	**matros** (f)	[ma'tʁo's]
marujo (m)	**sømand** (f)	['søˌman']
tripulação (f)	**besætning** (f)	[be'sɛtneŋ]
contramestre (m)	**bådsmand** (f)	['bɔðsˌman']
grumete (m)	**skibsdreng, jungmand** (f)	['skibsˌdʁaŋ'], ['jɔŋˌman']
cozinheiro (m) de bordo	**kok** (f)	['kʌk]
médico (m) de bordo	**skibslæge** (f)	['skibsˌlɛːjə]
convés (m)	**dæk** (i)	['dɛk]
mastro (m)	**mast** (f)	['mast]
vela (f)	**sejl** (i)	['sɑj'l]
porão (m)	**lastrum** (i)	['lastˌʁɔm']
proa (f)	**bov** (f)	['bɒw']
popa (f)	**agterende** (f)	['ɑgtʌˌʁanə]
remo (m)	**åre** (f)	['ɒːɒ]
hélice (f)	**propel** (f)	[pʁo'pɛl']
cabine (m)	**kahyt** (f)	[ka'hyt]
sala (f) dos oficiais	**officersmesse** (f)	[ʌfi'seɡs ˌmɛsə]
sala (f) das máquinas	**maskinrum** (i)	[ma'skiːnˌʁɔm']
ponte (m) de comando	**kommandobro** (f)	[kʌ'mandoˌbʁo']
sala (f) de comunicações	**radiorum** (i)	['ʁadjoˌʁɔm']
onda (f)	**bølge** (f)	['bøljə]
diário (m) de bordo	**logbog** (f)	['lʌgˌbɔ'w]
luneta (f)	**kikkert** (f)	['kikʌt]
sino (m)	**klokke** (f)	['klʌkə]

bandeira (f)	flag (i)	['flæ'j]
cabo (m)	trosse (f)	['tʁʌsə]
nó (m)	knob (i)	['kno'b]

corrimão (m)	håndlister (pl)	['hʌnˌlestʌ]
prancha (f) de embarque	landgang (f)	['lanˌgaŋ']

âncora (f)	anker (i)	['aŋkʌ]
recolher a âncora	at lette anker	[ʌ 'lɛtə 'aŋkʌ]
jogar a âncora	at kaste anker	[ʌ 'kastə 'aŋkʌ]
amarra (corrente de âncora)	ankerkæde (f)	['aŋkʌˌkɛ:ðə]

porto (m)	havn (f)	['haw'n]
cais, amarradouro (m)	kaj (f)	['kaj']
atracar (vi)	at fortøje	[ʌ fʌ'tʌj'ə]
desatracar (vi)	at kaste los	[ʌ 'kastə 'lʌs]

viagem (f)	rejse (f)	['ʁajsə]
cruzeiro (m)	krydstogt (i)	['kʁysˌtʌgt]
rumo (m)	kurs (f)	['kuɐ̯'s]
itinerário (m)	rute (f)	['ʁu:tə]

canal (m) de navegação	sejlrende (f)	['sajlˌʁanə]
banco (m) de areia	grund (f)	['gʁɔn']
encalhar (vt)	at gå på grund	[ʌ 'gɔ' pɔ 'gʁɔn']

tempestade (f)	storm (f)	['stɒ'm]
sinal (m)	signal (i)	[si'næ'l]
afundar-se (vr)	at synke	[ʌ 'søŋkə]
Homem ao mar!	Mand over bord!	['man' 'ɒwʌ ˌbo'ɡ̊]
SOS	SOS	[ɛso'ɛs]
boia (f) salva-vidas	redningskrans (f)	['ʁɛðneŋsˌkʁan's]

172. Aeroporto

aeroporto (m)	lufthavn (f)	['lɔftˌhaw'n]
avião (m)	fly (i)	['fly']
companhia (f) aérea	flyselskab (i)	['fly'sɛlˌskæ'b]
controlador (m) de tráfego aéreo	flyveleder (f)	['fly:vəˌle:ðʌ]

partida (f)	afgang (f)	['awˌgaŋ']
chegada (f)	ankomst (f)	['anˌkʌm'st]
chegar (vi)	at ankomme	[ʌ 'anˌkʌm'ə]

hora (f) de partida	afgangstid (f)	['awgaŋsˌtið']
hora (f) de chegada	ankomsttid (f)	['ankʌm'stˌtið]

estar atrasado	at blive forsinke	[ʌ 'bli:ə fʌ'seŋ'kə]
atraso (m) de voo	afgangsforsinkelse (f)	['awˌgaŋs fʌ'seŋkəlsə]

painel (m) de informação	informationstavle (f)	[enfɒma'ɕɔns ˌtawlə]
informação (f)	information (f)	[enfɒma'ɕo'n]
anunciar (vt)	at meddele	[ʌ 'mɛðˌde'lə]

voo (m)	flight (f)	['flɑjt]
alfândega (f)	told (f)	['tʌlʔ]
funcionário (m) da alfândega	toldbetjent (f)	['tʌl be'tjɛnʔt]

declaração (f) alfandegária	tolddeklaration (f)	['tʌl deklɑɑˌɕoʔn]
preencher (vt)	at udfylde	[ʌ 'uðˌfylʔə]
preencher a declaração	at udfylde en tolddeklaration	[ʌ 'uðˌfylʔə en 'tʌlʔdeklɑɑ'ɕoʔn]
controle (m) de passaporte	paskontrol (f)	['paskɔnˌtʁʌlʔ]

bagagem (f)	bagage (f)	[ba'gæːɕə]
bagagem (f) de mão	håndbagage (f)	['hʌn ba'gæːɕə]
carrinho (m)	bagagevogn (f)	[ba'gæːɕəˌvɒwʔn]

pouso (m)	landing (f)	['lanɛŋ]
pista (f) de pouso	landingsbane (f)	['lanɛŋsˌbæːnə]
aterrissar (vi)	at lande	[ʌ 'lanə]
escada (f) de avião	trappe (f)	['tʁapə]

check-in (m)	check-in (f)	[tjɛk'en]
balcão (m) do check-in	check-in-skranke (f)	[tjɛk'enˌskʁaŋkə]
fazer o check-in	at tjekke ind	[ʌ 'tjɛkə 'enʔ]
cartão (m) de embarque	boardingkort (i)	['bɒːdenˌkɒːt]
portão (m) de embarque	gate (f)	['gɛjt]

trânsito (m)	transit (f)	[tʁɑn'sit]
esperar (vi, vt)	at vente	[ʌ 'vɛntə]
sala (f) de espera	ventesal (f)	['vɛntəˌsæʔl]
despedir-se (acompanhar)	at vinke farvel	[ʌ 'veŋkə fɑ'vɛl]
despedir-se (dizer adeus)	at sige farvel	[ʌ 'siː fɑ'vɛl]

173. Bicicleta. Motocicleta

bicicleta (f)	cykel (f)	['sykəl]
lambreta (f)	scooter (f)	['skuːtʌ]
moto (f)	motorcykel (f)	['moːtʌˌsykəl]

ir de bicicleta	at cykle	[ʌ 'syklə]
guidão (m)	styr (i)	['styɐ̯ʔ]
pedal (m)	pedal (f)	[pe'dæʔl]
freios (m pl)	bremser (f pl)	['bʁamsʌ]
banco, selim (m)	sadel (f)	['saðəl]

bomba (f)	pumpe (f)	['pɔmpə]
bagageiro (m) de teto	bagagebærer (f)	[ba'gæːɕəˌbɛːʌ]
lanterna (f)	lygte (f)	['løgtə]
capacete (m)	hjelm (f)	['jɛlʔm]

roda (f)	hjul (i)	['juʔl]
para-choque (m)	skærm (f)	['skæɐ̯ʔm]
aro (m)	fælg (f)	['fɛlʔj]
raio (m)	eger (f)	['ejʔʌ]

155

Carros

174. Tipos de carros

carro, automóvel (m)	bil (f)	['bi'l]
carro (m) esportivo	sportsbil (f)	['spɒ:ts͵bi'l]
limusine (f)	limousine (f)	[limu'si:nə]
todo o terreno (m)	terrænbil (f)	[ta'ʁaŋ͵bi'l]
conversível (m)	cabriolet (f)	[kabʁio'lɛ]
minibus (m)	minibus (f)	['mini͵bus]
ambulância (f)	ambulance (f)	[ɑmbu'lɑŋsə]
limpa-neve (m)	sneplov (f)	['sne͵plɒw']
caminhão (m)	lastbil (f)	['last͵bi'l]
caminhão-tanque (m)	tankbil (f)	['tɑŋk͵bi'l]
perua, van (f)	varevogn (f)	['va:ɑ͵vɒw'n]
caminhão-trator (m)	trækker (f)	['tʁakʌ]
reboque (m)	påhængsvogn (f)	['pʌhɛŋs͵vɒw'n]
confortável (adj)	komfortabel	[kʌmfɒ'tæ'bəl]
usado (adj)	brugt	['bʁɔgt]

175. Carros. Carroçaria

capô (m)	motorhjelm (f)	['mo:tʌjɛl'm]
para-choque (m)	skærm (f)	['skæɡ'm]
teto (m)	tag (i)	['tæ'j]
para-brisa (m)	forrude (f)	['fɒ:ʁu:ðə]
retrovisor (m)	bakspejl (i)	['bɑk͵spɑj'l]
esguicho (m)	sprinkler (f)	['spʁɛŋklʌ]
limpadores (m) de para-brisas	viskere (f pl)	['veskʌə]
vidro (m) lateral	siderude (f)	['si:ðə͵ʁu:ðə]
elevador (m) do vidro	rudeoptræk (i)	['ʁu:ðə 'ʌp͵tʁak]
antena (f)	antenne (f)	[an'tɛnə]
teto (m) solar	soltag (i)	['so:l͵tæ'j]
para-choque (m)	kofanger (f)	[ko'faŋʌ]
porta-malas (f)	bagagerum (i)	[ba'gæ:ɕə͵ʁɔm]
bagageira (f)	tagbagagebærer (f)	['taw ba'gæ:ɕə 'bɛ:ʌ]
porta (f)	dør (f)	['dɶ'ɡ]
maçaneta (f)	dørhåndtag (i)	['dɶɡ͵hʌn'͵tæ'j]
fechadura (f)	dørlås (f)	['dɶɡ͵lɔ's]
placa (f)	nummerplade (f)	['nɔmʌ͵plæ:ðə]
silenciador (m)	lyddæmper (f)	['lyð͵dɛmpʌ]

tanque (m) de gasolina	benzintank (f)	[bɛn'sin‚taŋˀk]
tubo (m) de exaustão	udstødningsrør (i)	['uð‚støð'neŋs ‚ʁœˀɐ̯]
acelerador (m)	gas (f)	['gas]
pedal (m)	pedal (f)	[pe'dæˀl]
pedal (m) do acelerador	gaspedal (f)	['gas pe'dæˀl]
freio (m)	bremse (f)	['bʁamsə]
pedal (m) do freio	bremsepedal (f)	['bʁamsə pe'dæˀl]
frear (vt)	at bremse	[ʌ 'bʁamsə]
freio (m) de mão	håndbremse (f)	['hʌn‚bʁamsə]
embreagem (f)	kobling (f)	['kʌbleŋ]
pedal (m) da embreagem	koblingspedal (f)	['kʌbleŋs‚pe'dæˀl]
disco (m) de embreagem	koblingsplade (f)	['kʌbleŋs‚plæːðə]
amortecedor (m)	støddæmper (f)	['støð‚dɛmpʌ]
roda (f)	hjul (i)	['juˀl]
pneu (m) estepe	reservehjul (i)	[ʁɛ'sæɐ̯və‚juˀl]
pneu (m)	dæk (i)	['dɛk]
calota (f)	hjulkapsel (f)	['juːl‚kɑpsəl]
rodas (f pl) motrizes	drivhjul (i pl)	['dʁiw‚juˀl]
de tração dianteira	forhjulstrukket	['fɒ:juls‚tʁɔkəð]
de tração traseira	baghjulstrukket	['bawjuls‚tʁɔkəð]
de tração às 4 rodas	firehjulstrukket	['fiɐ̯juls‚tʁɔkəð]
caixa (f) de mudanças	gearkasse (f)	['giɐ̯‚kasə]
automático (adj)	automatisk	[awto'mæˀtisk]
mecânico (adj)	mekanisk	[me'kæˀnisk]
alavanca (f) de câmbio	gearstang (f)	['giɐ̯‚staŋˀ]
farol (m)	forlygte (f)	['fɒ:‚løgtə]
faróis (m pl)	forlygter (f pl)	['fɒ:‚løgtʌ]
farol (m) baixo	nærlys (i)	['nɛɐ̯‚lyˀs]
farol (m) alto	fjernlys (i)	['fjæɐ̯ˀn‚lyˀs]
luzes (f pl) de parada	stoplys (i)	['stʌp‚lyˀs]
luzes (f pl) de posição	positionslys (i)	[posi'ɕons‚lyˀs]
luzes (f pl) de emergência	havariblink (i pl)	[hava'ʁi‚blenˀk]
faróis (m pl) de neblina	tågelygter (f pl)	['tɔ:wə‚løgtʌ]
pisca-pisca (m)	blinklys (i)	['blenk‚lyˀs]
luz (f) de marcha ré	baklys (i)	['bak‚lyˀs]

176. Carros. Habitáculo

interior (do carro)	interiør (i), indretning (f)	[entæɐ̯i'œ:ɐ̯], ['en‚ʁatnen]
de couro	læder-	['lɛðʌ-]
de veludo	velour-	[ve'luːɐ̯-]
estofamento (m)	betræk (i)	[be'tʁak]
indicador (m)	instrument (i)	[enstʁu'mɛnˀt]
painel (m)	instrumentpanel (i)	[enstʁu'mɛnˀt pa'neːl]

157

| velocímetro (m) | speedometer (i) | [spido'me'tʌ] |
| ponteiro (m) | viser (f) | ['vi:sʌ] |

hodômetro, odômetro (m)	kilometertæller (f)	[kilo'me'tʌˌtɛlʌ]
indicador (m)	indikator (f)	[endi'kæ:tʌ]
nível (m)	niveau (i)	[ni'vo]
luz (f) de aviso	advarselslampe (f)	['aðˌvɑ:səlsˌlɑmpə]

volante (m)	rat (i)	['ʁɑt]
buzina (f)	horn (i)	['hoɐ̯'n]
botão (m)	knap (f)	['knɑp]
interruptor (m)	omskifter (f)	['ʌmˌskiftʌ]

assento (m)	sæde (i)	['sɛ:ðə]
costas (f pl) do assento	ryglæn (i)	['ʁɶgˌlɛ'n]
cabeceira (f)	nakkestøtte (f)	['nɑkəˌstøtə]
cinto (m) de segurança	sikkerhedssele (f)	['sekʌˌheðs 'se:lə]
apertar o cinto	at spænde sikkerhedsselen	[ʌ 'spɛnə 'sekʌheð',selən]
ajuste (m)	justering (f)	[ju'ste'ɡeŋ]

| airbag (m) | airbag (f) | ['ɛɐ̯ˌbæ:g] |
| ar (m) condicionado | klimaanlæg (i) | ['kli:ma'anˌlɛ'g] |

rádio (m)	radio (f)	['ʁɑ'djo]
leitor (m) de CD	cd-afspiller (f)	[se'de 'ɑwˌspel'ʌ]
ligar (vt)	at tænde	[ʌ 'tɛnə]
antena (f)	antenne (f)	[an'tɛnə]
porta-luvas (m)	handskerum (i)	['hanskəˌʁɔm']
cinzeiro (m)	askebæger (i)	['askəˌbɛ:jʌ]

177. Carros. Motor

motor (m)	motor (f)	['mo:tʌ]
a diesel	diesel-	['disəl-]
a gasolina	benzin-	[bɛn'sin-]

cilindrada (f)	motorvolumen (i, f)	['mo:tʌ vo'lu:mən]
potência (f)	styrke (f)	['styɡkə]
cavalo (m) de potência	hestekraft (f)	['hɛstəˌkʁɑft]
pistão (m)	stempel (i)	['stɛm'pəl]
cilindro (m)	cylinder (f)	[sy'len'dʌ]
válvula (f)	ventil (f)	[vɛn'ti'l]

injetor (m)	injektor (f)	[en'jɛktʌ]
gerador (m)	generator (f)	[genə'ʁɑ:tʌ]
carburador (m)	karburator (f)	[kɑbu'ʁɑ:tʌ]
óleo (m) de motor	motorolie (f)	['mo:tʌˌoljə]

radiador (m)	radiator (f)	[ʁɑdi'æ:tʌ]
líquido (m) de arrefecimento	kølervæske (f)	['kø:lʌˌvɛskə]
ventilador (m)	ventilator (f)	[vɛnti'læ:tʌ]

| bateria (f) | batteri (i) | [batʌ'ʁi'] |
| dispositivo (m) de arranque | starter (f) | ['stɑ:tʌ] |

ignição (f)	tænding (f)	['tɛnɛŋ]
vela (f) de ignição	tændrør (i)	['tɛnˌʁœʔɐ̯]
terminal (m)	klemme (f)	['klɛmə]
terminal (m) positivo	plusklemme (f)	['plusˌklɛmə]
terminal (m) negativo	minusklemme (f)	['miːnusˌklɛmə]
fusível (m)	sikring (f)	['sekʁɛŋ]
filtro (m) de ar	luftfilter (i)	['lɔftˌfilʔtʌ]
filtro (m) de óleo	oliefilter (i)	['oljəˌfilʔtʌ]
filtro (m) de combustível	brændselsfilter (i)	['bʁanʔsəlˌfilʔtʌ]

178. Carros. Batidas. Reparação

acidente (m) de carro	bilulykke (f)	['bil 'uˌløkə]
acidente (m) rodoviário	færdselsuheld (i)	['fæɐ̯səlsˌuhɛlʔ]
bater (~ num muro)	at køre ind i …	[ʌ 'kø:ʌ en i …]
sofrer um acidente	at havarere	[ʌ havɑ'ʁɛʔʌ]
dano (m)	skade (f)	['skæ:ðə]
intato	uskadt	['uˌskat]
pane (f)	havari (i)	[havɑ'ʁiʔ]
avariar (vi)	at bryde sammen	[ʌ 'bʁy:ðə 'samʔən]
cabo (m) de reboque	slæbetov (i)	['slɛ:bəˌtɔw]
furo (m)	punktering (f)	[pɔŋ'teʔʁɛŋ]
estar furado	at være punkteret	[ʌ 'vɛːʌ pɔŋ'teʔʌð]
encher (vt)	at pumpe op	[ʌ 'pɔmpə ʌp]
pressão (f)	tryk (i)	['tʁœk]
verificar (vt)	at tjekke	[ʌ 'tjɛkə]
reparo (m)	reparation (f)	[ʁepʁɑ'ɕoʔn]
oficina (f) automotiva	bilværksted (i)	['bil 'væɐ̯kˌstɛð]
peça (f) de reposição	reservedel (f)	[ʁɛ'sæɐ̯vəˌdeʔl]
peça (f)	del (f)	['deʔl]
parafuso (com porca)	bolt (f)	['bʌlʔt]
parafuso (m)	skrue (f)	['skʁu:ə]
porca (f)	møtrik (f)	['møtʁɛk]
arruela (f)	spændskive (f)	['sbɛnˌski:və]
rolamento (m)	leje (i)	['lajə]
tubo (m)	rør (i)	['ʁœʔɐ̯]
junta, gaxeta (f)	pakning (f)	['paknɛŋ]
fio, cabo (m)	ledning (f)	['leðnɛŋ]
macaco (m)	donkraft (f)	['dɔnˌkʁaft]
chave (f) de boca	skruenøgle (f)	['skʁu:əˌnʌjlə]
martelo (m)	hammer (f)	['hamʌ]
bomba (f)	pumpe (f)	['pɔmpə]
chave (f) de fenda	skruetrækker (f)	['skʁu:əˌtʁakʌ]
extintor (m)	brandslukker (f)	['bʁanˌslɔkʌ]
triângulo (m) de emergência	advarselstrekant (f)	['aðˌvaːsəls 'tʁɛˌkanʔt]

morrer (motor)	at gå i stå	[ʌ gɔʔ i 'stɔʔ]
paragem, "morte" (f)	stå (f), stop (i)	['stɔʔ], ['stʌp]
estar quebrado	at være ødelagt	[ʌ 'vɛːʌ 'øːðəˌlagt]
superaquecer-se (vr)	at blive overophedet	[ʌ 'bliːə 'ɒwʌ 'ʌbˌheʔðət]
entupir-se (vr)	at blive tilstoppet	[ʌ 'bliːə tel'stʌpəð]
congelar-se (vr)	at fryse	[ʌ 'fʁyːsə]
rebentar (vi)	at sprække, at briste	[ʌ 'spʁakə], [ʌ 'bʁɛstə]
pressão (f)	tryk (i)	['tʁœk]
nível (m)	niveau (i)	[ni'vo]
frouxo (adj)	slap	['slɑp]
batida (f)	bule (f)	['buːlə]
ruído (m)	bankelyd (f)	['baŋkəˌlyðʔ]
fissura (f)	sprække (f)	['spʁakə]
arranhão (m)	ridse (f)	['ʁisə]

179. Carros. Estrada

estrada (f)	vej (f)	['vɑjʔ]
autoestrada (f)	hovedvej (f)	['hoːəðˌvɑjʔ]
rodovia (f)	motorvej (f)	['moːtʌˌvɑjʔ]
direção (f)	retning (f)	['ʁatnen]
distância (f)	afstand (f)	['awˌstanʔ]
ponte (f)	bro (f)	['bʁoʔ]
parque (m) de estacionamento	parkeringsplads (f)	[pɑ'keʔɡeŋsˌplas]
praça (f)	torv (i)	['tɔʔw]
nó (m) rodoviário	motorvejskryds (i)	['moːtʌvɑjˌkʁys]
túnel (m)	tunnel (f)	['tɔnʔəl]
posto (m) de gasolina	tankstation (f)	['taŋk sta'ɕʔon]
parque (m) de estacionamento	parkeringsplads (f)	[pɑ'keʔɡeŋsˌplas]
bomba (f) de gasolina	benzinpumpe (f)	[bɛn'sinˌpɔmpə]
oficina (f) automotiva	bilværksted (i)	['bil 'væɡkˌstɛð]
abastecer (vt)	at tanke op	[ʌ 'taŋkə ʌp]
combustível (m)	brændstof (i)	['bʁanˌstʌf]
galão (m) de gasolina	dunk (f)	['dɔŋʔk]
asfalto (m)	asfalt (f)	['asˌfalʔt]
marcação (f) de estradas	vejafmærkning (f)	['vɑj 'awˌmæɡknen]
meio-fio (m)	fortovskant (f)	['fɔːtɒwsˌkanʔt]
guard-rail (m)	autoværn (i)	['awtoˌvæɡʔn]
valeta (f)	vejgrøft (f)	['vɑjˌgʁœft]
acostamento (m)	vejkant (f)	['vɑjˌkanʔt]
poste (m) de luz	lygtepæl (f)	['løgtəˌpɛʔl]
dirigir (vt)	at køre	[ʌ 'køːʌ]
virar (~ para a direita)	at svinge	[ʌ 'sveŋə]
dar retorno	at lave en U-vending	[ʌ 'læːvə en 'uʔˌvɛnen]
ré (f)	bakgear (i)	['bakˌgiɐ̯ʔ]
buzinar (vi)	at dytte	[ʌ 'dytə]
buzina (f)	dyt (i)	['dyt]

atolar-se (vr) | at køre fast | [ʌ 'kø:ʌ 'fast]
patinar (na lama) | at spinne, at spinde | [ʌ 'spenə]
desligar (vt) | at standse | [ʌ 'stansə]

velocidade (f) | hastighed (f) | ['hasti heð']
exceder a velocidade | at overskride fartgrænsen | [ʌ 'ɒwʌˌskʁið'ə 'fatˌgʁansən]
multar (vt) | at give en bøde | [ʌ 'giʔ en 'bø:ðə]
semáforo (m) | trafiklys (i) | [tʁa'fikˌlyʔs]
carteira (f) de motorista | kørekort (i) | ['kø:ʌˌkɒ:t]

passagem (f) de nível | overskæring (f) | ['ɒwʌˌskɛʔɐ̯en]
cruzamento (m) | kryds (i, f) | ['kʁys]
faixa (f) | fodgængerovergang (f) | ['foðgɛŋʌ 'ɒwʌˌgaŋʔ]
curva (f) | kurve (f) | ['kuɐ̯wə]
zona (f) de pedestres | gågade (f) | ['gɔːˌgæ:ðə]

180. Sinais de trânsito

código (m) de trânsito | færdselsregler (f pl) | ['fæɐ̯səlsˌʁɛjʔlʌ]
sinal (m) de trânsito | trafikskilt (i) | [tʁa'fikˌskelʔt]
ultrapassagem (f) | overhaling (f) | ['ɒwʌˌhæ'leŋ]
curva (f) | vejsving (i) | ['vajˌsveŋʔ]
retorno (m) | u-vending (f) | ['uʔˌvɛneŋ]
rotatória (f) | rundkørsel (f) | ['ʁɒnˌkøɐ̯səl]

sentido proibido | Indkørsel forbudt | [en'køɐ̯səl fʌ'byʔð]
trânsito proibido | Al kørsel forbudt | [al 'køɐ̯səl fʌ'byʔð]
proibido de ultrapassar | Overhaling forbudt | ['ɒwʌˌhæleŋ fʌ'byʔð]
estacionamento proibido | Parkering forbudt | [pa'ke'ɐ̯eŋ fʌ'byʔð]
paragem proibida | Standsning forbudt | ['stansneŋ fʌ'byʔt]

curva (f) perigosa | Farligt sving | ['fa:lit sveŋʔ]
descida (f) perigosa | Stejl nedkørsel | ['stajl 'neðˌkøɐ̯səl]
trânsito de sentido único | Ensrettet | ['ensʁatəð]
faixa (f) | fodgængerovergang (f) | ['foðgɛŋʌ 'ɒwʌˌgaŋʔ]
pavimento (m) escorregadio | Glat vej | ['glat ˌvajʔ]
conceder passagem | Vigepligt | ['viʔəˌplegt]

PESSOAS. EVENTOS

Eventos

181. Férias. Evento

festa (f)	fest (f)	['fɛst]
feriado (m) nacional	nationaldag (f)	[naço'næ'ɪ̯ˌdæ']
feriado (m)	festdag (f)	['fɛstˌdæ']
festejar (vt)	at fejre	[ʌ 'fajʁʌ]
evento (festa, etc.)	begivenhed (f)	[be'gi'vənˌheð']
evento (banquete, etc.)	arrangement (i)	[aaŋçe'maŋ]
banquete (m)	banket (f)	[baŋ'kɛt]
recepção (f)	reception (f)	[ʁɛsəp'ço'n]
festim (m)	fest (f)	['fɛst]
aniversário (m)	årsdag (f)	['ɒ's̩ˌdæ']
jubileu (m)	jubilæum (i)	[jubi'lɛ:ɔm]
celebrar (vt)	at fejre	[ʌ 'fajʁʌ]
Ano (m) Novo	nytår (i)	['nytˌɒ']
Feliz Ano Novo!	Godt nytår!	['gʌt 'nytˌɒ']
Papai Noel (m)	Julemanden	['ju:ləˌman']
Natal (m)	jul (f)	['ju'l]
Feliz Natal!	Glædelig Jul!, God Jul!	['glɛ:ðeli 'ju'l], [goð 'ju'l]
árvore (f) de Natal	juletræ (i)	['ju:ləˌtʁɛ']
fogos (m pl) de artifício	fyrværkeri (i)	[fyɐ̯væɐ̯kʌ'ʁi']
casamento (m)	bryllup (i)	['bʁœlʌp]
noivo (m)	brudgom (f)	['bʁuðˌgʌm']
noiva (f)	brud (f)	['bʁuð]
convidar (vt)	at indbyde, at invitere	[ʌ 'enˌby'ðə], [ʌ envi'te'ʌ]
convite (m)	indbydelse (f)	[en'by'ðəlsə]
convidado (m)	gæst (f)	['gɛst]
visitar (vt)	at besøge	[ʌ be'sø'jə]
receber os convidados	at hilse på gæsterne	[ʌ 'hilsə pɔ 'gɛstɐnə]
presente (m)	gave (f)	['gæ:və]
oferecer, dar (vt)	at give	[ʌ 'gi']
receber presentes	at få gaver	[ʌ 'fɔ' 'gæ:və]
buquê (m) de flores	buket (f)	[bu'kɛt]
felicitações (f pl)	lykønskning (f)	['løkˌøn'skneŋ]
felicitar (vt)	at gratulere	[ʌ gʁatu'le'ʌ]
cartão (m) de parabéns	lykønskningskort (i)	['løkˌøn'skneŋs 'kɒ:t]

enviar um cartão postal	at sende et postkort	[ʌ 'sɛnə et 'pʌstˌkɒ:t]
receber um cartão postal	at få et postkort	[ʌ 'fɔˀ et 'pʌstˌkɒ:t]

brinde (m)	skål (f)	['skɔˀl]
oferecer (vt)	at byde på	[ʌ 'by:ðə pɔˀ]
champanhe (m)	champagne (f)	[ɕɑm'panjə]

divertir-se (vr)	at more sig	[ʌ 'mo:ʌ saj]
diversão (f)	munterhed (f)	['mɔntʌˌheðˀ]
alegria (f)	glæde (f)	['glɛ:ðə]

dança (f)	dans (f)	['danˀs]
dançar (vi)	at danse	[ʌ 'dansə]

valsa (f)	vals (f)	['valˀs]
tango (m)	tango (f)	['taŋgo]

182. Funerais. Enterro

cemitério (m)	kirkegård (f)	['kiɐ̯kəˌgɒˀ]
sepultura (f), túmulo (m)	grav (f)	['gʁɑˀw]
cruz (f)	kors (i)	['kɒ:s]
lápide (f)	gravsten (f)	['gʁɑwˌsteˀn]
cerca (f)	hegn (i)	['hajˀn]
capela (f)	kapel (i)	[ka'pɛlˀ]

morte (f)	død (f)	['døðˀ]
morrer (vi)	at dø	[ʌ 'døˀ]
defunto (m)	den afdøde	[dən aw'dø:ðə]
luto (m)	sorg (f)	['sɒˀw]

enterrar, sepultar (vt)	at begrave	[ʌ be'gʁɑˀvə]
funerária (f)	begravelseskontor (i)	[be'gʁɑˀwəlsəs kɔn'to'ɐ̯]
funeral (m)	begravelse (f)	[be'gʁɑˀwəlsə]

coroa (f) de flores	krans (f)	['kʁɑnˀs]
caixão (m)	ligkiste (f)	['li:ˌki:stə]
carro (m) funerário	rustvogn (f)	['ʁɔstˌvɒwˀn]
mortalha (f)	ligklæde (i)	['li:ˌklɛ:ðə]

procissão (f) funerária	sørgetog (i)	['sœɐ̯wəˌtɔˀw]
urna (f) funerária	urne (f)	['uɐ̯nə]
crematório (m)	krematorium (i)	[kʁɛma'to'ɐ̯iɔm]

obituário (m), necrologia (f)	nekrolog (f)	[nekʁo'loˀ]
chorar (vi)	at græde	[ʌ 'gʁa:ðə]
soluçar (vi)	at hulke	[ʌ 'hulkə]

183. Guerra. Soldados

pelotão (m)	deling (f)	['de:leŋ]
companhia (f)	kompagni (i)	[kɔmpa'niˀ]

regimento (m)	regiment (i)	[ʁɛgi'mɛn'ʔt]
exército (m)	hær (f)	['hɛ'ɐ̯]
divisão (f)	division (f)	[divi'ɕoʔn]

| esquadrão (m) | trop (f), afdeling (f) | ['tʁʌp], ['aw̥ˌde'ʔleŋ] |
| hoste (f) | hær (f) | ['hɛ'ɐ̯] |

| soldado (m) | soldat (f) | [sol'dæ'ʔt] |
| oficial (m) | officer (f) | [ʌfi'se'ɐ̯] |

soldado (m) raso	menig (f)	['me:ni]
sargento (m)	sergent (f)	[sæɐ̯'ɕan'ʔt]
tenente (m)	løjtnant (f)	['lʌjtˌnan'ʔt]
capitão (m)	kaptajn (f)	[kap'taj'n]
major (m)	major (f)	[ma'jo'ɐ̯]
coronel (m)	oberst (f)	['o'ʔbʌst]
general (m)	general (f)	[genə'ʁa'ʔl]

marujo (m)	sømand (f)	['søˌman'ʔ]
capitão (m)	kaptajn (f)	[kap'taj'n]
contramestre (m)	bådsmand (f)	['bɔðsˌman'ʔ]

artilheiro (m)	artillerist (f)	[ˌɑːtelʌ'ʁist]
soldado (m) paraquedista	faldskærmsjæger (f)	['falˌskæɐ̯'msˌjɛ:jʌ]
piloto (m)	flyver (f)	['fly:vʌ]
navegador (m)	styrmand (f)	['styɐ̯ˌman'ʔ]
mecânico (m)	mekaniker (f)	[me'kæ'nikʌ]

sapador-mineiro (m)	pioner (f)	[pio'ne'ɐ̯]
paraquedista (m)	faldskærmsudspringer (f)	['falˌskæɐ̯'ms 'uðˌspʁɛŋʌ]
explorador (m)	opklaringssoldat (f)	['ʌpˌklaʔeŋs sol'dæ'ʔt]
atirador (m) de tocaia	snigskytte (f)	['sni:ˌskøtə]

patrulha (f)	patrulje (f)	[pa'tʁuljə]
patrulhar (vt)	at patruljere	[ʌ patʁul'je'ʔʌ]
sentinela (f)	vagt (f)	['vagt]

| guerreiro (m) | kriger (f) | ['kʁi'ʔʌ] |
| patriota (m) | patriot (f) | [patʁi'o'ʔt] |

| herói (m) | helt (f) | ['hɛl'ʔt] |
| heroína (f) | heltinde (f) | [hɛlt'enə] |

| traidor (m) | forræder (f) | [fʌ'ʁað'ʌ] |
| trair (vt) | at forråde | [ʌ fʌ'ʁɔ'ðə] |

| desertor (m) | desertør (f) | [desæɐ̯'tø'ɐ̯] |
| desertar (vt) | at desertere | [ʌ desæɐ̯'te'ʔʌ] |

mercenário (m)	lejesoldat (f)	['lajə sol'dæ'ʔt]
recruta (m)	rekrut (f)	[ʁɛ'kʁut]
voluntário (m)	frivillig (f)	['fʁiˌvil'ʔi]

morto (m)	dræbt (f)	['dʁabt]
ferido (m)	såret (f)	['sɒːʌð]
prisioneiro (m) de guerra	fange (f)	['faŋə]

184. Guerra. Ações militares. Parte 1

guerra (f)	krig (f)	['kʁiˀ]
guerrear (vt)	at være i krig	[ʌ 'vɛːʌ i kʁiˀ]
guerra (f) civil	borgerkrig (f)	['bɒːwʌˌkʁiˀ]
perfidamente	troløst, forræderisk	['tʁoˌløˀs], [fʌ'ʁaðˀʌʁisk]
declaração (f) de guerra	krigserklæring (f)	[ˌkʁis æg̊'klɛˀg̊eŋ]
declarar guerra	at erklære	[ʌ æg̊'klɛˀʌ]
agressão (f)	aggression (f)	[agʁɐ'ɕoˀn]
atacar (vt)	at angribe	[ʌ 'anˌgʁiˀbə]
invadir (vt)	at invadere	[ʌ enva'deˀʌ]
invasor (m)	angriber (f)	['anˌgʁiˀbʌ]
conquistador (m)	erobrer (f)	[e'ʁoˀbʁʌ]
defesa (f)	forsvar (i)	['fɒːˌsvɑˀ]
defender (vt)	at forsvare	[ʌ fʌ'svɑˀa]
defender-se (vr)	at forsvare sig	[ʌ fʌ'svɑˀa sɑj]
inimigo (m)	fjende (f)	['fjɛnə]
adversário (m)	modstander (f)	['moðˌstanˀʌ]
inimigo (adj)	fjendtlig	['fjɛntli]
estratégia (f)	strategi (f)	[stʁate'giˀ]
tática (f)	taktik (f)	[tak'tik]
ordem (f)	ordre (f)	['ɒˀdʁʌ]
comando (m)	ordre (f), kommando (i, f)	['ɒˀdʁʌ], [ko'mando]
ordenar (vt)	at beordre	[ʌ be'ɒˀdʁʌ]
missão (f)	mission (f)	[mi'ɕoˀn]
secreto (adj)	hemmelig	['hɛməli]
batalha (f)	batalje (f)	[ba'taljə]
batalha (f)	slag (i)	['slæˀj]
combate (m)	kamp (f)	['kɑmˀp]
ataque (m)	angreb (i)	['anˌgʁɛˀb]
assalto (m)	storm (f)	['stɒˀm]
assaltar (vt)	at storme	[ʌ 'stɒːmə]
assédio, sítio (m)	belejring (f)	[be'lɑjˀʁen]
ofensiva (f)	offensiv (f), angreb (i)	['ʌfənˌsiwˀ], ['anˌgʁɛˀb]
tomar à ofensiva	at angribe	[ʌ 'anˌgʁiˀbə]
retirada (f)	retræte (f)	[ʁɛ'tʁɛːtə]
retirar-se (vr)	at retirere	[ʌ ʁɛti'ʁɛˀʌ]
cerco (m)	omringning (f)	['ʌmˌʁɛŋneŋ]
cercar (vt)	at omringe	[ʌ 'ʌmˌʁɛŋˀə]
bombardeio (m)	bombning (f)	['bɒmbneŋ]
lançar uma bomba	at droppe en bombe	[ʌ 'dʁʌpə en 'bombə]
bombardear (vt)	at bombardere	[ʌ bomba'deˀʌ]
explosão (f)	eksplosion (f)	[ɛksplo'ɕoˀn]

tiro (m)	skud (i)	['skuð]
dar um tiro	at skyde	[ʌ 'sky:ðə]
tiroteio (m)	skydning (f)	['skyðneŋ]

apontar para ...	at sigte på ...	[ʌ 'segtə pɔ' ...]
apontar (vt)	at rette ind	[ʌ 'ʁatə en']
acertar (vt)	at træffe	[ʌ 'tʁafə]

afundar (~ um navio, etc.)	at sænke	[ʌ 'sɛŋkə]
brecha (f)	hul (i)	['hɔl]
afundar-se (vr)	at synke	[ʌ 'søŋkə]

frente (m)	front (f)	['fʁʌn't]
evacuação (f)	evakuering (f)	[evaku'e'ʁeŋ]
evacuar (vt)	at evakuere	[ʌ evaku'e'ʌ]

trincheira (f)	skyttegrav (f)	['skøtə,gʁa'w]
arame (m) enfarpado	pigtråd (f)	['pig,tʁɔ'ð]
barreira (f) anti-tanque	afspærring (f)	['aw,spæɐ̯'eŋ]
torre (f) de vigia	vagttårn (i)	['vagt,tɒ'n]

hospital (m) militar	militærsygehus (i)	[mili'tɛɐ̯ 'sy:ə,hu's]
ferir (vt)	at såre	[ʌ 'sɒ:ɒ]
ferida (f)	sår (i)	['sɒ']
ferido (m)	såret (f)	['sɒ:ʌð]
ficar ferido	at blive såret	[ʌ 'bli:ə 'sɒ:ʌð]
grave (ferida ~)	alvorlig	[al'vɒ'li]

185. Guerra. Ações militares. Parte 2

cativeiro (m)	fangenskab (i)	['faŋən,skæ'b]
capturar (vt)	at tage til fange	[ʌ 'tæ' tel 'faŋə]
estar em cativeiro	at være i fangenskab	[ʌ 've:ʌ i 'faŋən,skæ'b]
ser aprisionado	at blive taget til fange	[ʌ 'bli:ə 'tæəð tel 'faŋə]

campo (m) de concentração	koncentrationslejr (f)	[kʌnsəntʁa'ɕo'ns,laj'ʌ]
prisioneiro (m) de guerra	fange (f)	['faŋə]
escapar (vi)	at flygte	[ʌ 'fløgtə]

trair (vt)	at forråde	[ʌ fʌ'ʁɔ'ðə]
traidor (m)	forræder (f)	[fʌ'ʁað'ʌ]
traição (f)	forræderi (i)	[fʌʁaðʌ'ʁi']

| fuzilar, executar (vt) | at henrette ved skydning | [ʌ 'hɛn,ʁatə ve 'skyðneŋ] |
| fuzilamento (m) | skydning (f) | ['skyðneŋ] |

equipamento (m)	mundering (f)	[mɔn'de'ɐ̯eŋ]
insígnia (f) de ombro	skulderstrop (f)	['skulʌ,stʁʌp]
máscara (f) de gás	gasmaske (f)	['gas,maskə]

rádio (m)	feltradio (f)	['fɛl't,ʁa'djo]
cifra (f), código (m)	chiffer (i)	['ɕifʌ]
conspiração (f)	hemmelgholdelse (f)	['hɛməli,hʌl'əlsə]
senha (f)	adgangskode (f)	['aðgaŋs,ko:ðə]

mina (f)	mine (f)	['mi:nə]
minar (vt)	at minere	[ʌ mi'ne'ʌ]
campo (m) minado	minefelt (i)	['mi:nə‚fɛl't]

alarme (m) aéreo	luftalarm (f)	['lɔft a'la'm]
alarme (m)	alarm (f)	[a'la'm]
sinal (m)	signal (i)	[si'næ'l]
sinalizador (m)	signalraket (f)	[si'næl ʁa'kɛt]

quartel-general (m)	stab (f)	['stæ'b]
reconhecimento (m)	opklaring (f)	['ʌp‚kla'eŋ]
situação (f)	situation (f)	[sitwa'ɕo'n]
relatório (m)	rapport (f)	[ʁa'pɔ:t]
emboscada (f)	baghold (i)	['bɑw‚hʌl']
reforço (m)	forstærkning (f)	[fʌ'stæɐ̯knen]

alvo (m)	mål (i)	['mɔ'l]
campo (m) de tiro	skydebane (f)	['sky:ðə‚bæ:nə]
manobras (f pl)	manøvrer (f pl)	[ma'nøwʁʌ]

pânico (m)	panik (f)	[pa'nik]
devastação (f)	ødelæggelse (f)	['ø:ðə‚lɛgəlsə]
ruínas (f pl)	ruiner (f pl)	[ʁu'i'nʌ]
destruir (vt)	at ødelægge	[ʌ 'ø:ðə‚lɛgə]

sobreviver (vi)	at overleve	[ʌ 'ɒwʌ‚le'və]
desarmar (vt)	at afvæbne	[ʌ 'ɑw‚vɛ'bnə]
manusear (vt)	at håndtere	[ʌ hʌn'te'ʌ]

Sentido!	Ret!	['ʁat]
Descansar!	Rør!	['ʁœ'ɐ̯]

façanha (f)	bedrift (f)	[be'dʁɛft]
juramento (m)	ed (f)	['eð']
jurar (vi)	at sværge	[ʌ 'svæɐ̯wə]

condecoração (f)	belønning (f)	[be'lœn'eŋ]
condecorar (vt)	at belønne	[ʌ be'lœn'ə]
medalha (f)	medalje (f)	[me'daljə]
ordem (f)	orden (f)	['ɒ'dən]

vitória (f)	sejr (f)	['saj'ʌ]
derrota (f)	nederlag (i)	['neðʌ‚læ'j]
armistício (m)	våbenhvile (f)	['vɔ'bən‚vi:lə]

bandeira (f)	fane (f)	['fæ:nə]
glória (f)	berømmelse (f)	[be'ʁœm'əlsə]
parada (f)	parade (f)	[pa'ʁɑ:ðə]
marchar (vi)	at marchere	[ʌ ma'ɕe'ʌ]

186. Armas

arma (f)	våben (i)	['vɔ'bən]
arma (f) de fogo	skydevåben (i)	['sky:ðə‚vɔ'bən]

arma (f) branca	blankvåben (i)	['blɑŋkəˌvɔˀbən]
arma (f) química	kemisk våben (i)	['keˀmisk ˌvɔˀbən]
nuclear (adj)	kerne-, atom-	['kæɐ̯nə-], [a'tom-]
arma (f) nuclear	kernevåben (i)	['kæɐ̯nəˌvɔˀbən]

| bomba (f) | bombe (f) | ['bɔmbə] |
| bomba (f) atômica | atombombe (f) | [a'toˀmˌbɔmbə] |

pistola (f)	pistol (f)	[pi'stoˀl]
rifle (m)	gevær (i)	[ge'vɛˀɐ̯]
semi-automática (f)	maskinpistol (f)	[ma'ski:n pi'stoˀl]
metralhadora (f)	maskingevær (i)	[ma'ski:n ge'vɛˀɐ̯]

boca (f)	munding (f)	['monen]
cano (m)	løb (i)	['løˀb]
calibre (m)	kaliber (i, f)	[ka'liˀbʌ]

gatilho (m)	aftrækker (f)	['ɑwˌtʁakʌ]
mira (f)	sigte (i)	['segtə]
carregador (m)	magasin (i)	[mɑgɑ'siˀn]
coronha (f)	kolbe (f)	['kʌlbə]

| granada (f) de mão | håndgranat (f) | ['hʌn gʁɑ'næˀt] |
| explosivo (m) | sprængstof (i) | ['spʁɑŋˌstʌf] |

bala (f)	kugle (f)	['ku:lə]
cartucho (m)	patron (f)	[pa'tʁoˀn]
carga (f)	ladning (f)	['laðnen]
munições (f pl)	ammunition (f)	[ɑmuni'ɕoˀn]

bombardeiro (m)	bombefly (i)	['bɔmbəˌflyˀ]
avião (m) de caça	jagerfly (i)	['jɛ:jəˌflyˀ]
helicóptero (m)	helikopter (f)	[hɛli'kʌptʌ]

canhão (m) antiaéreo	luftværnskanon (f)	['lɔftvæɐ̯ns ka'noˀn]
tanque (m)	kampvogn (f)	['kɑmpˌvɒˀwn]
canhão (de um tanque)	kanon (f)	[ka'noˀn]

artilharia (f)	artilleri (i)	[ˌɑ:telʌ'ʁiˀ]
canhão (m)	kanon (f)	[ka'noˀn]
fazer a pontaria	at rette ind	[ʌ 'ʁatə enˀ]

projétil (m)	projektil (i)	[pʁoɕɛk'tiˀl]
granada (f) de morteiro	mortergranat (f)	[mɒ'teɐ̯ gʁɑ'næˀt]
morteiro (m)	morter (f)	[mɒ'teˀɐ̯]
estilhaço (m)	splint (f)	['splenˀt]

submarino (m)	u-båd (f)	['uˀˌbɔð]
torpedo (m)	torpedo (f)	[tɒ'pe:do]
míssil (m)	missil (i)	[mi'siˀl]

carregar (uma arma)	at lade	[ʌ 'læ:ðə]
disparar, atirar (vi)	at skyde	[ʌ 'sky:ðə]
apontar para ...	at sigte på ...	[ʌ 'segtə pɔˀ ...]
baioneta (f)	bajonet (f)	[bɑjo'nɛt]
espada (f)	kårde (f)	['kɒˀʌ]

sabre (m)	sabel (f)	['sæˀbəl]
lança (f)	spyd (i)	['spyð]
arco (m)	bue (f)	['buːə]
flecha (f)	pil (f)	['piˀl]
mosquete (m)	musket (f)	[mu'skɛt]
besta (f)	armbrøst (f)	['aˀmˌbʁœst]

187. Povos da antiguidade

primitivo (adj)	fortids-	['fɒːtiðs-]
pré-histórico (adj)	forhistorisk	['fɒːhi'stoˀʁisk]
antigo (adj)	oldtids-, antik	['ʌlˌtiðs-], [an'tik]

Idade (f) da Pedra	Stenalderen	['steːnˌalˀʌən]
Idade (f) do Bronze	Bronzealder (f)	['bʁʌŋsəˌalˀʌ]
Era (f) do Gelo	istid (f), glacialtid (f)	['isˌtiðˀ], [gla'cælˌtiðˀ]

tribo (f)	stamme (f)	['stamə]
canibal (m)	kannibal (f)	[kani'bæˀl]
caçador (m)	jæger (f)	['jɛːjʌ]
caçar (vi)	at jage	[ʌ 'jæːjə]
mamute (m)	mammut (f)	['mamut]

caverna (f)	grotte (f)	['gʁʌtə]
fogo (m)	ild (f)	['ilˀ]
fogueira (f)	bål (i)	['bɔˀl]
pintura (f) rupestre	helleristning (f)	['hɛləˌʁɛstneŋ]

ferramenta (f)	redskab (i)	['ʁɛðˌskæˀb]
lança (f)	spyd (i)	['spyð]
machado (m) de pedra	stenøkse (f)	['steːnˌøksə]
guerrear (vt)	at være i krig	[ʌ 'vɛːʌ i kʁiˀ]
domesticar (vt)	at tæmme	[ʌ 'tɛmə]

| ídolo (m) | idol (i) | [i'doˀl] |
| adorar, venerar (vt) | at dyrke | [ʌ 'dyɐ̯kə] |

| superstição (f) | overtro (f) | ['ɒwʌˌtʁoˀ] |
| ritual (m) | ritus (f), rite (f) | ['ʁitus], ['ʁitə] |

| evolução (f) | evolution (f) | [evolu'coˀn] |
| desenvolvimento (m) | udvikling (f) | ['uðˌveklɐŋ] |

| extinção (f) | forsvinden (f) | [fʌ'svenən] |
| adaptar-se (vr) | at tilpasse sig | [ʌ 'telˌpasə saj] |

arqueologia (f)	arkæologi (f)	[ˌaːkɛolo'giˀ]
arqueólogo (m)	arkæolog (f)	[ˌaːkɛo'loˀ]
arqueológico (adj)	arkæologisk	[ˌaːkɛo'loˀisk]

escavação (sítio)	udgravningssted (i)	['uðˌgʁawˀneŋsˌstɛð]
escavações (f pl)	udgravninger (f pl)	['uðˌgʁawˀneŋʌ]
achado (m)	fund (i)	['fonˀ]
fragmento (m)	fragment (i)	[fʁag'mɛnˀt]

188. Idade média

povo (m)	folk (i)	['fʌlˀk]
povos (m pl)	folk (i pl)	['fʌlˀk]
tribo (f)	stamme (f)	['stɑmə]
tribos (f pl)	stammer (f pl)	['stɑmʌ]

bárbaros (pl)	barbarer (pl)	[bɑ'bɑˀʌ]
galeses (pl)	gallere (pl)	['galɒˀʌ]
godos (pl)	gotere (pl)	['goˀtɒˀʌ]
eslavos (pl)	slaver (pl)	['slæˀvʌ]
viquingues (pl)	vikinger (pl)	['vikeŋʌ]

romanos (pl)	romere (pl)	['ʁo:meˀʌ]
romano (adj)	romersk	['ʁoˀmʌsk]

bizantinos (pl)	byzantinere (pl)	[bysan'tiˀneʌ]
Bizâncio	Byzans	[by'sans]
bizantino (adj)	byzantinsk	[bysan'tiˀnsk]

imperador (m)	kejser (f)	['kɑjsʌ]
líder (m)	høvding (f)	['hœwdeŋ]
poderoso (adj)	mægtig, magtfuld	['mɛgti], ['mɑgtˌfulˀ]
rei (m)	konge (f)	['kʌŋə]
governante (m)	hersker (f)	['hæɐ̯skʌ]

cavaleiro (m)	ridder (f)	['ʁiðˀʌ]
senhor feudal (m)	feudalherre (f)	[fœw'dælˌhæˀʌ]
feudal (adj)	feudal	[fœw'dæˀl]
vassalo (m)	vasal (f)	[va'salˀ]

duque (m)	hertug (f)	['hæɐ̯tu]
conde (m)	greve (f)	['gʁɛ:və]
barão (m)	baron (f)	[bɑ'ʁoˀn]
bispo (m)	biskop (f)	['biskʌp]

armadura (f)	rustning (f)	['ʁɔstneŋ]
escudo (m)	skjold (i, f)	['skjʌlˀ]
espada (f)	sværd (i)	['svɛˀɐ̯]
viseira (f)	visir (i)	[vi'siɐ̯ˀ]
cota (f) de malha	ringbrynje (f)	['ʁɛŋˌbʁynjə]

cruzada (f)	korstog (i)	['kɒ:sˌtɔˀw]
cruzado (m)	korsfarer (f)	['kɒ:sˌfɑːɑ]

território (m)	territorium (i)	[tæɐ̯i'toɐ̯ˀjom]
atacar (vt)	at angribe	[ʌ 'anˌgʁiˀbə]
conquistar (vt)	at erobre	[ʌ e'ʁoˀbʁʌ]
ocupar, invadir (vt)	at okkupere	[ʌ oku'peˀʌ]

assédio, sítio (m)	belejring (f)	[be'lɑjˀʁeŋ]
sitiado (adj)	belejret	[be'lɑjˀʁʌð]
assediar, sitiar (vt)	at belejre	[ʌ be'lɑjˀʁʌ]
inquisição (f)	inkvisition (f)	[enkvisi'ɕoˀn]
inquisidor (m)	inkvisitor (f)	[enkvi'sitʌ]

tortura (f)	tortur (f)	[tɒ'tuɐ̯ʔ]
cruel (adj)	brutal	[bʁu'tæ̩ʔl]
herege (m)	kætter (f)	['kɛtʌ]
heresia (f)	kætteri (i)	[kɛtʌ'ʁiʔ]

navegação (f) marítima	søfart (f)	['søˌfɑʔt]
pirata (m)	pirat, sørøver (f)	[pi'ʁɑʔt], ['søˌʁœːvʌ]
pirataria (f)	sørøveri (i)	['sø ʁœwʌ'ʁiʔ]
abordagem (f)	entring (f)	['ɑŋtʁɛŋ]
presa (f), butim (m)	bytte (i), fangst (f)	['bytə], ['fɑŋʔst]
tesouros (m pl)	skatte (f pl)	['skatə]

descobrimento (m)	opdagelse (f)	['ʌpˌdæʔjəlsə]
descobrir (novas terras)	at opdage	[ʌ 'ʌpˌdæʔjə]
expedição (f)	ekspedition (f)	[ɛkspedi'ɕoʔn]

mosqueteiro (m)	musketer (f)	[muskə'teʔɐ̯]
cardeal (m)	kardinal (f)	[kɑdi'næʔl]
heráldica (f)	heraldik (f)	[heal'dik]
heráldico (adj)	heraldisk	[he'ʁaldisk]

189. Líder. Chefe. Autoridades

rei (m)	konge (f)	['kʌŋə]
rainha (f)	dronning (f)	['dʁʌnen̩]
real (adj)	kongelig	['kʌŋəli]
reino (m)	kongerige (i)	['kʌŋəˌʁiːə]

| príncipe (m) | prins (f) | ['pʁɛnʔs] |
| princesa (f) | prinsesse (f) | [pʁɛn'sɛsə] |

presidente (m)	præsident (f)	[pʁɛsi'dɛnʔt]
vice-presidente (m)	vicepræsident (f)	['viːsə pʁɛsi'dɛnʔt]
senador (m)	senator (f)	[se'næːtʌ]

monarca (m)	monark (f)	[mo'nɑːk]
governante (m)	hersker (f)	['hæɐ̯skʌ]
ditador (m)	diktator (f)	[dik'tæːtʌ]
tirano (m)	tyran (f)	[ty'ʁɑnʔ]
magnata (m)	magnat (f)	[mɑw'næʔt]

diretor (m)	direktør (f)	[diɐ̯ək'tøʔɐ̯]
chefe (m)	chef (m)	['ɕɛʔf]
gerente (m)	forretningsfører (f)	[fʌ'ʁatneŋsˌføːʌ]
patrão (m)	boss (f)	['bʌs]
dono (m)	ejer (f)	['ɑjʌ]

líder (m)	leder (f)	['leːðʌ]
chefe (m)	leder (f)	['leːðʌ]
autoridades (f pl)	myndigheder (f pl)	['møndiˌheðʔʌ]
superiores (m pl)	overordnede (pl)	['ɒwʌˌɒʔdnəðə]

| governador (m) | guvernør (f) | [guvʌ'nøʔɐ̯] |
| cônsul (m) | konsul (f) | ['kʌnˌsuʔl] |

diplomata (m)	diplomat (f)	[diplo'mæ'ºt]
Presidente (m) da Câmara	borgmester (f)	[bɒw'mɛstʌ]
xerife (m)	sherif (f)	[ɕe'ʁif]

imperador (m)	kejser (f)	['kɑjsʌ]
czar (m)	tsar (f)	['sɑ']
faraó (m)	farao (f)	['fɑːʁɑo]
cã, khan (m)	khan (f)	['kæ'n]

190. Estrada. Caminho. Direções

| estrada (f) | vej (f) | ['vɑj'] |
| via (f) | vej (f) | ['vɑj'] |

rodovia (f)	motorvej (f)	['moːtʌˌvɑj']
autoestrada (f)	hovedvej (f)	['hoːəðˌvɑj']
estrada (f) nacional	primærrute (f)	['pʁiˌmɛ'ʁ 'ʁuːtə]

| estrada (f) principal | hovedvej (f) | ['hoːəðˌvɑj'] |
| estrada (f) de terra | bivej (f) | ['biˌvɑj'] |

| trilha (f) | sti (f) | ['sti'] |
| pequena trilha (f) | sti (f) | ['sti'] |

Onde?	Hvor?	['vɒ']
Para onde?	Hvorhen?	['vɒ'ˌhɛn]
De onde?	Hvorfra?	['vɒ'ˌfʁɑ']

| direção (f) | retning (f) | ['ʁatneŋ] |
| indicar (~ o caminho) | at pege | [ʌ 'pɑjə] |

para a esquerda	til venstre	[te 'vɛnstʁʌ]
para a direita	til højre	[te 'hʌjʁʌ]
em frente	lige frem	['liːə 'fʁam']
para trás	tilbage	[te'bæːjə]

curva (f)	kurve (f)	['kuɡwə]
virar (~ para a direita)	at svinge	[ʌ 'sveŋə]
dar retorno	at lave en U-vending	[ʌ 'læːvə en 'u'ˌvɛneŋ]

| estar visível | at være synlig | [ʌ 'vɛːʌ 'syːnli] |
| aparecer (vi) | at vise sig | [ʌ 'viːsə sɑj] |

paragem (pausa)	ophold (i)	['ʌpˌhʌl']
descansar (vi)	at hvile	[ʌ 'viːlə]
descanso, repouso (m)	hvile (f)	['viːlə]

perder-se (vr)	at fare vild	[ʌ 'fɑːɑ 'vil']
conduzir a … (caminho)	at føre til …	[ʌ 'føːʌ tel …]
chegar a …	at komme ud …	[ʌ 'kʌmə 'uð' …]
trecho (m)	strækning (f)	['stʁaknen]

| asfalto (m) | asfalt (f) | ['asˌfal'ºt] |
| meio-fio (m) | fortovskant (f) | ['fɒːtɒwsˌkan'ºt] |

valeta (f)	vejgrøft (f)	['vɑjˌɡʁœft]
tampa (f) de esgoto	mandehul (i), kloak (f)	['manəˌhɔl], [klo'ɑk]
acostamento (m)	vejkant (f)	['vɑjˌkanˀt]
buraco (m)	hul (i) i vejen	['hɔl i 'vɑjən]

| ir (a pé) | at gå | [ʌ 'ɡɔˀ] |
| ultrapassar (vt) | at passere | [ʌ pa'seˀʌ] |

| passo (m) | skridt (i) | ['skʁit] |
| a pé | til fods | [tel 'foˀðs] |

bloquear (vt)	at spærre	[ʌ 'spæɡʌ]
cancela (f)	bom (f)	['bɔmˀ]
beco (m) sem saída	blindgyde (f)	['blenˀˌɡyːðə]

191. Violação da lei. Criminosos. Parte 1

bandido (m)	bandit (f)	[ban'dit]
crime (m)	forbrydelse (f)	[fʌ'bʁyðˀəlsə]
criminoso (m)	forbryder (f)	[fʌ'bʁyðˀʌ]

ladrão (m)	tyv (f)	['tywˀ]
roubar (vt)	at stjæle	[ʌ 'stjɛːlə]
furto, roubo (m)	tyveri (i)	[tywʌ'ʁiˀ]

raptar, sequestrar (vt)	at kidnappe	[ʌ 'kidˌnapə]
sequestro (m)	kidnapning (f)	['kidˌnapneŋ]
sequestrador (m)	kidnapper (f)	['kidˌnapʌ]

| resgate (m) | løsepenge (pl) | ['løːsəˌpɛŋə] |
| pedir resgate | at kræve løsepenge | [ʌ 'kʁɛːvə 'løːsəˌpɛŋə] |

roubar (vt)	at røve	[ʌ 'ʁœːvə]
assalto, roubo (m)	røveri (i)	[ʁœwʌ'ʁiˀ]
assaltante (m)	røver (f)	['ʁœːvʌ]

extorquir (vt)	at afpresse	[ʌ 'awˌpʁasə]
extorsionário (m)	afpresser (f)	['awˌpʁasʌ]
extorsão (f)	afpresning (f)	['awˌpʁasneŋ]

matar, assassinar (vt)	at myrde	[ʌ 'myɡdə]
homicídio (m)	mord (i)	['moˀɡ]
homicida, assassino (m)	morder (f)	['moɡdʌ]

tiro (m)	skud (i)	['skuð]
dar um tiro	at skyde	[ʌ 'skyːðə]
matar a tiro	at skyde ned	[ʌ 'skyːðə 'neðˀ]
disparar, atirar (vi)	at skyde	[ʌ 'skyːðə]
tiroteio (m)	skydning (f)	['skyðneŋ]

incidente (m)	hændelse (f)	['hɛnəlsə]
briga (~ de rua)	slagsmål (i)	['slawsˌmɔˀl]
Socorro!	Hjælp!	['jɛlˀp]
vítima (f)	offer (i)	['ʌfʌ]

173

danificar (vt)	at skade	[ʌ 'skæːðə]
dano (m)	skade (f)	['skæːðə]
cadáver (m)	lig (i)	['liʔ]
grave (adj)	alvorlig	[al'vɒʔli]

atacar (vt)	at anfalde	[ʌ 'ɒwʌˌfalʔə]
bater (espancar)	at slå	[ʌ 'slɔʔ]
espancar (vt)	at tæske, at prygle	[ʌ 'tɛskə], [ʌ 'pʁyːlə]
tirar, roubar (dinheiro)	at berøve	[ʌ be'ʁœʔvə]
esfaquear (vt)	at stikke ihjel	[ʌ 'stekə i'jɛl]
mutilar (vt)	at lemlæste	[ʌ 'lɛmˌlɛstə]
ferir (vt)	at såre	[ʌ 'sɒːɒ]

chantagem (f)	afpresning (f)	['ɑwˌpʁasneŋ]
chantagear (vt)	at afpresse	[ʌ 'ɑwˌpʁasə]
chantagista (m)	afpresser (f)	['ɑwˌpʁasʌ]

extorsão (f)	afpresning (f)	['ɑwˌpʁasneŋ]
extorsionário (m)	afpresser (f)	['ɑwˌpʁasʌ]
gângster (m)	gangster (f)	['gæːŋstʌ]
máfia (f)	mafia (f)	['mɑfja]

punguista (m)	lommetyv (f)	['lʌməˌtywʔ]
assaltante, ladrão (m)	indbrudstyv (f)	['enbʁuðsˌtywʔ]
contrabando (m)	smugleri (i)	[ˌsmuːlʌ'ʁiʔ]
contrabandista (m)	smugler (f)	['smuːlʌ]

falsificação (f)	forfalskning (f)	[fʌ'falʔskneŋ]
falsificar (vt)	at forfalske	[ʌ fʌ'falʔskə]
falsificado (adj)	falsk	['falʔsk]

192. Violação da lei. Criminosos. Parte 2

estupro (m)	voldtægt (f)	['vʌlˌtɛgt]
estuprar (vt)	at voldtage	[ʌ 'vʌlˌtæʔ]
estuprador (m)	voldtægtsforbryder (f)	['vʌlˌtɛgts fʌ'bʁyðʔʌ]
maníaco (m)	maniker (f)	['manikʌ]

prostituta (f)	prostitueret (f)	[pʁostitu'eʔʌð]
prostituição (f)	prostitution (f)	[pʁostitu'ɕoʔn]
cafetão (m)	alfons (f)	[al'fʌŋs]

drogado (m)	narkoman (f)	[nɑko'mæʔn]
traficante (m)	narkohandler (f)	['nɑːkoˌhanlʌ]

explodir (vt)	at sprænge	[ʌ 'spʁaŋə]
explosão (f)	eksplosion (f)	[ɛksplo'ɕoʔn]
incendiar (vt)	at sætte ild	[ʌ 'sɛtə ilʔ]
incendiário (m)	brandstifter (f)	['bʁanˌsteftʌ]

terrorismo (m)	terrorisme (f)	[tæɐ̯ɒ'ʁismə]
terrorista (m)	terrorist (f)	[tæɐ̯ɒ'ʁist]
refém (m)	gidsel (i)	['gisəl]
enganar (vt)	at bedrage	[ʌ be'dʁɑʔwə]

| engano (m) | bedrag (i) | [be'dʁɑˀw] |
| vigarista (m) | bedrager (f) | [be'dʁɑˀwʌ] |

subornar (vt)	at bestikke	[ʌ be'stekə]
suborno (atividade)	bestikkelse (f)	[be'stekəlsə]
suborno (dinheiro)	bestikkelse (f)	[be'stekəlsə]

veneno (m)	gift (f)	['gift]
envenenar (vt)	at forgifte	[ʌ fʌ'giftə]
envenenar-se (vr)	at forgifte sig selv	[ʌ fʌ'giftə sɑj 'sɛlˀv]

| suicídio (m) | selvmord (i) | ['sɛlˌmoˀɡ̊] |
| suicida (m) | selvmorder (f) | ['sɛlˌmoɡ̊dʌ] |

ameaçar (vt)	at true	[ʌ 'tʁu:ə]
ameaça (f)	trussel (f)	['tʁusəl]
atentar contra a vida de ...	at begå mordforsøg	[ʌ be'gɔˀ 'moɡ̊fʌˌsø'j]
atentado (m)	mordforsøg (i)	['moɡ̊fʌˌsø'j]

| roubar (um carro) | at stjæle | [ʌ 'stjɛ:lə] |
| sequestrar (um avião) | at kapre | [ʌ 'kæ:pʁʌ] |

| vingança (f) | hævn (f) | ['hɛwˀn] |
| vingar (vt) | at hævne | [ʌ 'hɛwnə] |

torturar (vt)	at torturere	[ʌ tɒtu'ʁɛˀʌ]
tortura (f)	tortur (f)	[tɒ'tuɡ̊ˀ]
atormentar (vt)	at plage	[ʌ 'plæ:jə]

pirata (m)	pirat, sørøver (f)	[pi'ʁɑˀt], ['sø̩ʁœ:vʌ]
desordeiro (m)	bølle (f)	['bølə]
armado (adj)	bevæbnet	[be'vɛˀbnəð]
violência (f)	vold (f)	['vʌlˀ]
ilegal (adj)	illegal, ulovlig	['iləˌgæˀl], [u'lɒwˀli]

| espionagem (f) | spionage (f) | [spio'næ:çə] |
| espionar (vi) | at spionere | [ʌ spio'ne'ʌ] |

---

193. Polícia. Lei. Parte 1

| justiça (sistema de ~) | justits, retspleje (f) | [ju'stits], ['ʁadsˌplɑjə] |
| tribunal (m) | retssal (f) | ['ʁatˌsæˀl] |

juiz (m)	dommer (f)	['dʌmʌ]
jurados (m pl)	nævninger (pl)	['nɛwnəŋʌ]
tribunal (m) do júri	nævningeting (i)	['nɛwnəŋəteŋˀ]
julgar (vt)	at dømme	[ʌ 'dœmə]

advogado (m)	advokat (f)	[aðvo'kæˀt]
réu (m)	anklagede (f)	['anˌklæˀjəðə]
banco (m) dos réus	anklagebænk (f)	['anˌklæjəˌbɛŋˀk]

| acusação (f) | anklage (f) | ['anˌklæˀjə] |
| acusado (m) | den anklagede | [dən 'anˌklæˀjədə] |

sentença (f)	dom (f)	['dʌmˀ]
sentenciar (vt)	at dømme	[ʌ 'dœmə]
culpado (m)	skyldige (f)	['skyldiə]
punir (vt)	at straffe	[ʌ 'stʁafə]
punição (f)	straf (f), afstraffelse (f)	['stʁaf], ['awˌstʁafəlsə]
multa (f)	bøde (f)	['bø:ðə]
prisão (f) perpétua	livsvarigt fængsel (i)	['liwsˌvaˀigt 'fɛŋˀsəl]
pena (f) de morte	dødsstraf (f)	['døðsˌstʁaf]
cadeira (f) elétrica	elektrisk stol (f)	[e'lɛktʁisk 'stoˀl]
forca (f)	galge (f)	['galjə]
executar (vt)	at henrette	[ʌ 'hɛnˌʁatə]
execução (f)	henrettelse (f)	['hɛnˌʁatəlsə]
prisão (f)	fængsel (i)	['fɛŋˀsəl]
cela (f) de prisão	celle (f)	['sɛlə]
escolta (f)	eskorte (f), konvoj (f)	[ɛs'kɒ:tə], [kʌn'vʌjˀ]
guarda (m) prisional	fangevogter (f)	['faŋəˌvʌgtʌ]
preso, prisioneiro (m)	fange (f)	['faŋə]
algemas (f pl)	håndjern (i pl)	['hʌnˌjæɡˀn]
algemar (vt)	at sætte håndjern	[ʌ 'sɛtə 'hʌnˌjæɡˀn]
fuga, evasão (f)	flugt (f)	['flɔgt]
fugir (vi)	at flygte	[ʌ 'fløgtə]
desaparecer (vi)	at forsvinde	[ʌ fʌ'svenˀə]
soltar, libertar (vt)	at løslade	[ʌ 'løsˌlæ:ðə]
anistia (f)	amnesti (i, f)	[amnə'stiˀ]
polícia (instituição)	politi (i)	[poli'tiˀ]
polícia (m)	politibetjent (f)	[poli'ti be'tjɛnˀt]
delegacia (f) de polícia	politistation (f)	[poli'ti sta'ɕoˀn]
cassetete (m)	gummiknippel (f)	['gomiˌknepəl]
megafone (m)	megafon (f)	[mega'foˀn]
carro (m) de patrulha	patruljebil (f)	[pa'tʁuljəˌbiˀl]
sirene (f)	sirene (f)	[si'ʁɛ:nə]
ligar a sirene	at tænde for sirenen	[ʌ 'tɛnə fʌ si'ʁɛ:nən]
toque (m) da sirene	sirene hyl (i)	[si'ʁɛ:nə 'hyˀl]
cena (f) do crime	åsted, gerningssted (i)	['ɔˀˌstɛð], ['gæɡneŋsˌstɛð]
testemunha (f)	vidne (i)	['viðnə]
liberdade (f)	frihed (f)	['fʁiˌheð']
cúmplice (m)	medskyldig (f)	['mɛðˌskyldi]
escapar (vi)	at flygte	[ʌ 'fløgtə]
traço (não deixar ~s)	spor (i)	['spoˀɡ]

194. Polícia. Lei. Parte 2

procura (f)	eftersøgning (f)	['ɛftʌˌsøjneŋ]
procurar (vt)	at eftersøge ...	[ʌ 'ɛftʌˌsøˀjə ...]

suspeita (f)	mistanke (f)	['mis͵taŋkə]
suspeito (adj)	mistænkelig	[mis'tɛn̩'kəli]
parar (veículo, etc.)	at standse	[ʌ 'stansə]
deter (fazer parar)	at anholde	[ʌ 'an͵hʌl'ə]

caso (~ criminal)	sag (f)	['sæ'j]
investigação (f)	efterforskning (f)	['ɛftʌ͵fɔ:sknen]
detetive (m)	detektiv, opdager (f)	[detek'tiw'], ['ʌp͵dæ'jʌ]
investigador (m)	efterforsker (f)	['ɛftʌ͵fɔ:skʌ]
versão (f)	version (f)	[væɐ̯'ço'n]

motivo (m)	motiv (i)	[mo'tiw']
interrogatório (m)	forhør (i)	[fʌ'hø'ɐ̯]
interrogar (vt)	at forhøre	[ʌ fʌ'hø'ʌ]
questionar (vt)	at afhøre	[ʌ 'aw͵hø'ʌ]
verificação (f)	kontrol (f)	[kɔn'tʁʌl']

batida (f) policial	razzia (f)	['ʁadça]
busca (f)	ransagning (f)	['ʁan͵sæj'nen]
perseguição (f)	jagt (f)	['jagt]
perseguir (vt)	at forfølge	[ʌ fʌ'føl'jə]
seguir, rastrear (vt)	at spore	[ʌ 'spo:ʌ]

prisão (f)	arrestation (f)	[aasta'ço'n]
prender (vt)	at arrestere	[ʌ aa'ste'ʌ]
pegar, capturar (vt)	at fange	[ʌ 'faŋə]
captura (f)	pågribelse (f)	['pʌgʁi'bəlsə]

documento (m)	dokument (i)	[doku'mɛn't]
prova (f)	bevis (i)	[be'vi's]
provar (vt)	at bevise	[ʌ be'vi'sə]
pegada (f)	fodspor (i)	['foð͵spo'ɐ̯]
impressões (f pl) digitais	fingeraftryk (i pl)	['fen'ʌ͵awtʁœk]
prova (f)	bevis (i)	[be'vi's]

álibi (m)	alibi (i)	[ali'bi']
inocente (adj)	uskyldig	[u'skyl'di]
injustiça (f)	uretfærdighed (f)	[uʁat'fæɐ̯'di͵heð']
injusto (adj)	uretfærdig	[uʁat'fæɐ̯'di]

criminal (adj)	kriminel	[kʁimi'nɛl']
confiscar (vt)	at konfiskere	[ʌ kʌnfi'ske'ʌ]
droga (f)	narkotikum (i)	[na'ko'tikɔm]
arma (f)	våben (i)	['vɔ'bən]
desarmar (vt)	at afvæbne	[ʌ 'aw͵vɛ'bnə]
ordenar (vt)	at befale	[ʌ be'fæ'lə]
desaparecer (vi)	at forsvinde	[ʌ fʌ'sven'ə]

lei (f)	lov (f)	['lɔw]
legal (adj)	lovlig	['lɔwli]
ilegal (adj)	ulovlig	[u'lɔw'li]

| responsabilidade (f) | ansvar (i) | ['an͵svɑ'] |
| responsável (adj) | ansvarlig | [an'svɑ'li] |

NATUREZA

A Terra. Parte 1

195. Espaço sideral

espaço, cosmo (m)	rummet, kosmos (i)	['ʁɔmet], ['kʌsmʌs]
espacial, cósmico (adj)	rum-	['ʁɔm-]
espaço (m) cósmico	ydre rum (i)	['yðʁʌ ʁɔmˀ]
mundo (m)	verden (f)	['væɐ̯dən]
universo (m)	univers (i)	[uni'væɐ̯s]
galáxia (f)	galakse (f)	[ga'lɑksə]
estrela (f)	stjerne (f)	['stjæɐ̯nə]
constelação (f)	stjernebillede (i)	['stjæɐ̯nə‿beləðə]
planeta (m)	planet (f)	[pla'neˀt]
satélite (m)	satellit (f)	[satə'lit]
meteorito (m)	meteorit (f)	[meteo'ʁit]
cometa (m)	komet (f)	[ko'meˀt]
asteroide (m)	asteroide (f)	[astəʁo'iːðə]
órbita (f)	bane (f)	['bæːnə]
girar (vi)	at rotere	[ʌ ʁo'teˀʌ]
atmosfera (f)	atmosfære (f)	[atmo'sfɛːʌ]
Sol (m)	Solen	['soːlən]
Sistema (m) Solar	solsystem (i)	['soːl sy'steˀm]
eclipse (m) solar	solformørkelse (f)	['soːl fʌ'mœɐ̯kəlsə]
Terra (f)	Jorden	['joˀɐ̯ən]
Lua (f)	Månen	['mɔːnən]
Marte (m)	Mars	['mɑˀs]
Vênus (f)	Venus	['veːnus]
Júpiter (m)	Jupiter	['jupitʌ]
Saturno (m)	Saturn	['sæ‿tuɐ̯n]
Mercúrio (m)	Merkur	[mæɐ̯'kuɐ̯ˀ]
Urano (m)	Uranus	[u'ʁanus]
Netuno (m)	Neptun	[nɛp'tuˀn]
Plutão (m)	Pluto	['pluto]
Via Láctea (f)	Mælkevejen	['mɛlkə‿vɑjən]
Ursa Maior (f)	Store Bjørn	['stoɐ̯ ‿bjœɐ̯ˀn]
Estrela Polar (f)	Polarstjernen	[po'lɑ‿stjæɐ̯nən]
marciano (m)	marsboer (f)	['mɑˀs‿boˀʌ]
extraterrestre (m)	ikkejordisk væsen (i)	[‿ekə'joɐ̯disk ‿vɛˀsən]

alienígena (m)	rumvæsen (i)	['ʁɔm̩ˌvɛˀsən]
disco (m) voador	flyvende tallerken (f)	['fly:vənə ta'læɡkən]
espaçonave (f)	rumskib (i)	['ʁɔm̩ˌskiˀb]
estação (f) orbital	rumstation (f)	['ʁɔm sta'ɕoˀn]
lançamento (m)	start (f)	['stɑˀt]
motor (m)	motor (f)	['mo:tʌ]
bocal (m)	dyse (f)	['dysə]
combustível (m)	brændsel (i)	['bʁanˀsəl]
cabine (f)	cockpit (i)	['kʌkˌpit]
antena (f)	antenne (f)	[an'tɛnə]
vigia (f)	koøje (i)	['koˌʌjə]
bateria (f) solar	solbatteri (i)	['so:lbatʌ'ʁiˀ]
traje (m) espacial	rumdragt (f)	['ʁɔm̩ˌdʁagt]
imponderabilidade (f)	vægtløshed (f)	['vɛgtlø:sˌheðˀ]
oxigênio (m)	ilt (f), oxygen (i)	['ilˀt], [ʌgsy'geˀn]
acoplagem (f)	dokning (f)	['dʌkneŋ]
fazer uma acoplagem	at dokke	[ʌ 'dʌkə]
observatório (m)	observatorium (i)	[ʌbsæɡva'toɡˀjɔm]
telescópio (m)	teleskop (i)	[telə'skoˀp]
observar (vt)	at observere	[ʌ ʌbsæɡ've'ˀʌ]
explorar (vt)	at udforske	[ʌ 'uðˌfɔ:skə]

196. A Terra

Terra (f)	Jorden	['joˀɡən]
globo terrestre (Terra)	jordklode (f)	['joɡˌklo:ðə]
planeta (m)	planet (f)	[pla'neˀt]
atmosfera (f)	atmosfære (f)	[atmo'sfɛ:ʌ]
geografia (f)	geografi (f)	[geogʁa'fiˀ]
natureza (f)	natur (f)	[na'tuɡˀ]
globo (mapa esférico)	globus (f)	['glo:bus]
mapa (m)	kort (i)	['kɔ:t]
atlas (m)	atlas (i)	['atlas]
Europa (f)	Europa	[œw'ʁo:pa]
Ásia (f)	Asien	['æˀɕən]
África (f)	Afrika	['ɑfʁika]
Austrália (f)	Australien	[ɑw'stʁɑˀljən]
América (f)	Amerika	[ɑ'meʁika]
América (f) do Norte	Nordamerika	['noɡ ɑ'meʁika]
América (f) do Sul	Sydamerika	['syð ɑ'meʁika]
Antártida (f)	Antarktis	[an'tɑˀktis]
Ártico (m)	Arktis	['ɑˀktis]

197. Pontos cardeais

norte (m)	nord (i)	['noˀɐ̯]
para norte	mod nord	[moð 'noˀɐ̯]
no norte	i nord	[i 'noˀɐ̯]
do norte (adj)	nordlig	['noɐ̯li]
sul (m)	syd (f)	['syð]
para sul	mod syd	[moð 'syð]
no sul	i syd	[i 'syð]
do sul (adj)	sydlig	['syðli]
oeste, ocidente (m)	vest (f)	['vɛst]
para oeste	mod vest	[moð 'vɛst]
no oeste	i vest	[i 'vɛst]
ocidental (adj)	vestlig	['vɛstli]
leste, oriente (m)	øst (f)	['øst]
para leste	mod øst	[moð 'øst]
no leste	i øst	[i 'øst]
oriental (adj)	østlig	['østli]

198. Mar. Oceano

mar (m)	hav (i)	['haw]
oceano (m)	ocean (i)	[osə'æˀn]
golfo (m)	bugt (f)	['bɔgt]
estreito (m)	stræde (i), sund (i)	['stʁɛːðə], ['sɔnˀ]
terra (f) firme	land (i)	['lanˀ]
continente (m)	fastland, kontinent (i)	['fast,lanˀ], [kʌnti'nɛnˀt]
ilha (f)	ø (f)	['øˀ]
península (f)	halvø (f)	['hal,øˀ]
arquipélago (m)	øhav, arkipelag (i)	['ø,haw], [ɑkipe'læˀj]
baía (f)	bugt (f)	['bɔgt]
porto (m)	havn (f)	['hawˀn]
lagoa (f)	lagune (f)	[la'guːnə]
cabo (m)	kap (i)	['kɑp]
atol (m)	atol (f)	[a'tʌlˀ]
recife (m)	rev (i)	['ʁɛw]
coral (m)	koral (f)	[ko'ʁalˀ]
recife (m) de coral	koralrev (i)	[ko'ʁal,ʁɛw]
profundo (adj)	dyb	['dyˀb]
profundidade (f)	dybde (f)	['dybdə]
abismo (m)	afgrund (f), dyb (i)	['aw,gʁɔnˀ], ['dyˀb]
fossa (f) oceânica	oceangrav (f)	[osə,æn 'gʁɑˀw]
corrente (f)	strøm (f)	['stʁœmˀ]
banhar (vt)	at omgive	[ʌ 'ʌm,giˀ]
litoral (m)	kyst (f)	['køst]

costa (f)	kyst (f)	['køst]
maré (f) alta	flod (f)	['floˀð]
refluxo (m)	ebbe (i)	['ɛbə]
restinga (f)	sandbanke (f)	['sanˌbaŋkə]
fundo (m)	bund (f)	['bɔnˀ]
onda (f)	bølge (f)	['bøljə]
crista (f) da onda	bølgekam (f)	['bøljəˌkɑmˀ]
espuma (f)	skum (i)	['skɔmˀ]
tempestade (f)	storm (f)	['stɒˀm]
furacão (m)	orkan (f)	[ɒ'kæˀn]
tsunami (m)	tsunami (f)	[tsu'nɑːmi]
calmaria (f)	stille (i)	['stelə]
calmo (adj)	stille	['stelə]
polo (m)	pol (f)	['poˀl]
polar (adj)	polar-	[po'lɑ-]
latitude (f)	bredde (f)	['bʁɛˀdə]
longitude (f)	længde (f)	['lɛŋˀdə]
paralela (f)	breddegrad (f)	['bʁɛˀdəˌgʁɑˀð]
equador (m)	ækvator (f)	[ɛ'kvæːtʌ]
céu (m)	himmel (f)	['heməl]
horizonte (m)	horisont (f)	[hɒi'sʌnˀt]
ar (m)	luft (f)	['lɔft]
farol (m)	fyr (i)	['fyɐ̯ˀ]
mergulhar (vi)	at dykke	[ʌ 'døkə]
afundar-se (vr)	at synke	[ʌ 'søŋkə]
tesouros (m pl)	skatte (f pl)	['skatə]

199. Nomes de Mares e Oceanos

Oceano (m) Atlântico	Atlanterhavet	[at'lanˀtʌˌhæˀvəð]
Oceano (m) Índico	Det Indiske Ocean	[de 'enˀdiskə osə'æˀn]
Oceano (m) Pacífico	Stillehavet	['steləˌhæˀvəð]
Oceano (m) Ártico	Polarhavet	[po'lɑˌhæˀvəð]
Mar (m) Negro	Sortehavet	['soɐ̯təˌhæˀvəð]
Mar (m) Vermelho	Rødehavet	['ʁœːðəˌhæˀvəð]
Mar (m) Amarelo	Det Gule hav	[de 'gulə 'haw]
Mar (m) Branco	Hvidehavet	['viːðəˌhæˀvəð]
Mar (m) Cáspio	Det Kaspiske Hav	[de 'kaspiːskə 'haw]
Mar (m) Morto	Dødehavet	['døːðəˌhæˀvəð]
Mar (m) Mediterrâneo	Middelhavet	['miðəlˌhæˀvəð]
Mar (m) Egeu	Ægæerhavet	[ɛ'gɛˀɛʌ 'hæˀvəð]
Mar (m) Adriático	Adriaterhavet	[æˀdʁi'æˀtʌ 'hæˀvəð]
Mar (m) Arábico	Arabiahavet	[ɑ'ʁɑˀbia 'hæˀvəð]
Mar (m) do Japão	Det Japanske Hav	[de ja'pæˀnskə 'haw]

| Mar (m) de Bering | Beringshavet | ['beːʁeŋsˌhæˀveð] |
| Mar (m) da China Meridional | Det Sydkinesiske Hav | [de 'syðkiˌneːsiskə 'haw] |

Mar (m) de Coral	Koralhavet	[koˈʁalˌhæˀveð]
Mar (m) de Tasman	Det Tasmanske hav	[de tas'manskə 'haw]
Mar (m) do Caribe	Det Caribiske Hav	[de kaˈʁibiskə ˌhaw]

| Mar (m) de Barents | Barentshavet | ['baːæntsˌhæˀveð] |
| Mar (m) de Kara | Karahavet | ['kaɑˌhæˀveð] |

Mar (m) do Norte	Nordsøen	['noɡˌsøˀən]
Mar (m) Báltico	Østersøen	['østʌˌsøˀən]
Mar (m) da Noruega	Norskehavet	['noːskəˌhæˀveð]

200. Montanhas

montanha (f)	bjerg (i)	['bjæɡˀw]
cordilheira (f)	bjergkæde (f)	['bjæɡwˌkɛːðə]
serra (f)	bjergryg (f)	['bjæɡwˌʁɒeg]

cume (m)	top (f), bjergtop (f)	['tʌp], ['bjæɡwˌtʌp]
pico (m)	tinde (f)	['tenə]
pé (m)	fod (f)	['foˀð]
declive (m)	skråning (f)	['skʁɔˀnen]

vulcão (m)	vulkan (f)	[vulˈkæˀn]
vulcão (m) ativo	aktiv vulkan (f)	['akˌtiwˀ vulˈkæˀn]
vulcão (m) extinto	udslukt vulkan (f)	['uðˌslokt vulˈkæˀn]

erupção (f)	udbrud (i)	['uðˌbʁuð]
cratera (f)	krater (i)	['kʁaˀtʌ]
magma (m)	magma (i, f)	['mawma]
lava (f)	lava (f)	['læːva]
fundido (lava ~a)	glødende	['gløːðənə]

cânion, desfiladeiro (m)	canyon (f)	['kanjʌn]
garganta (f)	kløft (f)	['kløft]
fenda (f)	revne (f)	['ʁawnə]
precipício (m)	afgrund (f)	['awˌgʁɔnˀ]

passo, colo (m)	pas (i)	['pas]
planalto (m)	plateau (i)	[plaˈto]
falésia (f)	klippe (f)	['klepə]
colina (f)	bakke (f)	['bakə]

geleira (f)	gletsjer (f)	['glɛtɕʌ]
cachoeira (f)	vandfald (i)	['vanˌfalˀ]
gêiser (m)	gejser (f)	['gajˀsʌ]
lago (m)	sø (f)	['søˀ]

planície (f)	slette (f)	['slɛtə]
paisagem (f)	landskab (i)	['lanˌskæˀb]
eco (m)	ekko (i)	['ɛko]
alpinista (m)	alpinist (f)	[alpi'nist]

escalador (m)	bjergbestiger (f)	['bjæɐ̯wbe'sti'ə]
conquistar (vt)	at erobre	[ʌ e'ʁo'bʁʌ]
subida, escalada (f)	bestigning (f)	[be'sti'neŋ]

201. Nomes de montanhas

Alpes (m pl)	Alperne	['alpɒnə]
Monte Branco (m)	Mont Blanc	[ˌmɒn'blʌn]
Pirineus (m pl)	Pyrenæerne	[pyɐ̯'nɛ:ɐ̯nə]

Cárpatos (m pl)	Karpaterne	[kɑ:'pætɒnə]
Urais (m pl)	Uralbjergene	[u:'ʁæ'l 'bjæɐ̯'wənə]
Cáucaso (m)	Kaukasus	['kɑukasus]
Elbrus (m)	Elbrus	[ɛl'bʁu:s]

Altai (m)	Altaj	[al'tɑj]
Tian Shan (m)	Tien-Shan	[ti'en,çæn]
Pamir (m)	Pamir	[pæ'miɐ̯']
Himalaia (m)	Himalaya	[hima'lɑja]
monte Everest (m)	Everest	['ɛ:vʁɛst]

| Cordilheira (f) dos Andes | Andesbjergene | ['anəs 'bjæɐ̯'wənə] |
| Kilimanjaro (m) | Kilimanjaro | [kiliman'dʒaʁo:] |

202. Rios

rio (m)	flod (f)	['flo'ð]
fonte, nascente (f)	kilde (f)	['kilə]
leito (m) de rio	flodseng (f)	['floð,sɛŋ']
bacia (f)	flodbassin (i)	['floð ba'sɛŋ]
desaguar no ...	at munde ud ...	[ʌ 'mɔnə uð' ...]

| afluente (m) | biflod (f) | ['bi,flo'ð] |
| margem (do rio) | bred (f) | ['bʁɛð'] |

corrente (f)	strøm (f)	['stʁœm']
rio abaixo	nedstrøms	['neð,stʁœm's]
rio acima	opstrøms	['ʌp,stʁœm's]

inundação (f)	oversvømmelse (f)	['ɒwʌ,svœm'əlsə]
cheia (f)	flom (f)	['flʌm']
transbordar (vi)	at flyde over	[ʌ 'fly:ðə 'ɒw'ʌ]
inundar (vt)	at oversvømme	[ʌ 'ɒwʌ,svœm'ə]

| banco (m) de areia | grund (f) | ['gʁɔn'] |
| corredeira (f) | strømfald (i) | ['stʁœm,fal'] |

barragem (f)	dæmning (f)	['dɛmneŋ]
canal (m)	kanal (f)	[ka'næ'l]
reservatório (m) de água	reservoir (i)	[ʁɛsæɐ̯vo'ɑ:]
eclusa (f)	sluse (f)	['slu:sə]
corpo (m) de água	vandområde (i)	['van 'ʌm,ʁɔ:ðə]

pântano (m)	sump, mose (f)	['sɔm'p], ['mo:sə]
lamaçal (m)	hængesæk (f)	['hɛŋəˌsɛk]
redemoinho (m)	strømhvirvel (f)	['stʁœmˌviɐ̯ʔwəl]
riacho (m)	bæk (f)	['bɛk]
potável (adj)	drikke-	['dʁɛkə-]
doce (água)	ferske	['fæɐ̯skə]
gelo (m)	is (f)	['iʔs]
congelar-se (vr)	at fryse til	[ʌ 'fʁy:sə tel]

203. Nomes de rios

rio Sena (m)	Seinen	['sɛ:nən]
rio Loire (m)	Loire	[lu'ɒ:ʁ]
rio Tâmisa (m)	Themsen	['tɛmsən]
rio Reno (m)	Rhinen	['ʁi:nən]
rio Danúbio (m)	Donau	[dɔ'nɑu]
rio Volga (m)	Volga	['vɔlga]
rio Don (m)	Don	['dɔn]
rio Lena (m)	Lena	['le:na]
rio Amarelo (m)	Huang He	[huˌaŋ'he:]
rio Yangtzé (m)	Yangtze	['jaŋtsə]
rio Mekong (m)	Mekong	[me'kɒŋ]
rio Ganges (m)	Ganges	['gɑ:ŋəs]
rio Nilo (m)	Nilen	['ni:lən]
rio Congo (m)	Congo	['kʌngo]
rio Cubango (m)	Okavango	[ɔka'vango]
rio Zambeze (m)	Zambezi	[sɑm'bɛsi]
rio Limpopo (m)	Limpopo	[li:mpopo]
rio Mississippi (m)	Mississippi	['misisi:pi]

204. Floresta

floresta (f), bosque (m)	skov (f)	['skɒwʔ]
florestal (adj)	skov-	['skɒw-]
mata (f) fechada	tæt skov (f)	['tɛt ˌskɒwʔ]
arvoredo (m)	lund (f)	['lɔnʔ]
clareira (f)	lysning (f)	['lysneŋ]
matagal (m)	tæt krat (i)	['tɛt 'kʁat]
mato (m), caatinga (f)	buskads (i)	[bu'skæ' s]
pequena trilha (f)	sti (f)	['stiʔ]
ravina (f)	ravine (f)	[ʁɑ'vi:nə]
árvore (f)	træ (i)	['tʁɛʔ]
folha (f)	blad (i)	['blɑð]

184

folhagem (f)	løv (i)	['lø'w]
queda (f) das folhas	løvfald (i)	['løw‚fal']
cair (vi)	at falde	[ʌ 'falə]
topo (m)	trætop (f)	['tʁɛ‚tʌp]
ramo (m)	kvist (f)	['kvest]
galho (m)	gren (f)	['gʁɛ'n]
botão (m)	knop (f)	['knɔp]
agulha (f)	nål (f)	['nɔ'l]
pinha (f)	kogle (f)	['kɒwlə]
buraco (m) de árvore	træhul (i)	['tʁɛ‚hɔl]
ninho (m)	rede (f)	['ʁɛːðə]
toca (f)	hule (f)	['huːlə]
tronco (m)	stamme (f)	['stɑmə]
raiz (f)	rod (f)	['ʁo'ð]
casca (f) de árvore	bark (f)	['bɑːk]
musgo (m)	mos (i)	['mɔs]
arrancar pela raiz	at rykke op med rode	[ʌ 'ʁœkə ʌp mɛ 'ʁoːðə]
cortar (vt)	at fælde	[ʌ 'fɛlə]
desflorestar (vt)	at hugge ned	[ʌ 'hɔgə 'neð']
toco, cepo (m)	træstub (f)	['tʁɛ‚stub]
fogueira (f)	bål (i)	['bɔ'l]
incêndio (m) florestal	skovbrand (f)	['skɒw‚bʁɑn']
apagar (vt)	at slukke	[ʌ 'slɔkə]
guarda-parque (m)	skovløber (f)	['skɒw‚løːbʌ]
proteção (f)	værn (i), beskyttelse (f)	['væʁ'n], [be'skøtəlsə]
proteger (a natureza)	at beskytte	[ʌ be'skøtə]
caçador (m) furtivo	krybskytte (f)	['kʁyb‚skøtə]
armadilha (f)	saks (f), fælde (f)	['sɑks], ['fɛlə]
colher (cogumelos, bagas)	at plukke	[ʌ 'plɔkə]
perder-se (vr)	at fare vild	[ʌ 'fɑːɑ 'vil']

205. Recursos naturais

recursos (m pl) naturais	naturressourcer (f pl)	[na'tuɐ̯ ʁɛ'suɐ̯sʌ]
minerais (m pl)	mineraler (i pl)	[minə'ʁɑ'lʌ]
depósitos (m pl)	forekomster (f pl)	['fɒːɒ‚kʌm'stʌ]
jazida (f)	felt (i)	['fɛl'ᵗt]
extrair (vt)	at udvinde	[ʌ 'uð‚ven'ə]
extração (f)	udvinding (f)	['uð‚venen]
minério (m)	malm (f)	['mal'm]
mina (f)	mine (f)	['miːnə]
poço (m) de mina	mineskakt (f)	['minə‚skɑkt]
mineiro (m)	minearbejder (f)	['miːnə'ɑː‚baj'dʌ]
gás (m)	gas (f)	['gas]
gasoduto (m)	gasledning (f)	['gas‚leðnen]

petróleo (m)	olie (f)	['oljə]
oleoduto (m)	olieledning (f)	['oljə͵leðneŋ]
poço (m) de petróleo	oliebrønd (f)	['oljə͵bʁœn']
torre (f) petrolífera	boretårn (i)	['bo:ʌ͵tɒ'n]
petroleiro (m)	tankskib (i)	['taŋk͵ski'b]

areia (f)	sand (i)	['san']
calcário (m)	kalksten (f)	['kalk͵ste'n]
cascalho (m)	grus (i)	['gʁu's]
turfa (f)	tørv (f)	['tœɐ̯'w]
argila (f)	ler (i)	['le'ɐ̯]
carvão (m)	kul (i)	['kɔl]

ferro (m)	jern (i)	['jæɐ̯'n]
ouro (m)	guld (i)	['gul]
prata (f)	sølv (i)	['søl]
níquel (m)	nikkel (i)	['nekəl]
cobre (m)	kobber (i)	['kɒw'ʌ]

zinco (m)	zink (i, f)	['seŋ'k]
manganês (m)	mangan (i)	[mɑŋ'gæ'n]
mercúrio (m)	kviksølv (i)	['kvik͵søl]
chumbo (m)	bly (i)	['bly']

mineral (m)	mineral (i)	[minə'ʁɑ'l]
cristal (m)	krystal (i, f)	[kʁy'stal']
mármore (m)	marmor (i)	['mɑ'moɐ̯]
urânio (m)	uran (i, f)	[u'ʁɑ'n]

A Terra. Parte 2

206. Tempo

tempo (m)	vejr (i)	['vɛ'ɐ̯]
previsão (f) do tempo	vejrudsigt (f)	['vɛɐ̯,uðsegt]
temperatura (f)	temperatur (f)	[tɛmpʁɑ'tuɐ̯']
termômetro (m)	termometer (i)	[tæɐ̯mo'me'tʌ]
barômetro (m)	barometer (i)	[bɑo'me'tʌ]

úmido (adj)	fugtig	['fɔgti]
umidade (f)	fugtighed (f)	['fɔgti,heð']
calor (m)	hede (f)	['he:ðə]
tórrido (adj)	hed	['heð']
está muito calor	det er hedt	[de 'æɐ̯ 'heð']

está calor	det er varmt	[de 'æɐ̯ 'vɑ'mt]
quente (morno)	varm	['vɑ'm]

está frio	det er koldt	[de 'æɐ̯ 'kʌlt]
frio (adj)	kold	['kʌl']

sol (m)	sol (f)	['so'l]
brilhar (vi)	at skinne	[ʌ 'skenə]
de sol, ensolarado	solrig	['so:l,ʁi']
nascer (vi)	at stå op	[ʌ stɔ' 'ʌp]
pôr-se (vr)	at gå ned	[ʌ gɔ' 'neð']

nuvem (f)	sky (f)	['sky']
nublado (adj)	skyet	['sky:əð]
nuvem (f) preta	regnsky (f)	['ʁajn,sky']
escuro, cinzento (adj)	mørk	['mœɐ̯k]

chuva (f)	regn (f)	['ʁaj'n]
está a chover	det regner	[de 'ʁajnʌ]

chuvoso (adj)	regnvejrs-	['ʁajn,vɛɐ̯s-]
chuviscar (vi)	at småregne	[ʌ 'smɒʁajnə]

chuva (f) torrencial	øsende regn (f)	['ø:sənə ,ʁaj'n]
aguaceiro (m)	styrtregn (f)	['styɐ̯t,ʁaj'n]
forte (chuva, etc.)	kraftig, heftig	['kʁafti], ['hɛfti]

poça (f)	vandpyt (f)	['van,pyt]
molhar-se (vr)	at blive våd	[ʌ 'bli:ə 'vɔ'ð]

nevoeiro (m)	tåge (f)	['tɔ:wə]
de nevoeiro	tåget	['tɔ:wəð]
neve (f)	sne (f)	['sne']
está nevando	det sner	[de 'sne'ʌ]

207. Tempo extremo. Catástrofes naturais

trovoada (f)	tordenvejr (i)	['toɡdən‚vɛ'ɡ]
relâmpago (m)	lyn (i)	['ly'n]
relampejar (vi)	at glimte	[ʌ 'glemtə]
trovão (m)	torden (f)	['toɡdən]
trovejar (vi)	at tordne	[ʌ 'toɡdnə]
está trovejando	det tordner	[de 'toɡdnʌ]
granizo (m)	hagl (i)	['hɑw'l]
está caindo granizo	det hagler	[de 'hɑwlɡ]
inundar (vt)	at oversvømme	[ʌ 'ɒwʌ‚svœm'ə]
inundação (f)	oversvømmelse (f)	['ɒwʌ‚svœm'əlsə]
terremoto (m)	jordskælv (i)	['joɡ‚skɛl'v]
abalo, tremor (m)	skælv (i)	['skɛl'v]
epicentro (m)	epicenter (i)	[epi'sɛn'tʌ]
erupção (f)	udbrud (i)	['uð‚bʁuð]
lava (f)	lava (f)	['læ:va]
tornado (m)	skypumpe (f)	['sky‚pɒmpə]
tornado (m)	tornado (f)	[tɒ'næ:do]
tufão (m)	tyfon (f)	[ty'fo'n]
furacão (m)	orkan (f)	[ɒ'kæ'n]
tempestade (f)	storm (f)	['stɒ'm]
tsunami (m)	tsunami (f)	[tsu'nɑ:mi]
ciclone (m)	cyklon (f)	[sy'klo'n]
mau tempo (m)	uvejr (i)	['u‚vɛ'ɡ]
incêndio (m)	brand (f)	['bʁɑn']
catástrofe (f)	katastrofe (f)	[kata'stʁo:fə]
meteorito (m)	meteorit (f)	[meteo'ʁit]
avalanche (f)	lavine (f)	[la'vi:nə]
deslizamento (m) de neve	sneskred (i)	['sne‚skʁɛð]
nevasca (f)	snefog (i)	['sne‚fɒw']
tempestade (f) de neve	snestorm (f)	['sne‚stɒ'm]

208. Ruídos. Sons

silêncio (m)	stilhed (f)	['stel‚heð']
som (m)	lyd (f)	['lyð']
ruído, barulho (m)	støj (f)	['stʌj']
fazer barulho	at støje	[ʌ 'stʌjə]
ruidoso, barulhento (adj)	støjende	['stʌjənə]
alto	højt	['hɒj't]
alto (ex. voz ~a)	høj	['hʌj']
constante (ruído, etc.)	konstant	[kʌn'stan't]

grito (m)	skrig (i)	['skʁiˀ]
gritar (vi)	at råbe, at skrige	[ʌ 'ʁɔ:bə], [ʌ 'skʁi:ə]
sussurro (m)	hvisken (f)	['veskən]
sussurrar (vi, vt)	at hviske	[ʌ 'veskə]

latido (m)	gøen (f)	['gøˀən]
latir (vi)	at gø	[ʌ 'gøˀ]

gemido (m)	støn (i)	['stœnˀ]
gemer (vi)	at stønne	[ʌ 'stœnə]
tosse (f)	hoste (f)	['ho:stə]
tossir (vi)	at hoste	[ʌ 'ho:stə]

assobio (m)	fløjt (i)	['flʌjˀt]
assobiar (vi)	at fløjte	[ʌ 'flʌjtə]
batida (f)	banker (f pl)	['baŋkʌ]
bater (à porta)	at banke	[ʌ 'baŋkə]

estalar (vi)	at knage	[ʌ 'knæ:jə]
estalido (m)	knagen (f)	['knæˀjən]

sirene (f)	sirene (f)	[si'ʁɛ:nə]
apito (m)	fløjt (i)	['flʌjˀt]
apitar (vi)	at tude	[ʌ 'tu:ðə]
buzina (f)	dyt (i)	['dyt]
buzinar (vi)	at dytte	[ʌ 'dytə]

209. Inverno

inverno (m)	vinter (f)	['venˀtʌ]
de inverno	vinter-	['ventʌ-]
no inverno	om vinteren	[ʌm 'venˀtʌən]

neve (f)	sne (f)	['sneˀ]
está nevando	det sner	[de 'sneˀʌ]
queda (f) de neve	snefald (i)	['sne.falˀ]
amontoado (m) de neve	snedrive (f)	['sne.dʁi:və]

floco (m) de neve	snefnug (i)	['sne.fnug]
bola (f) de neve	snebold (f)	['sne.bʌlˀd]
boneco (m) de neve	snemand (f)	['sne.manˀ]
sincelo (m)	istap (f)	['istɑp]

dezembro (m)	december (f)	[de'sɛmˀbʌ]
janeiro (m)	januar (f)	['janu.ɑˀ]
fevereiro (m)	februar (f)	['febʁu.ɑˀ]

gelo (m)	frost (f)	['fʁʌst]
gelado (tempo ~)	frost-	['fʁʌst-]

abaixo de zero	under nul	['ɔnʌ 'nɔl]
primeira geada (f)	let frost (f)	['lɛt 'fʁʌst]
geada (f) branca	rimfrost (f)	['ʁim.fʁʌst]
frio (m)	kulde (f)	['kulə]

está frio	det er koldt	[de 'æę 'kʌlt]
casaco (m) de pele	pels (f), pelskåbe (f)	['pɛl's], ['pɛls,kɔ:bə]
mitenes (f pl)	vanter (f pl)	['van'tʌ]

adoecer (vi)	at blive syg	[ʌ 'bli:ə sy']
resfriado (m)	forkølelse (f)	[fʌ'kø'lølsə]
ficar resfriado	at blive forkølet	[ʌ 'bli:ə fʌ'kø'ləð]

gelo (m)	is (f)	['i's]
gelo (m) na estrada	isslag (i)	['is,slæ'j]
congelar-se (vr)	at fryse til	[ʌ 'fʁy:sə tel]
bloco (m) de gelo	isflage (f)	['is,flæ:jə]

esqui (m)	ski (f pl)	['ski']
esquiador (m)	skiløber (f)	['ski,lø:bʌ]
esquiar (vi)	at stå på ski	[ʌ stɔ' pɔ' 'ski']
patinar (vi)	at stå på skøjter	[ʌ stɔ' pɔ' 'skʌjtʌ]

Fauna

210. Mamíferos. Predadores

predador (m)	rovdyr (i)	['ʁɒwˌdyɡ̊ˀ]
tigre (m)	tiger (f)	['tiːʌ]
leão (m)	løve (f)	['løːvə]
lobo (m)	ulv (f)	['ulˀv]
raposa (f)	ræv (f)	['ʁɛˀw]
jaguar (m)	jaguar (f)	[jaguˈɑˀ]
leopardo (m)	leopard (f)	[leoˈpɑˀd]
chita (f)	gepard (f)	[geˈpɑˀd]
pantera (f)	panter (f)	['panˀtʌ]
puma (m)	puma (f)	['puːma]
leopardo-das-neves (m)	sneleopard (f)	['sne leoˈpɑˀd]
lince (m)	los (f)	['lʌs]
coiote (m)	coyote, prærieulv (f)	[koˈjoːtə], ['pʁɛɡjəˌulˀv]
chacal (m)	sjakal (f)	[ɕaˈkæˀl]
hiena (f)	hyæne (f)	[hyˈɛːnə]

211. Animais selvagens

animal (m)	dyr (i)	['dyɡ̊ˀ]
besta (f)	bæst (i), udyr (i)	['bɛˀst], ['uˌdyɡ̊ˀ]
esquilo (m)	egern (i)	['eˀjʌn]
ouriço (m)	pindsvin (i)	['penˌsviˀn]
lebre (f)	hare (f)	['haːɑ]
coelho (m)	kanin (f)	[kaˈniˀn]
texugo (m)	grævling (f)	['gʁawleŋ]
guaxinim (m)	vaskebjørn (f)	['vaskəˌbjœɡ̊ˀn]
hamster (m)	hamster (f)	['hamˀstʌ]
marmota (f)	murmeldyr (i)	['muɡ̊ˀməlˌdyɡ̊ˀ]
toupeira (f)	muldvarp (f)	['mulˌvaːp]
rato (m)	mus (f)	['muˀs]
ratazana (f)	rotte (f)	['ʁʌtə]
morcego (m)	flagermus (f)	['flawʌˌmuˀs]
arminho (m)	hermelin (f)	[hæɡ̊məˈliˀn]
zibelina (f)	zobel (f)	['soˀbəl]
marta (f)	mår (f)	['mɒˀ]
doninha (f)	brud (f)	['bʁuð]
visom (m)	mink (f)	['meŋˀk]

191

castor (m)	bæver (f)	['bɛˀvʌ]
lontra (f)	odder (f)	['ʌð'ʌ]
cavalo (m)	hest (f)	['hɛst]
alce (m)	elg (f)	['ɛlˀj]
veado (m)	hjort (f)	['jɔ:t]
camelo (m)	kamel (f)	[ka'meˀl]
bisão (m)	bison (f)	['bisʌn]
auroque (m)	urokse (f)	['uɡ̊ˌʌksə]
búfalo (m)	bøffel (f)	['bøfəl]
zebra (f)	zebra (f)	['se:bʁa]
antílope (m)	antilope (f)	[anti'lo:pə]
corça (f)	rådyr (i), rå (f)	['ʁʌˌdyɡ̊ˀ], ['ʁɔˀ]
gamo (m)	dådyr (i)	['dʌˌdyɡ̊ˀ]
camurça (f)	gemse (f)	['gɛmsə]
javali (m)	vildsvin (i)	['vilˌsviˀn]
baleia (f)	hval (f)	['væˀl]
foca (f)	sæl (f)	['sɛˀl]
morsa (f)	hvalros (f)	['valˌʁʌs]
urso-marinho (m)	pelssæl (f)	['pɛlsˌsɛˀl]
golfinho (m)	delfin (f)	[dɛl'fiˀn]
urso (m)	bjørn (f)	['bjœɡ̊ˀn]
urso (m) polar	isbjørn (f)	['isˌbjœɡ̊ˀn]
panda (m)	panda (f)	['panda]
macaco (m)	abe (f)	['æ:bə]
chimpanzé (m)	chimpanse (f)	[ɕim'pansə]
orangotango (m)	orangutang (f)	[o'ʁaŋguˌtaŋˀ]
gorila (m)	gorilla (f)	[go'ʁila]
macaco (m)	makak (f)	[mæ'kak]
gibão (m)	gibbon (f)	['gibʌn]
elefante (m)	elefant (f)	[elə'fanˀt]
rinoceronte (m)	næsehorn (i)	['nɛ:səˌhoɡ̊ˀn]
girafa (f)	giraf (f)	[gi'ʁaf]
hipopótamo (m)	flodhest (f)	['floðˌhɛst]
canguru (m)	kænguru (f)	[kɛŋgu:ʁu]
coala (m)	koala (f)	[ko'æ:la]
mangusto (m)	mangust (f)	[maŋ'gust]
chinchila (f)	chinchilla (f)	[tjen'tjila]
cangambá (f)	skunk (f)	['skɔŋˀk]
porco-espinho (m)	hulepindsvin (i)	['hu:lə 'penˌsviˀn]

212. Animais domésticos

gata (f)	kat (f)	['kat]
gato (m) macho	hankat (f)	['hanˌkat]
cão (m)	hund (f)	['hunˀ]

cavalo (m)	hest (f)	['hɛst]
garanhão (m)	hingst (f)	['heŋ'st]
égua (f)	hoppe (f)	['hʌpə]

vaca (f)	ko (f)	['ko']
touro (m)	tyr (f)	['tyg']
boi (m)	okse (f)	['ʌksə]

ovelha (f)	får (i)	['fɑ:]
carneiro (m)	vædder (f)	['vɛð'ʌ]
cabra (f)	ged (f)	['geð']
bode (m)	gedebuk (f)	['ge:ðə‚bɔk]

burro (m)	æsel (i)	['ɛ'səl]
mula (f)	muldyr (i)	['mul‚dyg']

porco (m)	svin (i)	['svi'n]
leitão (m)	gris (f)	['gʁi's]
coelho (m)	kanin (f)	[ka'ni'n]

galinha (f)	høne (f)	['hœ:nə]
galo (m)	hane (f)	['hæ:nə]

pata (f), pato (m)	and (f)	['an']
pato (m)	andrik (f)	['an'dʁɛk]
ganso (m)	gås (f)	['gɔ's]

peru (m)	kalkun hane (f)	[kal'ku'n 'hæ:nə]
perua (f)	kalkun (f)	[kal'ku'n]

animais (m pl) domésticos	husdyr (i pl)	['hus‚dyg']
domesticado (adj)	tam	['tɑm']
domesticar (vt)	at tæmme	[ʌ 'tɛmə]
criar (vt)	at avle, at opdrætte	[ʌ 'awlə], [ʌ 'ʌp‚dʁatə]

fazenda (f)	farm (f)	['fɑ'm]
aves (f pl) domésticas	fjerkræ (i)	['fjeg‚kʁɛ']
gado (m)	kvæg (i)	['kvɛ'j]
rebanho (m), manada (f)	hjord (f)	['jɒ'd]

estábulo (m)	stald (f)	['stal']
chiqueiro (m)	svinesti (f)	['svinə‚sti']
estábulo (m)	kostald (f)	['ko‚stal']
coelheira (f)	kaninbur (i)	[ka'nin‚bug']
galinheiro (m)	hønsehus (i)	['hœnsə‚hu's]

213. Cães. Raças de cães

cão (m)	hund (f)	['hun']
cão pastor (m)	hyrdehund (f)	['hygdə‚hun']
pastor-alemão (m)	schæferhund (f)	['ɕɛ'fʌ‚hun']
poodle (m)	puddel (f)	['puð'əl]
linguicinha (m)	gravhund (f)	['gʁaw‚hun']
buldogue (m)	buldog (f)	['bul‚dʌg]

boxer (m)	bokser (f)	['bʌksʌ]
mastim (m)	mastiff (f)	[mas'tif]
rottweiler (m)	rottweiler (f)	['ʁʌt͡vajlʌ]
dóberman (m)	dobermann (f)	['dʌbʌˌman]

basset (m)	basset (f)	['basɛt]
pastor inglês (m)	bobtail (f)	['bʌbtɛjl]
dálmata (m)	dalmatiner (f)	[dalma'tiʔnʌ]
cocker spaniel (m)	cockerspaniel (f)	['kʌkʌˌspanjəl]

| terra-nova (m) | newfoundlænder (f) | [nju'fawndˌlɛnʔʌ] |
| são-bernardo (m) | sanktbernhardshund (f) | [sɑŋt'bæɐ̯ʔnɑdsˌhunʔ] |

husky (m) siberiano	husky (f)	['hʌski]
Chow-chow (m)	chowchow (f)	[tjɑw'tjɑw]
spitz alemão (m)	spidshund (f)	['spesˌhunʔ]
pug (m)	moppe (f), mops (f)	['mʌpə], ['mʌps]

214. Sons produzidos pelos animais

latido (m)	gøen (f)	['gøʔən]
latir (vi)	at gø	[ʌ 'gøʔ]
miar (vi)	at mjave	[ʌ 'mjɑwə]
ronronar (vi)	at spinde	[ʌ 'spenə]

mugir (vaca)	at brøle	[ʌ 'bʁœːlə]
bramir (touro)	at brøle	[ʌ 'bʁœːlə]
rosnar (vi)	at knurre	[ʌ 'knoɐ̯ʌ]

uivo (m)	hyl (i)	['hyʔl]
uivar (vi)	at hyle	[ʌ 'hyːlə]
ganir (vi)	at klynke	[ʌ 'kløŋkə]

balir (vi)	at bræge	[ʌ 'bʁɛːjə]
grunhir (vi)	at grynte	[ʌ 'gʁœntə]
guinchar (vi)	at hvine	[ʌ 'viːnə]

coaxar (sapo)	at kvække	[ʌ 'kvɛkə]
zumbir (inseto)	at surre, at summe	[ʌ 'suɐ̯ʌ], [ʌ 'sɔmə]
ziziar (vi)	at synge	[ʌ 'søŋə]

215. Animais jovens

cria (f), filhote (m)	unge (f)	['ɔŋə]
gatinho (m)	kattekilling (f)	['kateˌkileŋ]
ratinho (m)	museunge (f)	['muːsɛˌɔŋə]
cachorro (m)	hvalp (f)	['valʔp]

filhote (m) de lebre	hareunge (f)	['hɑːɑˌɔŋə]
coelhinho (m)	kaninunge (f)	[ka'ninˌɔŋə]
lobinho (m)	ulveunge (f)	['ulvəˌɔŋə]
filhote (m) de raposa	ræveunge (f)	['ʁɛwəˌɔŋə]

filhote (m) de urso	**bjørneunge** (f)	['bjœɐ̯'nə,ɔŋə]
filhote (m) de leão	**løveunge** (f)	['løwə,ɔŋə]
filhote (m) de tigre	**tigerunge** (f)	['ti:ʌ,ɔŋə]
filhote (m) de elefante	**elefantunge** (f)	[elə'fant,ɔŋə]

leitão (m)	**gris** (f)	['gʁi's]
bezerro (m)	**kalv** (f)	['kalʔv]
cabrito (m)	**gedekid** (i)	['ge:ðə,kið]
cordeiro (m)	**lam** (i)	['lɑmʔ]
filhote (m) de veado	**hjortekalv** (f)	['jɔ:t,kalʔv]
cria (f) de camelo	**kamelføl** (i)	[ka'mel,føl]

filhote (m) de serpente	**slangeunge** (f)	['slɑŋə,ɔŋə]
filhote (m) de rã	**frøunge** (f)	['fʁœ,ɔŋə]

cria (f) de ave	**fugleunge** (f)	['fu:lə,ɔŋə]
pinto (m)	**kylling** (f)	['kyleŋ]
patinho (m)	**ælling** (f)	['ɛleŋ]

216. Pássaros

pássaro (m), ave (f)	**fugl** (f)	['fuʔl]
pombo (m)	**due** (f)	['du:ə]
pardal (m)	**spurv** (f)	['spuɐ̯ʔw]
chapim-real (m)	**musvit** (f)	[mu'svit]
pega-rabuda (f)	**skade** (f)	['skæ:ðə]

corvo (m)	**ravn** (f)	['ʁɑw'n]
gralha-cinzenta (f)	**krage** (f)	['kʁɑ:wə]
gralha-de-nuca-cinzenta (f)	**kaie** (f)	['kɑjə]
gralha-calva (f)	**råge** (f)	['ʁɔ:wə]

pato (m)	**and** (f)	['anʔ]
ganso (m)	**gås** (f)	['gɔʔs]
faisão (m)	**fasan** (f)	[fa'sæʔn]

águia (f)	**ørn** (f)	['œɐ̯ʔn]
açor (m)	**høg** (f)	['høʔj]
falcão (m)	**falk** (f)	['falʔk]
abutre (m)	**grib** (f)	['gʁi:b]
condor (m)	**kondor** (f)	[kʌn'doʔɐ̯]

cisne (m)	**svane** (f)	['svæ:nə]
grou (m)	**trane** (f)	['tʁɑ:nə]
cegonha (f)	**stork** (f)	['stɒ:k]

papagaio (m)	**papegøje** (f)	[pɑpə'gʌjə]
beija-flor (m)	**kolibri** (f)	[koli'bʁiʔ]
pavão (m)	**påfugl** (f)	['pʌ,fuʔl]

avestruz (m)	**struds** (f)	['stʁus]
garça (f)	**hejre** (f)	['hɑjʁʌ]
flamingo (m)	**flamingo** (f)	[fla'meŋgo]
pelicano (m)	**pelikan** (f)	[peli'kæʔn]

| rouxinol (m) | nattergal (f) | ['natʌ̩gæˀl] |
| andorinha (f) | svale (f) | ['svæ:lə] |

tordo-zornal (m)	drossel, sjagger (f)	['dʁʌsəl], ['ɕagʌ]
tordo-músico (m)	sangdrossel (f)	['saŋˌdʁʌsəl]
melro-preto (m)	solsort (f)	['so:lˌsoɐ̯t]

andorinhão (m)	mursejler (f)	['muɐ̯ˌsajlʌ]
cotovia (f)	lærke (f)	['læɐ̯kə]
codorna (f)	vagtel (f)	['vagtəl]

pica-pau (m)	spætte (f)	['spɛtə]
cuco (m)	gøg (f)	['gøˀj]
coruja (f)	ugle (f)	['u:lə]
bufo-real (m)	hornugle (f)	['hoɐ̯nˌu:lə]
tetraz-grande (m)	tjur (f)	['tjuɐ̯ˀ]
tetraz-lira (m)	urfugl (f)	['uɐ̯ˌfuˀl]
perdiz-cinzenta (f)	agerhøne (f)	['æˀjʌˌhœ:nə]

estorninho (m)	stær (f)	['stɛˀɐ̯]
canário (m)	kanariefugl (f)	[ka'naˀjəˌfuˀl]
galinha-do-mato (f)	hjerpe, jærpe (f)	['jæɐ̯pə]
tentilhão (m)	bogfinke (f)	['bɔwˌfeŋkə]
dom-fafe (m)	dompap (f)	['dɔmˌpap]

gaivota (f)	måge (f)	['mɔ:wə]
albatroz (m)	albatros (f)	['albaˌtʁʌs]
pinguim (m)	pingvin (f)	[peŋ'viˀn]

217. Pássaros. Canto e sons

cantar (vi)	at synge	[ʌ 'søŋə]
gritar, chamar (vi)	at skrige	[ʌ 'skʁi:ə]
cantar (o galo)	at gale	[ʌ 'gæ:lə]
cocorocó (m)	kykeliky	[kykli'ky:]

cacarejar (vi)	at kagle	[ʌ 'kawlə]
crocitar (vi)	at krage	[ʌ 'kʁa:wə]
grasnar (vi)	at rappe	[ʌ 'ʁapə]
piar (vi)	at pippe	[ʌ 'pipə]
chilrear, gorjear (vi)	at kvidre	[ʌ 'kviðʁʌ]

218. Peixes. Animais marinhos

brema (f)	brasen (f)	['bʁɑˀsən]
carpa (f)	karpe (f)	['ka:pə]
perca (f)	aborre (f)	['aˌbɒ:ɒ]
siluro (m)	malle (f)	['malə]
lúcio (m)	gedde (f)	['geðə]

| salmão (m) | laks (f) | ['laks] |
| esturjão (m) | stør (f) | ['støˀɐ̯] |

arenque (m)	sild (f)	['sil']
salmão (m) do Atlântico	atlantisk laks (f)	[at'lan'tisk 'laks]
cavala, sarda (f)	makrel (f)	[ma'kʁal']
solha (f), linguado (m)	rødspætte (f)	['ʁœð‚spɛtə]
lúcio perca (m)	sandart (f)	['san‚a't]
bacalhau (m)	torsk (f)	['tɒ:sk]
atum (m)	tunfisk (f)	['tu:n‚fesk]
truta (f)	ørred (f)	['œɐ̯ʌð]
enguia (f)	ål (f)	['ɔ'l]
raia (f) elétrica	elektrisk rokke (f)	[e'lɛktʁisk 'ʁʌkə]
moreia (f)	muræne (f)	[mu'ʁɛ:nə]
piranha (f)	piraya (f)	[pi'ʁaja]
tubarão (m)	haj (f)	['haj']
golfinho (m)	delfin (f)	[dɛl'fi'n]
baleia (f)	hval (f)	['væ'l]
caranguejo (m)	krabbe (f)	['kʁabə]
água-viva (f)	gople, meduse (f)	['gʌplə], [me'du:sə]
polvo (m)	blæksprutte (f)	['blɛk‚spʁutə]
estrela-do-mar (f)	søstjerne (f)	['sø‚stjæɐ̯nə]
ouriço-do-mar (m)	søpindsvin (i)	['sø 'pen‚svi'n]
cavalo-marinho (m)	søhest (f)	['sø‚hɛst]
ostra (f)	østers (f)	['østʌs]
camarão (m)	reje (f)	['ʁajə]
lagosta (f)	hummer (f)	['hɔm'ʌ]
lagosta (f)	languster (f)	[laŋ'gustʌ]

219. Anfíbios. Répteis

cobra (f)	slange (f)	['slaŋə]
venenoso (adj)	giftig	['gifti]
víbora (f)	hugorm (f)	['hɔg‚ɒɐ̯'m]
naja (f)	kobra (f)	['ko:bʁa]
píton (m)	pyton (f)	['pytʌn]
jiboia (f)	boa (f)	['bo:a]
cobra-de-água (f)	snog (f)	['sno']
cascavel (f)	klapperslange (f)	['klapʌ‚slaŋə]
anaconda (f)	anakonda (f)	[ana'kʌnda]
lagarto (m)	firben (i)	['fiɐ̯'be'n]
iguana (f)	leguan (f)	[legu'æ'n]
varano (m)	varan (f)	[va'ʁa'n]
salamandra (f)	salamander (f)	[sala'man'dʌ]
camaleão (m)	kamæleon (f)	[kamələ'o'n]
escorpião (m)	skorpion (f)	[skɒpi'o'n]
tartaruga (f)	skildpadde (f)	['skel‚paðə]
rã (f)	frø (f)	['fʁœ']

| sapo (m) | tudse (f) | ['tusə] |
| crocodilo (m) | krokodille (f) | [kʁokə'dilə] |

220. Insetos

inseto (m)	insekt (i)	[en'sɛkt]
borboleta (f)	sommerfugl (f)	['sʌmʌˌfuˀl]
formiga (f)	myre (f)	['my:ʌ]
mosca (f)	flue (f)	['flu:ə]
mosquito (m)	stikmyg (f)	['stekˌmyg]
escaravelho (m)	bille (f)	['bilə]
vespa (f)	hveps (f)	['vɛps]
abelha (f)	bi (f)	['biˀ]
mamangaba (f)	humlebi (f)	['hɔmləˌbiˀ]
moscardo (m)	bremse (f)	['bʁamsə]
aranha (f)	edderkop (f)	['ɛðˀʌˌkʌp]
teia (f) de aranha	edderkoppespind (i)	['ɛðˀʌkʌpəˌsbenˀ]
libélula (f)	guldsmed (f)	['gulˌsmeð]
gafanhoto (m)	græshoppe (f)	['gʁasˌhʌpə]
traça (f)	natsværmer (f)	['natˌsvæɐ̯ˀmʌ]
barata (f)	kakerlak (f)	[kakʌ'lak]
carrapato (m)	flåt, mide (f)	['flɔˀt], ['mi:ðə]
pulga (f)	loppe (f)	['lʌpə]
borrachudo (m)	kvægmyg (f)	['kvɛjˌmyg]
gafanhoto (m)	vandregræshoppe (f)	['vandʁʌ 'gʁasˌhʌpə]
caracol (m)	snegl (f)	['snɑjˀl]
grilo (m)	fårekylling (f)	['fɒ:ɒˌkyleŋ]
pirilampo, vaga-lume (m)	ildflue (f)	['ilflu:ə]
joaninha (f)	mariehøne (f)	[ma'ʁiˀəˌhœ:nə]
besouro (m)	oldenborre (f)	['ʌlənˌbɒ:ɒ]
sanguessuga (f)	igle (f)	['i:lə]
lagarta (f)	sommerfuglelarve (f)	['sʌmʌˌfu:lə 'la:və]
minhoca (f)	regnorm (f)	['ʁɑjnˌɒɐ̯ˀm]
larva (f)	larve (f)	['la:və]

221. Animais. Partes do corpo

bico (m)	næb (i)	['nɛˀb]
asas (f pl)	vinger (f pl)	['veŋʌ]
pata (f)	fod (f)	['foˀð]
plumagem (f)	fjerdragt (f)	['fjeɐ̯ˌdʁagt]
pena, pluma (f)	fjer (f)	['fjeˀɐ̯]
crista (f)	fjertop (f), kam (f)	['fjeɐ̯ˌtʌp], [kamˀ]
brânquias, guelras (f pl)	gæller (f pl)	['gɛlʌ]
ovas (f pl)	rogn (f)	['ʁɒwˀn]

larva (f)	larve (f)	['lɑ:və]
barbatana (f)	finne (f)	['fenə]
escama (f)	skæl (i)	['skɛl']

presa (f)	hugtand (f)	['hɔg,tan']
pata (f)	pote (f)	['po:tə]
focinho (m)	mule (f), snude (f)	['mu:lə], ['snu:ðə]
boca (f)	gab (i)	['gæ'b]
cauda (f), rabo (m)	hale (f)	['hæ:lə]
bigodes (m pl)	knurhår (i)	['knoɡ,hɒ']

| casco (m) | klov (f), hov (f) | ['klɒw'], ['hɒw] |
| corno (m) | horn (i) | ['hoɡ'n] |

carapaça (f)	rygskjold (i)	['ʁɒɐg,skjʌl']
concha (f)	skal (f)	['skal']
casca (f) de ovo	æggeskal (f)	['ɛgə,skal']

| pelo (m) | pelse (f) | ['pɛlsə] |
| pele (f), couro (m) | skind (i) | ['sken'] |

222. Ações dos animais

| voar (vi) | at flyve | [ʌ 'fly:və] |
| dar voltas | at kredse | [ʌ 'kʁɛ:sə] |

| voar (para longe) | at flyve bort | [ʌ 'fly:və bɒ:t] |
| bater as asas | at baske | [ʌ 'baskə] |

| bicar (vi) | at pikke | [ʌ 'pikə] |
| incubar (vt) | at ruge på æggene | [ʌ 'ʁu:ə pɔ 'ɛgənə] |

| sair do ovo | at klækkes | [ʌ 'klɛkəs] |
| fazer o ninho | at bygge rede | [ʌ 'bygə 'ʁɛ:ðə] |

rastejar (vi)	at krybe	[ʌ 'kʁy:bə]
picar (vt)	at stikke	[ʌ 'stekə]
morder (cachorro, etc.)	at bide	[ʌ 'bi:ðə]

cheirar (vt)	at snuse	[ʌ 'snu:sə]
latir (vi)	at gø	[ʌ 'gø']
silvar (vi)	at hvæse	[ʌ 'vɛ:sə]

| assustar (vt) | at skræmme | [ʌ 'skʁamə] |
| atacar (vt) | at overfalde | [ʌ 'ɒwʌ,fal'ə] |

roer (vt)	at gnave	[ʌ 'gnæ:və]
arranhar (vt)	at kradse	[ʌ 'kʁasə]
esconder-se (vr)	at gemme sig	[ʌ 'gɛmə ,saj]

brincar (vi)	at lege	[ʌ 'lajə]
caçar (vi)	at jage	[ʌ 'jæ:jə]
hibernar (vi)	at ligge i dvale	[ʌ 'legə i 'dvæ:lə]
extinguir-se (vr)	at uddø	[ʌ 'uð,dø']

223. Animais. Habitats

hábitat (m)	habitat (i)	[habi'tæ'ʔt]
migração (f)	migration (f)	[migʁɑ'ɕoʔn]
montanha (f)	bjerg (i)	['bjæɐ̯ʔw]
recife (m)	rev (i)	['ʁɛw]
falésia (f)	klippe (f)	['klepə]
floresta (f)	skov (f)	['skɒwʔ]
selva (f)	jungle (f)	['djoŋlə]
savana (f)	savanne (f)	[sa'vanə]
tundra (f)	tundra (f)	['tɔndʁɑ]
estepe (f)	steppe (f)	['stɛpə]
deserto (m)	ørken (f)	['œɐ̯kən]
oásis (m)	oase (f)	[o'æ:sə]
mar (m)	hav (i)	['hɑw]
lago (m)	sø (f)	['søʔ]
oceano (m)	ocean (i)	[osə'æʔn]
pântano (m)	sump (f)	['sɔmʔp]
de água doce	ferskvands-	['fæɐ̯sk‚vans-]
lagoa (f)	dam (f)	['dɑmʔ]
rio (m)	flod (f)	['flo'ʔð]
toca (f) do urso	hule (f)	['hu:lə]
ninho (m)	rede (f)	['ʁɛ:ðə]
buraco (m) de árvore	træhul (i)	['tʁɛ‚hɔl]
toca (f)	hule (f)	['hu:lə]
formigueiro (m)	myretue (f)	['my:ʌ‚tu:ə]

224. Cuidados com os animais

jardim (m) zoológico	zoologisk have (f)	[soo'loʔisk 'hæ:və]
reserva (f) natural	naturreservat (i)	[na'tuɐ̯ ʁɛsæɐ̯'væ'ʔt]
viveiro (m)	opdrætter (f)	['ʌp‚dʁatʌ]
jaula (f) de ar livre	voliere (f)	[vʌl'jɛ:ʌ]
jaula, gaiola (f)	bur (i)	['buɐ̯ʔ]
casinha (f) de cachorro	kennel (f)	['kɛnʔəl]
pombal (m)	dueslag (i)	['due‚slæʔj]
aquário (m)	akvarium (i)	[a'kvɑʔjɔm]
delfinário (m)	delfinarium (i)	[dɛlfi'nɑʔiɔm]
criar (vt)	at avle, at opdrætte	[ʌ 'awlə], [ʌ 'ʌp‚dʁatə]
cria (f)	kuld, afkom (i)	['kulʔ], ['ɑw‚kʌmʔ]
domesticar (vt)	at tæmme	[ʌ 'tɛmə]
adestrar (vt)	at dressere	[ʌ dʁɛ'se'ʔʌ]
ração (f)	foder (i)	['fo'ʔð'ʌ]
alimentar (vt)	at fodre	[ʌ 'foðʁʌ]

loja (f) de animais	dyrehandel (f)	['dyg̊ˌhanˀəl]
focinheira (m)	mundkurv (f)	['mɔnˌkug̊ˀw]
coleira (f)	halsbånd (i)	['halsˌbʌnˀ]
nome (do animal)	navn (i)	['nɑwˀn]
pedigree (m)	stamtavle (f)	['stɑmˌtɑwlə]

225. Animais. Diversos

alcateia (f)	flok (f)	['flʌk]
bando (pássaros)	flok (f)	['flʌk]
cardume (peixes)	stime (f)	['sti:mə]
manada (cavalos)	hjord (f)	['jɒˀd]
macho (m)	han (f)	['han]
fêmea (f)	hun (f)	['hun]
faminto (adj)	sulten	['sultən]
selvagem (adj)	vild	['vilˀ]
perigoso (adj)	farlig	['fɑ:li]

226. Cavalos

cavalo (m)	hest (f)	['hɛst]
raça (f)	race (f)	['ʁɑ:sə]
potro (m)	føl (i)	['føl]
égua (f)	hoppe (f)	['hʌpə]
mustangue (m)	mustang (f)	['mustɑŋ]
pônei (m)	pony (f)	['pʌni]
cavalo (m) de tiro	bryggerhest (f)	['bʁœgʌˌhɛst]
crina (f)	man (f)	['mæˀn]
rabo (m)	hale (f)	['hæ:lə]
casco (m)	hov (f)	['hɒw]
ferradura (f)	hestesko (f)	['hɛstəˌskoˀ]
ferrar (vt)	at sko	[ʌ 'skoˀ]
ferreiro (m)	smed (f)	['smeð]
sela (f)	sadel (f)	['saðəl]
estribo (m)	stigbøjle (f)	['stiˌbʌjlə]
brida (f)	hovedtøj (i), grime (f)	['ho:əðˌtʌj], ['gʁi:mə]
rédeas (f pl)	tømmer (f pl)	['tœmʌ]
chicote (m)	pisk (f)	['pisk]
cavaleiro (m)	rytter (f)	['ʁytʌ]
colocar sela	at sadle	[ʌ 'saðlə]
montar no cavalo	at stige til hest	[ʌ 'sti:ə tel 'hɛst]
galope (m)	galop (f)	[ga'lʌp]
galopar (vi)	at galopere	[ʌ galo'peˀʌ]

trote (m)	trav (i)	['tʁɑw]
a trote	i trav	[i 'tʁɑw]
ir a trote	at trave	[ʌ 'tʁɑ:və]

| cavalo (m) de corrida | væddeløbshest (f) | ['vɛðəløˀbsˌhɛst] |
| corridas (f pl) | hestevæddeløb (i) | ['hɛstə'vɛðəˌløˀb] |

estábulo (m)	stald (f)	['stalˀ]
alimentar (vt)	at fodre	[ʌ 'foðʁʌ]
feno (m)	hø (i)	['høˀ]
dar água	at vande	[ʌ 'vanə]
limpar (vt)	at børste	[ʌ 'bœʁstə]

carroça (f)	hestevogn (f)	['hɛstəˌvɒwˀn]
pastar (vi)	at græsse	[ʌ 'gʁasə]
relinchar (vi)	at vrinske	[ʌ 'vʁɛnskə]
dar um coice	at sparke	[ʌ 'spɑ:kə]

Flora

227. Árvores

árvore (f)	træ (i)	['tʁɛ']
decídua (adj)	løv-	['løw-]
conífera (adj)	nåle-	['nɔlə-]
perene (adj)	stedsegrønt, eviggrønt	['stɛðsə‚gʁœn't], ['e:vi‚gʁœn't]
macieira (f)	æbletræ (i)	['ɛ'blə‚tʁɛ']
pereira (f)	pæretræ (i)	['pɛʌ‚tʁɛ']
cerejeira (f)	moreltræ (i)	[mo'ʁal‚tʁɛ']
ginjeira (f)	kirsebærtræ (i)	['kiɐsəbæɐ‚tʁɛ']
ameixeira (f)	blommetræ (i)	['blʌmə‚tʁɛ']
bétula (f)	birk (f)	['biɐk]
carvalho (m)	eg (f)	['e'j]
tília (f)	lind (f)	['len']
choupo-tremedor (m)	asp (f)	['asp]
bordo (m)	løn (f), ahorn (f)	['lœn'], ['a‚hoɐ'n]
espruce (m)	gran (f)	['gʁan]
pinheiro (m)	fyr (f)	['fyɐ']
alerce, lariço (m)	lærk (f)	['læɐk]
abeto (m)	ædelgran (f)	['ɛ'ðəl‚gʁan]
cedro (m)	ceder (f)	['se:ðʌ]
choupo, álamo (m)	poppel (f)	['pʌpəl]
tramazeira (f)	røn (f)	['ʁœn']
salgueiro (m)	pil (f)	['pi'l]
amieiro (m)	el (f)	['ɛl]
faia (f)	bøg (f)	['bø'j]
ulmeiro, olmo (m)	elm (f)	['ɛl'm]
freixo (m)	ask (f)	['ask]
castanheiro (m)	kastanie (i)	[ka'stanjə]
magnólia (f)	magnolie (f)	[maw'no'ljə]
palmeira (f)	palme (f)	['palmə]
cipreste (m)	cypres (f)	[sy'pʁas]
mangue (m)	mangrove (f)	[maŋ'gʁo:və]
embondeiro, baobá (m)	baobabtræ (i)	[bao'bab‚tʁɛ']
eucalipto (m)	eukalyptus (f)	[œwka'lyptus]
sequoia (f)	sequoia (f), rødtræ (i)	[sek'wojə], ['ʁœð‚tʁɛ']

228. Arbustos

arbusto (m)	busk (f)	['busk]
arbusto (m), moita (f)	buskads (i)	[bu'skæ's]

| videira (f) | vinranke (f) | ['viːnˌʁɑŋkə] |
| vinhedo (m) | vingård (f) | ['viːnˌɡɒˀ] |

framboeseira (f)	hindbærbusk (f)	['henbæɐ̯ˌbusk]
groselheira-negra (f)	solbærbusk (f)	['soːlbæɐ̯ˌbusk]
groselheira-vermelha (f)	ribsbusk (f)	['ʁɛbsˌbusk]
groselheira (f) espinhosa	stikkelsbær (i)	['stekəlsˌbæɐ̯]

acácia (f)	akacie (f)	[aˈkæˀɕə]
bérberis (f)	berberis (f)	['bæɐ̯ˀbʌʁis]
jasmim (m)	jasmin (f)	[ɕasˈmiˀn]

junípero (m)	ene (f)	['eːnə]
roseira (f)	rosenbusk (f)	['ʁoːsənˌbusk]
roseira (f) brava	Hunde-Rose (f)	['hunə-'ʁoːsə]

229. Cogumelos

cogumelo (m)	svamp (f)	['svɑmˀp]
cogumelo (m) comestível	spiselig svamp (f)	['spiːsəli 'svɑmˀp]
cogumelo (m) venenoso	giftig svamp (f)	['gifti svɑmˀp]
chapéu (m)	hat (f)	['hat]
pé, caule (m)	stok (f)	['stʌk]

boleto, porcino (m)	karljohan-rørhat (f)	[ˌkɑːljoˈhan 'ʁœˀɡhat]
boleto (m) alaranjado	skælstokket rørhat (f)	['skɛlˌstʌkəð 'ʁœˀɡhat]
boleto (m) de bétula	galde rørhat (f)	['galə ˌʁœˀɡhat]
cantarelo (m)	kantarel (f)	[kantɑˈʁalˀ]
rússula (f)	skørhat (f)	['skøɡˌhat]

morchella (f)	morkel (f)	['mɒːkəl]
agário-das-moscas (m)	fluesvamp (f)	['fluːəˌsvɑmˀp]
cicuta (f) verde	grøn fluesvamp (f)	['gʁœn 'fluːəˌsvɑmˀp]

230. Frutos. Bagas

fruta (f)	frugt (f)	['fʁogt]
frutas (f pl)	frugter (f pl)	['fʁogtʌ]
maçã (f)	æble (i)	['ɛˀblə]
pera (f)	pære (f)	['pɛˀʌ]
ameixa (f)	blomme (f)	['blʌmə]

morango (m)	jordbær (i)	['joɡˌbæɐ̯]
ginja (f)	kirsebær (i)	['kiɡsəˌbæɐ̯]
cereja (f)	morel (f)	[moˈʁalˀ]
uva (f)	drue (f)	['dʁuːə]

framboesa (f)	hindbær (i)	['henˌbæɐ̯]
groselha (f) negra	solbær (i)	['soːlˌbæɐ̯]
groselha (f) vermelha	ribs (i, f)	['ʁɛbs]
groselha (f) espinhosa	stikkelsbær (i)	['stekəlsˌbæɐ̯]
oxicoco (m)	tranebær (i)	['tʁɑːnəˌbæɐ̯]

laranja (f)	appelsin (f)	[apəl'si'n]
tangerina (f)	mandarin (f)	[mandɑ'ʁi'n]
abacaxi (m)	ananas (f)	['ananas]
banana (f)	banan (f)	[ba'næ'n]
tâmara (f)	daddel (f)	['dað'əl]

limão (m)	citron (f)	[si'tʁo'n]
damasco (m)	abrikos (f)	[abʁi'ko's]
pêssego (m)	fersken (f)	['fæɡskən]
quiuí (m)	kiwi (f)	['ki:vi]
toranja (f)	grapefrugt (f)	['gʁɛjp͜ˌfʁɔgt]

baga (f)	bær (i)	['bæɡ]
bagas (f pl)	bær (i pl)	['bæɡ]
arando (m) vermelho	tyttebær (i)	['tytəˌbæɡ]
morango-silvestre (m)	skovjordbær (i)	['skɒw 'joɡˌbæɡ]
mirtilo (m)	blåbær (i)	['blɔ'ˌbæɡ]

231. Flores. Plantas

| flor (f) | blomst (f) | ['blʌm'st] |
| buquê (m) de flores | buket (f) | [bu'kɛt] |

rosa (f)	rose (f)	['ʁo:sə]
tulipa (f)	tulipan (f)	[tuli'pæ'n]
cravo (m)	nellike (f)	['nel'ekə]
gladíolo (m)	gladiolus (f)	[gladi'o:lus]

centáurea (f)	kornblomst (f)	['koɡnˌblʌm'st]
campainha (f)	blåklokke (f)	['blʌˌklʌkə]
dente-de-leão (m)	mælkebøtte, løvetand (f)	['mɛlkəˌbøtə], ['lø:vəˌtan']
camomila (f)	kamille (f)	[ka'milə]

aloé (m)	aloe (f)	['æ'loˌe']
cacto (m)	kaktus (f)	['kɑktus]
fícus (m)	ficus, stuebirk (f)	['fikus], ['stu:əˌbiɡk]

lírio (m)	lilje (f)	['liljə]
gerânio (m)	geranie (f)	[ge'ʁɑ'njə]
jacinto (m)	hyacint (f)	[hya'sen't]

mimosa (f)	mimose (f)	[mi'mo:sə]
narciso (m)	narcis (f)	[nɑ'si:s]
capuchinha (f)	blomsterkarse (f)	['blʌm'stʌˌkɑ:sə]

orquídea (f)	orkide, orkidé (f)	[ɒki'de']
peônia (f)	pæon (f)	[pɛ'o'n]
violeta (f)	viol (f)	[vi'o'l]

amor-perfeito (m)	stedmoderblomst (f)	['stɛmoɡ ˌblʌm'st]
não-me-esqueças (m)	forglemmigej (f)	[fʌ'glɛm'ˌmɑˌɑj']
margarida (f)	tusindfryd (f)	['tusənˌfʁyð']
papoula (f)	valmue (f)	['valˌmu:ə]
cânhamo (m)	hamp (f)	['hɑm'p]

205

hortelã, menta (f)	mynte (f)	['møntə]
lírio-do-vale (m)	liljekonval (f)	['liljə kɔn'val']
campânula-branca (f)	vintergæk (f)	['ventʌˌgɛk]

urtiga (f)	nælde (f)	['nɛlə]
azedinha (f)	syre (f)	['sy:ʌ]
nenúfar (m)	åkande, nøkkerose (f)	['ɔ'kanə], ['nøkeˌʁo:sə]
samambaia (f)	bregne (f)	['bʁɑjnə]
líquen (m)	lav (f)	['lɑw]

estufa (f)	drivhus (i)	['dʁiwˌhu's]
gramado (m)	græsplæne (f)	['gʁasˌplɛ:nə]
canteiro (m) de flores	blomsterbed (i)	['blʌm'stʌˌbəð]

planta (f)	plante (f)	['plantə]
grama (f)	græs (i)	['gʁas]
folha (f) de grama	græsstrå (i)	['gʁasˌstʁɔ']

folha (f)	blad (i)	['blað]
pétala (f)	kronblad (i)	['krɔnˌblað]
talo (m)	stilk (f)	['stel'k]
tubérculo (m)	rodknold (f)	['ʁoðˌknʌl']

| broto, rebento (m) | spire (f) | ['spi:ʌ] |
| espinho (m) | torn (f) | ['toɡ'n] |

florescer (vi)	at blomstre	[ʌ 'blʌmstʁʌ]
murchar (vi)	at visne	[ʌ 'vesnə]
cheiro (m)	lugt (f)	['lɔgt]
cortar (flores)	at skære af	[ʌ 'skɛ:ʌ 'æ']
colher (uma flor)	at plukke	[ʌ 'plɔkə]

232. Cereais, grãos

grão (m)	korn (i)	['koɡ'n]
cereais (plantas)	kornsorter (f pl)	['koɡnˌsɒ:tʌ]
espiga (f)	aks (i)	['ɑks]

trigo (m)	hvede (f)	['ve:ðə]
centeio (m)	rug (f)	['ʁu']
aveia (f)	havre (f)	['hɑwʁʌ]

| painço (m) | hirse (f) | ['hiɡsə] |
| cevada (f) | byg (f) | ['byg] |

milho (m)	majs (f)	['mɑj's]
arroz (m)	ris (f)	['ʁi's]
trigo-sarraceno (m)	boghvede (f)	['bɔwˌve:ðə]

ervilha (f)	ært (f)	['æɡ't]
feijão (m) roxo	bønne (f)	['bœnə]
soja (f)	soja (f)	['sʌja]
lentilha (f)	linse (f)	['lensə]
feijão (m)	bønner (f pl)	['bœnʌ]

233. Vegetais. Verduras

vegetais (m pl)	grøntsager (pl)	['gʁœntˌsæˀjʌ]
verdura (f)	grønt (i)	['gʁœnˀt]
tomate (m)	tomat (f)	[to'mæˀt]
pepino (m)	agurk (f)	[a'guʁk]
cenoura (f)	gulerod (f)	['guləˌʁoˀð]
batata (f)	kartoffel (f)	[kɑ'tʌfəl]
cebola (f)	løg (i)	['lʌjˀ]
alho (m)	hvidløg (i)	['við.lʌjˀ]
couve (f)	kål (f)	['kɔˀl]
couve-flor (f)	blomkål (f)	['blʌmˌkɔˀl]
couve-de-bruxelas (f)	rosenkål (f)	['ʁoːsənˌkɔˀl]
brócolis (m pl)	broccoli (f)	['bʁʌkoli]
beterraba (f)	rødbede (f)	[ʁœð'beːðə]
berinjela (f)	aubergine (f)	[obæɡ'ɕiːn]
abobrinha (f)	squash, zucchini (f)	['sgwʌɕ], [su'kiːni]
abóbora (f)	græskar (i)	['gʁaskɑ]
nabo (m)	majroe (f)	['mɑjˌʁoːə]
salsa (f)	persille (f)	[pæɡ'selə]
endro, aneto (m)	dild (f)	['dilˀ]
alface (f)	salat (f)	[sa'læˀt]
aipo (m)	selleri (f)	['selʌˌʁiˀ]
aspargo (m)	asparges (f)	[a'spɑˀs]
espinafre (m)	spinat (f)	[spi'næˀt]
ervilha (f)	ærter (f pl)	['æɡˀtʌ]
feijão (~ soja, etc.)	bønner (f pl)	['bœnʌ]
milho (m)	majs (f)	['mɑjˀs]
feijão (m) roxo	bønne (f)	['bœnə]
pimentão (m)	peber (i, f)	['pewʌ]
rabanete (m)	radiser (f pl)	[ʁɑ'disə]
alcachofra (f)	artiskok (f)	[ˌɑːti'skʌk]

GEOGRAFIA REGIONAL

Países. Nacionalidades

234. Europa Ocidental

Europa (f)	Europa	[œw'ʁo:pa]
União (f) Europeia	Den Europæiske Union	[dən œwʁo'pɛ'iskə uni'oˀn]
europeu (m)	europæer (f)	[œwʁo'pɛˀʌ]
europeu (adj)	europæisk	[œwʁo'pɛ'isk]
Áustria (f)	Østrig	['østʁi]
austríaco (m)	østriger (f)	['ø‚stʁi'ʌ]
austríaca (f)	østriger (f)	['ø‚stʁi'ʌ]
austríaco (adj)	østrigsk	['østʁisk]
Grã-Bretanha (f)	Storbritannien	['stoɡ bʁi‚taniən]
Inglaterra (f)	England	['ɛŋ'lan]
inglês (m)	brite (f)	['bʁitə]
inglesa (f)	brite (f)	['bʁitə]
inglês (adj)	engelsk, britisk	['ɛŋ'əlsk], ['bʁitisk]
Bélgica (f)	Belgien	['bɛl'gjən]
belga (m)	belgier (f)	['bɛl'gjʌ]
belga (f)	belgier (f)	['bɛl'gjʌ]
belga (adj)	belgisk	['bɛl'gisk]
Alemanha (f)	Tyskland	['tysklanˀ]
alemão (m)	tysker (f)	['tyskʌ]
alemã (f)	tysker (f)	['tyskʌ]
alemão (adj)	tysk	['tysk]
Países Baixos (m pl)	Nederlandene	['ne:ðʌ‚lɛnnə]
Holanda (f)	Holland	['hʌlanˀ]
holandês (m)	hollænder (f)	['hʌ‚lɛn'ʌ]
holandesa (f)	hollænder (f)	['hʌ‚lɛn'ʌ]
holandês (adj)	hollandsk	['hʌ‚lan'sk]
Grécia (f)	Grækenland	['gʁɛ:kənlanˀ]
grego (m)	græker (f)	['gʁɛ'kʌ]
grega (f)	græker (f)	['gʁɛ'kʌ]
grego (adj)	græsk	['gʁask]
Dinamarca (f)	Danmark	['dænmɑk]
dinamarquês (m)	dansker (f)	['danskʌ]
dinamarquesa (f)	dansker (f)	['danskʌ]
dinamarquês (adj)	dansk	['dan'sk]
Irlanda (f)	Irland	['iɡlanˀ]
irlandês (m)	irlænder (f), irer (f)	['iɡ‚lɛn'ʌ], ['i'ʌ]

irlandesa (f)	irlænder (f), irer (f)	['iɐ̯ˌlɛnˀʌ], ['iˀʌ]
irlandês (adj)	irsk	['iɐ̯ˀsk]
Islândia (f)	Island	['islanˀ]
islandês (m)	islænder (f)	['isˌlɛnˀʌ]
islandesa (f)	islænder (f)	['isˌlɛnˀʌ]
islandês (adj)	islandsk	['isˌlanˀsk]
Espanha (f)	Spanien	['spæˀnjən]
espanhol (m)	spanier (f)	['spæˀnjʌ]
espanhola (f)	spanier (f)	['spæˀnjʌ]
espanhol (adj)	spansk	['spanˀsk]
Itália (f)	Italien	[i'tæljən]
italiano (m)	italiener (f)	[itæl'jɛˀnʌ]
italiana (f)	italiener (f)	[itæl'jɛˀnʌ]
italiano (adj)	italiensk	[ital'jɛˀnsk]
Chipre (m)	Cypern	['kypɒn]
cipriota (m)	cypriot (f)	[kypʁi'oˀt]
cipriota (f)	cypriot (f)	[kypʁi'oˀt]
cipriota (adj)	cypriotisk	[kypʁi'oˀtisk]
Malta (f)	Malta	['malta]
maltês (m)	malteser (f)	[mal'teˀsʌ]
maltesa (f)	malteser (f)	[mal'teˀsʌ]
maltês (adj)	maltesisk	[mal'teˀsisk]
Noruega (f)	Norge	['nɒːw]
norueguês (m)	nordmand (f)	['noɐ̯man̩ˀ]
norueguesa (f)	nordmand (f)	['noɐ̯man̩ˀ]
norueguês (adj)	norsk	['nɒːsk]
Portugal (m)	Portugal	['pɒːtugəl]
português (m)	portugiser (f)	[pɒtu'giˀsʌ]
portuguesa (f)	portugiser (f)	[pɒtu'giˀsʌ]
português (adj)	portugisisk	[pɒtu'giˀsisk]
Finlândia (f)	Finland	['fenlan]
finlandês (m)	finne (f)	['fenə]
finlandesa (f)	finne (f)	['fenə]
finlandês (adj)	finsk	['fenˀsk]
França (f)	Frankrig	['fʁɑŋkʁi]
francês (m)	franskmand (f)	['fʁɑnskˌmanˀ]
francesa (f)	franskmand (f)	['fʁɑnskˌmanˀ]
francês (adj)	fransk	['fʁɑnˀsk]
Suécia (f)	Sverige	['svɛʁiˀ]
sueco (m)	svensker (f)	['svɛnskʌ]
sueca (f)	svensker (f)	['svɛnskʌ]
sueco (adj)	svensk	['svɛnˀsk]
Suíça (f)	Schweiz	['svɑjts]
suíço (m)	schweizer (f)	['svɑjˀtsʌ]
suíça (f)	schweizer (f)	['svɑjˀtsʌ]

209

suíço (adj)	schweizisk	['svɑjˀtsisk]
Escócia (f)	Skotland	['skɒtlanˀ]
escocês (m)	skotte (f)	['skʌtə]
escocesa (f)	skotte (f)	['skʌtə]
escocês (adj)	skotsk	['skʌtsk]

Vaticano (m)	Vatikanstaten	['vateˌkæːn 'stæˀtən]
Liechtenstein (m)	Liechtenstein	['liːktənʃtɑjn]
Luxemburgo (m)	Luxembourg	['lygsəmˌbɒ:]
Mônaco (m)	Monaco	[mo'nɑko]

235. Europa Central e de Leste

Albânia (f)	Albanien	[al'bæˀnjən]
albanês (m)	albaner (f)	[al'bæˀnʌ]
albanesa (f)	albaner (f)	[al'bæˀnʌ]
albanês (adj)	albansk	[al'bæˀnsk]

Bulgária (f)	Bulgarien	[bul'gɑːiən]
búlgaro (m)	bulgarer (f)	[bul'gɑˀa]
búlgara (f)	bulgarer (f)	[bul'gɑˀa]
búlgaro (adj)	bulgarsk	[bul'gɑˀsk]

Hungria (f)	Ungarn	['ɔŋgɑˀn]
húngaro (m)	ungarer (f)	['ɔŋˌgɑˀa]
húngara (f)	ungarer (f)	['ɔŋˌgɑˀa]
húngaro (adj)	ungarsk	['ɔŋˌgɑˀsk]

Letônia (f)	Letland	['lɛtlanˀ]
letão (m)	lette (f)	['lɛtə]
letã (f)	lette (f)	['lɛtə]
letão (adj)	lettisk	['lɛtisk]

Lituânia (f)	Litauen	['liˌtawˀən]
lituano (m)	litauer (f)	['liˌtawˀʌ]
lituana (f)	litauer (f)	['liˌtawˀʌ]
lituano (adj)	litauisk	['liˌtawˀisk]

Polônia (f)	Polen	['poːlæn]
polonês (m)	polak (f)	[po'lɑk]
polonesa (f)	polak (f)	[po'lɑk]
polonês (adj)	polsk	['poˀlsk]

Romênia (f)	Rumænien	[ʁu'mɛˀnjən]
romeno (m)	rumæner (f)	[ʁu'mɛˀnʌ]
romena (f)	rumæner (f)	[ʁu'mɛˀnʌ]
romeno (adj)	rumænsk	[ʁu'mɛˀnsk]

Sérvia (f)	Serbien	['sæɐ̯ˀbiən]
sérvio (m)	serber (f)	['sæɐ̯ˀbʌ]
sérvia (f)	serber (f)	['sæɐ̯ˀbʌ]
sérvio (adj)	serbisk	['sæɐ̯ˀbisk]
Eslováquia (f)	Slovakiet	[slova'kiːəð]
eslovaco (m)	slovak (f)	[slo'vɑk]

| eslovaca (f) | slovak (f) | [slo'vɑk] |
| eslovaco (adj) | slovakisk | [slo'vɑkisk] |

Croácia (f)	Kroatien	[kʁo'æˀtiən]
croata (m)	kroat (f)	[kʁo'æˀt]
croata (f)	kroat (f)	[kʁo'æˀt]
croata (adj)	kroatisk	[kʁo'æˀtisk]

República (f) Checa	Tjekkiet	['tjɛˌkiəð]
checo (m)	tjekke (f)	['tjɛkə]
checa (f)	tjekke (f)	['tjɛkə]
checo (adj)	tjekkisk	['tjɛkisk]

Estônia (f)	Estland	['ɛstlan]
estônio (m)	ester (f)	['ɛstʌ]
estônia (f)	ester (f)	['ɛstʌ]
estônio (adj)	estisk	['ɛstisk]

Bósnia e Herzegovina (f)	Bosnien-Herzegovina	['bosniən hæɐ̯səgoˀviːna]
Macedônia (f)	Makedonien	[makə'doːnjən]
Eslovênia (f)	Slovenien	[slo've:njən]
Montenegro (m)	Montenegro	['mɒntəˌnɛgʁə]

236. Países da ex-URSS

Azerbaijão (m)	Aserbajdsjan	[asæɐ̯bɑj'djæˀn]
azeri (m)	aserbajdsjaner (f)	[asæɐ̯bɑj'djæˀnʌ]
azeri (f)	aserbajdsjaner (f)	[asæɐ̯bɑj'djæˀnʌ]
azeri, azerbaijano (adj)	aserbajdsjansk	[asæɐ̯bɑj'djæˀnsk]

Armênia (f)	Armenien	[ɑ'meˀnjən]
armênio (m)	armenier (f)	[ɑ'meˀnjʌ]
armênia (f)	armenier (f)	[ɑ'meˀnjʌ]
armênio (adj)	armensk	[ɑ'meˀnsk]

Belarus	Hviderusland	['viːðəˌʁuslanˀ]
bielorrusso (m)	hviderusser (f)	['viːðəˌʁusʌ]
bielorrussa (f)	hviderusser (f)	['viːðəˌʁusʌ]
bielorrusso (adj)	hviderussisk	['viːðəˌʁusisk]

Geórgia (f)	Georgien	[ge'ɒˀgjən]
georgiano (m)	georgier (f)	[ge'ɒˀgjʌ]
georgiana (f)	georgier (f)	[ge'ɒˀgjʌ]
georgiano (adj)	georgisk	[ge'ɒˀgisk]

Cazaquistão (m)	Kasakhstan	[ka'sɑkˌstan]
cazaque (m)	kasakher (f)	[ka'sɑkʌ]
cazaque (f)	kasakher (f)	[ka'sɑkʌ]
cazaque (adj)	kasakhisk	[ka'sɑkisk]

Quirguistão (m)	Kirgisistan	[kiɐ̯'gisiˌstan]
quirguiz (m)	kirgiser (f)	[kiɐ̯'giˀsʌ]
quirguiz (f)	kirgiser (f)	[kiɐ̯'giˀsʌ]
quirguiz (adj)	kirgisisk	[kiɐ̯'giˀsisk]

Moldávia (f)	Moldova	[mʌl'do'va]
moldavo (m)	moldover (f)	[mʌl'do'vʌ]
moldava (f)	moldover (f)	[mʌl'do'vʌ]
moldavo (adj)	moldovisk	[mʌl'do'visk]

Rússia (f)	Rusland	['ʁuslan']
russo (m)	russer (f)	['ʁusʌ]
russa (f)	russer (f)	['ʁusʌ]
russo (adj)	russisk	['ʁusisk]

Tajiquistão (m)	Tadsjikistan	[ta'dɕiki̩stan]
tajique (m)	tadsjiker (f)	[ta'dɕikʌ]
tajique (f)	tadsjiker (f)	[ta'dɕikʌ]
tajique (adj)	tadsjikisk	[ta'dɕikisk]

Turquemenistão (m)	Turkmenistan	[tuɡk'me'ni̩stan]
turcomeno (m)	turkmener (f)	[tuɡk'me'nʌ]
turcomena (f)	turkmener (f)	[tuɡk'me'nʌ]
turcomeno (adj)	turkmensk	[tuɡk'me'nsk]

Uzbequistão (f)	Usbekistan	[us'beki̩stan]
uzbeque (m)	usbeker (f)	[us'be'kʌ]
uzbeque (f)	usbeker (f)	[us'be'kʌ]
uzbeque (adj)	usbekisk	[us'be'kisk]

Ucrânia (f)	Ukraine	[ukʁɑ'i'nə]
ucraniano (m)	ukrainer (f)	[ukʁɑ'i'nʌ]
ucraniana (f)	ukrainer (f)	[ukʁɑ'i'nʌ]
ucraniano (adj)	ukrainsk	[ukʁɑ'i'nsk]

237. Asia

Ásia (f)	Asien	['æ'ɕən]
asiático (adj)	asiatisk	[asi'æ'tisk]

Vietnã (m)	Vietnam	['vjɛtnɑm]
vietnamita (m)	vietnameser (f)	[vjɛtna'me'sʌ]
vietnamita (f)	vietnameser (f)	[vjɛtna'me'sʌ]
vietnamita (adj)	vietnamesisk	[vjɛtna'me'sisk]

Índia (f)	Indien	['endjən]
indiano (m)	inder (f)	['en'dʌ]
indiana (f)	inder (f)	['en'dʌ]
indiano (adj)	indisk	['en'disk]

Israel (m)	Israel	[isʁɑ:əl]
israelense (m)	israeler (f)	[isʁɑ'e'lʌ]
israelita (f)	israeler (f)	[isʁɑ'e'lʌ]
israelense (adj)	israelsk	[isʁɑ'e'lsk]

judeu (m)	jøde (f)	['jø:ðə]
judia (f)	jødinde (f)	[jø:'ðenə]
judeu (adj)	jødisk	['jø:ðisk]
China (f)	Kina	['ki:na]

chinês (m)	kineser (f)	[ki'ne'sʌ]
chinesa (f)	kineser (f)	[ki'ne'sʌ]
chinês (adj)	kinesisk	[ki'ne'sisk]

coreano (m)	koreaner (f)	[koɐe'æ'nʌ]
coreana (f)	koreaner (f)	[koɐe'æ'nʌ]
coreano (adj)	koreansk	[koɐe'æ'nsk]

Líbano (m)	Libanon	['li:banɒn]
libanês (m)	libaneser (f)	[liba'ne'sʌ]
libanesa (f)	libaneser (f)	[liba'ne'sʌ]
libanês (adj)	libanesisk	[liba'ne'sisk]

Mongólia (f)	Mongoliet	[mʌŋgo'liəð]
mongol (m)	mongol (f)	[mʌŋ'go'l]
mongol (f)	mongol (f)	[mʌŋ'go'l]
mongol (adj)	mongolsk	[mʌŋ'go'lsk]

Malásia (f)	Malaysia	[ma'lɑjɕiʌ]
malaio (m)	malaj (f)	[ma'lɑj']
malaia (f)	malaj (f)	[ma'lɑj']
malaio (adj)	malajisk	[ma'lɑj'isk]

Paquistão (m)	Pakistan	['pɑki‚stan]
paquistanês (m)	pakistaner (f)	[pɑki'stæ'nʌ]
paquistanesa (f)	pakistaner (f)	[pɑki'stæ'nʌ]
paquistanês (adj)	pakistansk	[pɑki'stæ'nsk]

Arábia (f) Saudita	Saudi-Arabien	['sawdi ɑ'ʁɑ:bjən]
árabe (m)	araber (f)	[ɑ'ʁɑ'bʌ]
árabe (f)	araber (f)	[ɑ'ʁɑ'bʌ]
árabe (adj)	arabisk	[ɑ'ʁɑ'bisk]

Tailândia (f)	Thailand	['tɑjlɛn']
tailandês (m)	thailænder (f)	['tɑj‚lɛn'ʌ]
tailandesa (f)	thailænder (f)	['tɑj‚lɛn'ʌ]
tailandês (adj)	thailandsk	['tɑj‚lan'sk]

Taiwan (m)	Taiwan	['tɑj‚væ'n]
taiwanês (m)	taiwaner (f)	[tɑj'væ'nʌ]
taiwanesa (f)	taiwaner (f)	[tɑj'væ'nʌ]
taiwanês (adj)	taiwansk	[tɑj'væ'nsk]

Turquia (f)	Tyrkiet	[tyɐki:əð]
turco (m)	tyrker (f)	['tyɐkʌ]
turca (f)	tyrker (f)	['tyɐkʌ]
turco (adj)	tyrkisk	['tyɐkisk]

Japão (m)	Japan	['ja:pæn]
japonês (m)	japaner (f)	[ja'pæ'nʌ]
japonesa (f)	japaner (f)	[ja'pæ'nʌ]
japonês (adj)	japansk	[ja'pæ'nsk]

Afeganistão (m)	Afghanistan	[ɑw'gæ'ni‚stan]
Bangladesh (m)	Bangladesh	[bɑngla'dɛɕ]
Indonésia (f)	Indonesien	[endo'ne:ɕən]

213

Jordânia (f)	Jordan	['joɐ̯dan]
Iraque (m)	Irak	['iʁɑk]
Irã (m)	Iran	['iʁɑn]
Camboja (f)	Cambodja	[kæːm'boða]
Kuwait (m)	Kuwait	[ku'vɑjt]

Laos (m)	Laos	['læːɒs]
Birmânia (f)	Myanmar	[mjanmɐ̯]
Nepal (m)	Nepal	['nepalʔ]
Emirados Árabes Unidos	Forenede Arabiske Emirater	[fʌ'enəðə ɑ'ʁɑʔbiskə emi'ʁɑʔtʌ]

Síria (f)	Syrien	['syʁiən]
Palestina (f)	Palæstina	[palə'stinɛnə]
Coreia (f) do Sul	Sydkorea	['syð ko'ʁɛːa]
Coreia (f) do Norte	Nordkorea	['noɐ̯ ko'ʁɛːa]

238. América do Norte

Estados Unidos da América	De Forenede Stater	[di fʌ'enəðə 'stæʔtʌ]
americano (m)	amerikaner (f)	[ɑmʁi'kæʔnʌ]
americana (f)	amerikaner (f)	[ɑmʁi'kæʔnʌ]
americano (adj)	amerikansk	[ɑmʁi'kaʔnsk]

Canadá (m)	Canada	['kanæʔda]
canadense (m)	canadier (f)	[ka'næʔdjʌ]
canadense (f)	canadier (f)	[ka'næʔdjʌ]
canadense (adj)	canadisk	[ka'næʔdisk]

México (m)	Mexiko	['mɛksiko]
mexicano (m)	mexikaner (f)	[mɛksi'kæʔnʌ]
mexicana (f)	mexikaner (f)	[mɛksi'kæʔnʌ]
mexicano (adj)	mexikansk	[mɛksi'kæʔnsk]

239. América Central do Sul

Argentina (f)	Argentina	[ɑgɛn'tiʔna]
argentino (m)	argentiner (f)	[ɑgɛn'tiʔnʌ]
argentina (f)	argentiner (f)	[ɑgɛn'tiʔnʌ]
argentino (adj)	argentinsk	[ɑgɛn'tiʔnsk]

Brasil (m)	Brasilien	[bʁɑ'siljən]
brasileiro (m)	brasilianer (f)	[bʁɑsil'jæʔnʌ]
brasileira (f)	brasilianer (f)	[bʁɑsil'jæʔnʌ]
brasileiro (adj)	brasiliansk	[bʁɑsil'jæʔnsk]

Colômbia (f)	Colombia	[ko'lɔmbja]
colombiano (m)	colombianer (f)	[kolɔm'bjæʔnʌ]
colombiana (f)	colombianer (f)	[kolɔm'bjæʔnʌ]
colombiano (adj)	colombiansk	[kolɔm'bjæʔnsk]
Cuba (f)	Cuba	['kuːba]
cubano (m)	cubaner (f)	[ku'bæʔnʌ]

cubana (f)	cubaner (f)	[ku'bæˀnʌ]
cubano (adj)	cubansk	[ku'bæˀnsk]

Chile (m)	Chile (i)	['tji:lə]
chileno (m)	chilener (f)	[tji'leˀnʌ]
chilena (f)	chilener (f)	[tji'leˀnʌ]
chileno (adj)	chilensk	[tji'leˀnsk]

Bolívia (f)	Bolivia	[bo'livia]
Venezuela (f)	Venezuela	[venəsu'e:la]
Paraguai (m)	Paraguay	[pɑːɑg'wʌj]
Peru (m)	Peru	[pe'ʁu:]

Suriname (m)	Surinam	['suʁiˌnɑm]
Uruguai (m)	Uruguay	[uʁug'wɑj]
Equador (m)	Ecuador	[ekwa'doˀɐ̯]

Bahamas (f pl)	Bahamas	[ba'haˀmas]
Haiti (m)	Haiti	[hɑiti:]
República Dominicana	Dominikanske Republik	[domini'kæ:nskə ʁɛpu'blik]
Panamá (m)	Panama	['panamə]
Jamaica (f)	Jamaica	[ɕa'mɑjka]

240. Africa

Egito (m)	Egypten	[ɛ'gyptən]
egípcio (m)	egypter (f)	[ɛ'gyptʌ]
egípcia (f)	egypter (f)	[ɛ'gyptʌ]
egípcio (adj)	egyptisk	[ɛ'gyptisk]

Marrocos	Marokko	[mɑ'roko]
marroquino (m)	marokkaner (f)	[mɑro'kæˀnʌ]
marroquina (f)	marokkaner (f)	[mɑro'kæˀnʌ]
marroquino (adj)	marokkansk	[mɑro'kæˀnsk]

Tunísia (f)	Tunis	['tu:nis]
tunisiano (m)	tuneser (f)	[tu'neˀsʌ]
tunisiana (f)	tuneser (f)	[tu'neˀsʌ]
tunisiano (adj)	tunesisk	[tu'neˀsisk]

Gana (f)	Ghana	['ganə]
Zanzibar (m)	Zanzibar	['sa:nsibɑ:]
Quênia (f)	Kenya	['kɛnja]
Líbia (f)	Libyen	['li:bjən]
Madagascar (m)	Madagaskar	[mada'gæskɑ]

Namíbia (f)	Namibia	[na'mibia]
Senegal (m)	Senegal	[se:nəgæ:l]
Tanzânia (f)	Tanzania	['tansaˌniæ]
África (f) do Sul	Sydafrika	['syð ˌafʁika]

africano (m)	afrikaner (f)	[afʁi'kæˀnʌ]
africana (f)	afrikaner (f)	[afʁi'kæˀnʌ]
africano (adj)	afrikansk	[afʁi'kæˀnsk]

241. Austrália. Oceania

Austrália (f)	Australien	[aw'stʁaˀljən]
australiano (m)	australier (f)	[aw'stʁaˀljʌ]
australiana (f)	australier (f)	[aw'stʁaˀljʌ]
australiano (adj)	australsk	[aw'stʁaˀlsk]

Nova Zelândia (f)	New Zealand	[nju:'si:lanˀ]
neozelandês (m)	newzealænder (f)	[nju'se:ˌlɛnˀʌ]
neozelandesa (f)	newzealænder (f)	[nju'se:ˌlɛnˀʌ]
neozelandês (adj)	newzealandsk	[nju'se:ˌlanˀsk]

| Tasmânia (f) | Tasmanien | [tas'mani:ən] |
| Polinésia (f) Francesa | Fransk Polynesien | ['fʁanˀsk poly'neˀçən] |

242. Cidades

Amesterdã, Amsterdã	Amsterdam	['amstɒˌdam]
Ancara	Ankara	['ankaˀʁa]
Atenas	Athen	[a'ti:n]
Bagdade	Bagdad	['bawdað]
Bancoque	Bangkok	['baŋkɒk]

Barcelona	Barcelona	[basə'lo:næ]
Beirute	Beirut	['bæiˀˌʁut]
Berlim	Berlin	[bæɡ̊'liˀn]
Bonn	Bonn	['bɔn]
Bordéus	Bordeaux	['boˀdoˀ]

Bratislava	Bratislava	[bʁati'slæ:və]
Bruxelas	Bruxelles	['bʁysɛl]
Bucareste	Bukarest	['boka:ast]
Budapeste	Budapest	['budapɛst]
Cairo	Cairo	['kajʁo]

Calcutá	Calcutta	[kæl'kʌta]
Chicago	Chicago	[çi'ka:go]
Cidade do México	Mexico City	['mɛgsiko 'siti]
Copenhague	København	['købənˌhaw'n]
Dar es Salaam	Dar es-Salaam	['da:ɛs saˌlaˀm]

Deli	Delhi	[dɛ'li]
Dubai	Dubai	['dubaj]
Dublim	Dublin	['dɒblin]
Düsseldorf	Düsseldorf	['dʉsəlˌdɒ:f]
Estocolmo	Stockholm	['stɒkhɒlm]

Florença	Firenze	[fi'ʁansə]
Frankfurt	Frankfurt	['fʁaŋkfuɒt]
Genebra	Geneve	[çe'nɛ:və]
Haia	Haag	['hæˀj]
Hamburgo	Hamburg	['hæ:mbœ:g]
Hanói	Hanoi	['hanɒj]

Havana	Havanna	[hæ'vana]
Helsinque	Helsingfors	['hɛlseŋˌfɒːs]
Hiroshima	Hiroshima	[hiʁo'ɕiːma]
Hong Kong	Hongkong	['hʌŋˌkɒŋ]
Istambul	Istanbul	['istanbul]

Jerusalém	Jerusalem	[je'ʁusalɛm]
Kiev, Quieve	Kijev	['kijəw]
Kuala Lumpur	Kuala Lumpur	[ku'ala lɔm'puɒ]
Lion	Lyon	[li'ɔŋ]
Lisboa	Lissabon	['lisabɒn]

Londres	London	['lɒnˌdɒn]
Los Angeles	Los Angeles	[ˌlɒs'æŋʒələs]
Madrid	Madrid	[ma'dʁið]
Marselha	Marseille	[mɑː'sɛj]
Miami	Miami	[mʌ'ɛmi]

Montreal	Montreal	[mɒŋtʁeel]
Moscou	Moskva	[mo'skvɛ]
Mumbai	Bombay	['bɔmbəj]
Munique	München	['mʉnɕən]
Nairóbi	Nairobi	[nɑj'ʁoːbi]
Nápoles	Neapel	[ne'apəl]

Nice	Nice	['niːs]
Nova York	New York	[nju:'jɒːk]
Oslo	Oslo	['oslu]
Ottawa	Ottawa	['ɔːtəwə]
Paris	Paris	[pɑ'ʁiːs]

Pequim	Beijing	['bɛjdʒiŋ]
Praga	Prag	['pʁɑːw]
Rio de Janeiro	Rio de Janeiro	['ʁiːo de ʒa'neːjʁo]
Roma	Rom	['ʁo'm]
São Petersburgo	Sankt Petersborg	[ˌsɑŋt 'pe'tʌsbɐ]
Seul	Seoul	[sœ'uːl]

Singapura	Singapore	['seŋgapɒː]
Sydney	Sydney	['sidni]
Taipé	Taipei	['tajpæj]
Tóquio	Tokyo	['tokjo]
Toronto	Toronto	[to'ɐnto]

Varsóvia	Warszawa	[wɑ'ɕæːva]
Veneza	Venedig	[ve'neːdi']
Viena	Wien	['vi'n]
Washington	Washington	['wɒɕeŋtɒn]
Xangai	Shanghai	['ɕɑŋhɑj]

243. Política. Governo. Parte 1

| política (f) | politik (f) | [poli'tik] |
| político (adj) | politisk | [po'litisk] |

político (m)	politiker (f)	[po'litikʌ]
estado (m)	stat (f)	['stæʔt]
cidadão (m)	statsborger (f)	['stæʔtsˌbɒːwʌ]
cidadania (f)	statsborgerskab (i)	['stæʔtsˌbɒːwʌˌskæʔb]

| brasão (m) de armas | rigsvåben (i) | ['ʁisˌvɔʔbən] |
| hino (m) nacional | nationalsang (f) | [naɕoˈnælˌsɑŋʔ] |

governo (m)	regering (f)	[ʁɛˈgeʔɡeŋ]
Chefe (m) de Estado	statschef (f)	['stætsˌɕɛʔf]
parlamento (m)	parlament (i)	[pɑlaˈmɛnʔt]
partido (m)	parti (i)	[pɑ'tiʔ]

| capitalismo (m) | kapitalisme (f) | [kapita'lismə] |
| capitalista (adj) | kapitalistisk | [kapita'listisk] |

| socialismo (m) | socialisme (f) | [soɕa'lismə] |
| socialista (adj) | socialistisk | [soɕa'listisk] |

comunismo (m)	kommunisme (f)	[komu'nismə]
comunista (adj)	kommunistisk	[komu'nistisk]
comunista (m)	kommunist (f)	[komu'nist]

democracia (f)	demokrati (i)	[demokʁa'tiʔ]
democrata (m)	demokrat (f)	[demo'kʁaʔt]
democrático (adj)	demokratisk	[demo'kʁaʔtisk]
Partido (m) Democrático	demokratisk parti (i)	[demo'kʁaʔtisk pɑ'tiʔ]

| liberal (m) | liberalist (f) | [libəʁa'list] |
| liberal (adj) | liberal | [libə'ʁaʔl] |

| conservador (m) | konservator (f) | [kʌnsæɡ'væːtʌ] |
| conservador (adj) | konservativ | [kɔn'sæɡvaˌtiwʔ] |

república (f)	republik (f)	[ʁɛpu'blik]
republicano (m)	republikaner (f)	[ʁɛpubli'kæʔnʌ]
Partido (m) Republicano	republikansk parti (i)	[ʁɛpubli'kæʔnsk pɑ'tiʔ]

eleições (f pl)	valg (i)	['valʔj]
eleger (vt)	at vælge	[ʌ 'vɛljə]
eleitor (m)	vælger (f)	['vɛljʌ]
campanha (f) eleitoral	valgkampagne (f)	['valj kɑm'panjə]

votação (f)	afstemning (f)	['awˌstɛmʔnen]
votar (vi)	at stemme	[ʌ 'stɛmə]
sufrágio (m)	stemmeret (f)	['stɛməˌʁat]

candidato (m)	kandidat (f)	[kandi'dæʔt]
candidatar-se (vi)	at kandidere	[ʌ kandi'deʔʌ]
campanha (f)	kampagne (f)	[kɑm'panjə]

| da oposição | oppositions- | [oposi'ɕons-] |
| oposição (f) | opposition (f) | [oposi'ɕoʔn] |

| visita (f) | besøg (i) | [be'søʔj] |
| visita (f) oficial | officielt besøg (i) | [ʌfi'ɕɛlʔ be'søʔj] |

internacional (adj)	international	['entʌnaɕoˌnæˀl]
negociações (f pl)	forhandlinger (f pl)	[fʌ'han'leŋʌ]
negociar (vi)	at forhandle	[ʌ fʌ'han'lə]

244. Política. Governo. Parte 2

sociedade (f)	samfund (i)	['samˌfɔn']
constituição (f)	konstitution (f)	[kʌnstitu'ɕoˀn]
poder (ir para o ~)	magt (f)	['magt]
corrupção (f)	korruption (f)	[kɔɒp'ɕoˀn]

lei (f)	lov (f)	['lɒw]
legal (adj)	lovlig	['lɒwli]

justeza (f)	retfærdighed (f)	[ʁat'fæɡ'diˌheðˀ]
justo (adj)	retfærdig	[ʁat'fæɡ'di]

comitê (m)	komite, komité (f)	[komi'teˀ]
projeto-lei (m)	lovforslag (i)	['lɒw 'fɔːˌslæˀj]
orçamento (m)	budget (i)	[by'ɕɛt]
política (f)	politik (f)	[poli'tik]
reforma (f)	reform (f)	[ʁɛ'fɒˀm]
radical (adj)	radikal	[ʁadi'kæˀl]

força (f)	kraft (f)	['kʁaft]
poderoso (adj)	mægtig, magtfuld	['mɛgti], ['magtˌfulˀ]
partidário (m)	tilhænger (f)	['telˌhɛŋˀʌ]
influência (f)	indflydelse (f)	['enˌflyðˀəlsə]

regime (m)	regime (i)	[ʁɛ'ɕiːmə]
conflito (m)	konflikt (f)	[kʌn'flikt]
conspiração (f)	sammensværgelse (f)	['samənˌsvæɡˀwəlsə]
provocação (f)	provokation (f)	[pʁovoka'ɕoˀn]

derrubar (vt)	at styrte	[ʌ 'styɡtə]
derrube (m), queda (f)	omstyrtelse (f)	['awˌsɛtəlsə]
revolução (f)	revolution (f)	[ʁɛvolu'ɕoˀn]

golpe (m) de Estado	statskup (i)	['stæˀtsˌkup]
golpe (m) militar	militærkup (i)	[mili'tɛɡˌkup]

crise (f)	krise (f)	['kʁiˀsə]
recessão (f) econômica	økonomisk nedgang (f)	[øko'noˀmisk 'neðˌgaŋˀ]
manifestante (m)	demonstrant (f)	[demɔn'stʁanˀt]
manifestação (f)	demonstration (f)	[demɔnstʁa'ɕoˀn]
lei (f) marcial	krigstilstand (f)	['kʁis 'telˌstan']
base (f) militar	militærbase (f)	[mili'tɛɡˌbæːsə]

estabilidade (f)	stabilitet (f)	[stabili'teˀt]
estável (adj)	stabil	[sta'biˀl]

exploração (f)	udbytning (f)	['uðˌbytnen]
explorar (vt)	at udbytte	[ʌ 'uðˌbytə]
racismo (m)	racisme (f)	[ʁa'sismə]

219

racista (m)	racist (f)	[ʁa'sist]
fascismo (m)	fascisme (f)	[fa'sismə]
fascista (m)	fascist (f)	[fa'sist]

245. Países. Diversos

estrangeiro (m)	udlænding (f)	['uð͜lɛn'eŋ]
estrangeiro (adj)	udenlandsk	['uðən͜lan'sk]
no estrangeiro	i udlandet	[i 'uð͜lan'əð]

emigrante (m)	emigrant (f)	[emi'gʁan't]
emigração (f)	emigration (f)	[emigʁa'ɕo'n]
emigrar (vi)	at emigrere	[ʌ emi'gʁɛ'ʌ]

Ocidente (m)	Vesten	['vɛstən]
Oriente (m)	Østen	['østən]
Extremo Oriente (m)	Fjernøsten	['fjæɡn͜østən]
civilização (f)	civilisation (f)	[sivilisa'ɕo'n]
humanidade (f)	menneskehed (f)	['mɛnəskə͜heð']
mundo (m)	verden (f)	['væɡdən]
paz (f)	fred (f)	['fʁɛð]
mundial (adj)	verdens-	['væɡdəns-]

pátria (f)	fædreland (i)	['fɛðʁʌ͜lan']
povo (população)	folk (i)	['fʌl'k]
população (f)	befolkning (f)	[be'fʌl'knen]
gente (f)	folk (i)	['fʌl'k]
nação (f)	nation (f)	[na'ɕo'n]
geração (f)	generation (f)	[genəʁa'ɕo'n]
território (m)	territorium (i)	[tæɡi'toɡ'jɔm]
região (f)	region (f)	[ʁɛgi'o'n]
estado (m)	delstat (f)	['del͜stæ't]

tradição (f)	tradition (f)	[tʁadi'ɕo'n]
costume (m)	skik, sædvane (f)	['skik], ['sɛð͜væ:nə]
ecologia (f)	økologi (f)	[økolo'gi']

índio (m)	indianer (f)	[endi'æ'nʌ]
cigano (m)	sigøjner (f)	[si'gʌj'nʌ]
cigana (f)	sigøjner (f)	[si'gʌj'nʌ]
cigano (adj)	sigøjner-	[si'gʌjnʌ-]

império (m)	imperium, rige (i)	[em'pe'ɡiɔm], ['ʁi:ə]
colônia (f)	koloni (f)	[kolo'ni']
escravidão (f)	slaveri (i)	[slæwʌ'ʁi']
invasão (f)	invasion (f)	[enva'ɕo'n]
fome (f)	hungersnød (f)	['hɔŋʌs͜nø'ð]

246. Grupos religiosos mais importantes. Confissões

| religião (f) | religion (f) | [ʁɛli'gjo'n] |
| religioso (adj) | religiøs | [ʁɛli'gjø's] |

crença (f)	tro (f)	['tʁoʔ]
crer (vt)	at tro	[ʌ 'tʁoʔ]
crente (m)	troende (f)	['tʁoːənə]
ateísmo (m)	ateisme (f)	[ate'ismə]
ateu (m)	ateist (f)	[ate'ist]
cristianismo (m)	kristendom (f)	['kʁɛstənˌdʌmʔ]
cristão (m)	kristen (f)	['kʁɛstən]
cristão (adj)	kristen	['kʁɛstən]
catolicismo (m)	katolicisme (f)	[katoli'sismə]
católico (m)	katolik (f)	[kato'lik]
católico (adj)	katolsk	[ka'toʔlsk]
protestantismo (m)	protestantisme (f)	[pʁotəstan'tismə]
Igreja (f) Protestante	den protestantiske kirke (f)	[dən pʁotə'stanʔtiskə 'kiɐ̯kə]
protestante (m)	protestant (f)	[pʁotə'stanʔt]
ortodoxia (f)	ortodoksi (f)	[ɒtodʌk'siʔ]
Igreja (f) Ortodoxa	den ortodokse kirke (f)	[dən ɒto'dʌksə 'kiɐ̯kə]
ortodoxo (m)	ortodoks (f)	[ɒto'dʌks]
presbiterianismo (m)	presbyterianisme (f)	[pʁɛsbytæɐ̯iæ'nismə]
Igreja (f) Presbiteriana	den presbyterianske kirke	[dən pʁɛsbytæɐ̯i'æʔnskə 'kiɐ̯kə]
presbiteriano (m)	presbyterianer (f)	[pʁɛsbytæɐ̯i'æʔnʌ]
luteranismo (m)	lutheranisme (f)	[lutəʁa'nismə]
luterano (m)	lutheraner (f)	[lutə'ʁaʔnʌ]
Igreja (f) Batista	baptisme (f)	[bap'tismə]
batista (m)	baptist (f)	[bap'tist]
Igreja (f) Anglicana	den anglikanske kirke	[dən aŋle'kæːnskə 'kiɐ̯kə]
anglicano (m)	anglikaner (f)	[aŋgli'kæʔnʌ]
mormonismo (m)	mormonisme (f)	[mɒmo'nismə]
mórmon (m)	mormon (f)	[mɒ'moʔn]
Judaísmo (m)	jødedom (f)	['jøːðəˌdʌmʔ]
judeu (m)	jøde (f)	['jøːðə]
budismo (m)	buddhisme (f)	[bu'dismə]
budista (m)	buddhist (f)	[bu'dist]
hinduísmo (m)	hinduisme (f)	[hendu'ismə]
hindu (m)	hindu (f)	['hendu]
Islã (m)	islam (f)	[is'laːm], ['islam]
muçulmano (m)	muslim (f)	[mu'sliʔm]
muçulmano (adj)	muslimsk	[mu'sliʔmsk]
xiismo (m)	shiisme (f)	[ɕi'ismə]
xiita (m)	shiit (f)	[ɕi'it]
sunismo (m)	sunnisme (f)	[su'nismə]
sunita (m)	sunnit (f)	[su'nit]

247. Religiões. Padres

| padre (m) | præst (f) | ['pʁast] |
| Papa (m) | Paven | ['pæ:vən] |

monge (m)	munk (f)	['mɔŋˀk]
freira (f)	nonne (f)	['nʌnə]
pastor (m)	pastor (f)	['pastʌ]

abade (m)	abbed (f)	['ɑbeð]
vigário (m)	sognepræst (f)	['sɒwnə.pʁast]
bispo (m)	biskop (f)	['biskʌp]
cardeal (m)	kardinal (f)	[kɑdi'næˀl]

pregador (m)	prædikant (f)	[pʁɛdi'kanˀt]
sermão (m)	prædiken (f)	['pʁɛðəkən]
paroquianos (pl)	sognebørn (pl)	['sɒwnə.bœɐˀn]

| crente (m) | troende (f) | ['tʁoːənə] |
| ateu (m) | ateist (f) | [ate'ist] |

248. Fé. Cristianismo. Islão

| Adão | Adam | ['æˀdɑm] |
| Eva | Eva | ['e:va] |

Deus (m)	Gud	['guð]
Senhor (m)	Herren	['hæ:ɐˀn]
Todo Poderoso (m)	Den Almægtige	[dən al'mɛgtiə]

pecado (m)	synd (f)	['sønˀ]
pecar (vi)	at synde	[ʌ 'sønə]
pecador (m)	synder (f)	['sønʌ]
pecadora (f)	synder (f)	['sønʌ]

| inferno (m) | helvede (i) | ['hɛlvəðə] |
| paraíso (m) | paradis (i) | ['pɑːɑ.diˀs] |

| Jesus | Jesus | ['je:sus] |
| Jesus Cristo | Jesus Kristus | ['je:sus 'kʁɛstus] |

Espírito (m) Santo	Den Hellige Ånd	[dən 'hɛ.li'ə ˌʌnˀ]
Salvador (m)	Frelseren	['fʁalsʌˀn]
Virgem Maria (f)	Jomfru Maria	['jʌmfʁu mɑ.ʁi:a]

Diabo (m)	Djævelen	['djɛ:velən]
diabólico (adj)	djævelsk	['djɛ:vəl-]
Satanás (m)	Satan	['sæ:tan]
satânico (adj)	satanisk	[sa'tæˀnisk]

anjo (m)	engel (f)	['ɛŋəl]
anjo (m) da guarda	skytsengel (f)	['skøts.ɛŋəl]
angelical	engle-	['ɛŋlə-]

apóstolo (m)	apostel (f)	[a'pʌstəl]
arcanjo (m)	ærkeengel (f)	['æɐ̯kə'ŋəl]
anticristo (m)	Antikrist	['anti͵kʁɛst]

Igreja (f)	kirke (f)	['kiɐ̯kə]
Bíblia (f)	Bibelen, bibel (f)	['bi:bəln], ['bi:bəl]
bíblico (adj)	bibelsk	['bi'bəlsk]

Velho Testamento (m)	Det Gamle Testamente	[de 'gamlə tɛsta'mɛntə]
Novo Testamento (m)	Det Nye Testamente	[de 'ny:ə tɛsta'mɛntə]
Evangelho (m)	evangelium (i)	[evaŋ'ge'ljɔm]
Sagradas Escrituras (f pl)	Den Hellige Skrift	[dən 'hɛ͵li'ə 'skʁɛft]
Céu (sete céus)	Himlen, Himmerige	['hemlən], ['hemʌ͵ʁi:ə]

mandamento (m)	bud (i)	['buð]
profeta (m)	profet (f)	[pʁo'fe't]
profecia (f)	profeti (f)	[pʁofə'ti']

Alá (m)	Allah	['ala]
Maomé (m)	Muhamed	['muha͵mɛð]
Alcorão (m)	Koranen	[ko'ʁanən]

mesquita (f)	moske (f)	[mo'ske']
mulá (m)	mullah (f)	['mula]
oração (f)	bøn (f)	['bœn']
rezar, orar (vi)	at bede	[ʌ 'be'ðə]

peregrinação (f)	pilgrimsrejse (f)	['pil͵gʁɛms͵ʁajsə]
peregrino (m)	pilgrim (f)	['pil͵gʁɛm']
Meca (f)	Mekka	['mɛka]

igreja (f)	kirke (f)	['kiɐ̯kə]
templo (m)	tempel (i)	['tɛm'pəl]
catedral (f)	katedral (f)	[katə'dʁa'l]
gótico (adj)	gotisk	['go'tisk]
sinagoga (f)	synagoge (f)	[syna'go:ə]
mesquita (f)	moske (f)	[mo'ske']

capela (f)	kapel (i)	[ka'pɛl']
abadia (f)	abbedi (i)	[abə'di']
convento (m)	kloster (i)	['klʌstʌ]
monastério (m)	kloster (i)	['klʌstʌ]

sino (m)	klokke (f)	['klʌkə]
campanário (m)	klokketårn (i)	['klʌkə͵tɒ'n]
repicar (vi)	at ringe	[ʌ 'ʁɛŋə]

cruz (f)	kors (i)	['kɒ:s]
cúpula (f)	kuppel (f)	['kupəl]
ícone (m)	ikon (i, f)	[i'ko'n]

alma (f)	sjæl (f)	['ɕɛ'l]
destino (m)	skæbne (f)	['skɛ:bnə]
mal (m)	ondskab (f)	['ɔn͵skæ'b]
bem (m)	godhed (f)	['goð͵heð']
vampiro (m)	vampyr (f)	[vam'pyɐ̯']

bruxa (f)	heks (f)	['hɛks]
demônio (m)	dæmon (f)	[dɛ'moˀn]
espírito (m)	ånd (f)	['ʌnˀ]
redenção (f)	forløsning (f)	[fʌ'løˀsneŋ]
redimir (vt)	at sone	[ʌ 'soːnə]
missa (f)	gudstjeneste (f)	['guðsˌtjɛːnəstə]
celebrar a missa	at holde gudstjeneste	[ʌ 'hʌlə 'guðsˌtjɛːnəstə]
confissão (f)	skrifte (i)	['skʁɛftə]
confessar-se (vr)	at skrifte	[ʌ 'skʁɛftə]
santo (m)	helgen (f)	['hɛljən]
sagrado (adj)	hellig	['hɛli]
água (f) benta	vievand (i)	['viːəˌvanˀ]
ritual (m)	ritual (i)	[ʁitu'æˀl]
ritual (adj)	rituel	[ʁitu'ɛlˀ]
sacrifício (m)	ofring (f)	['ʌfʁʌeŋ]
superstição (f)	overtro (f)	['ɔwʌˌtʁoˀ]
supersticioso (adj)	overtroisk	['ɔwʌˌtʁoˀisk]
vida (f) após a morte	efterliv (i)	['ɛftʌˌliwˀ]
vida (f) eterna	det evige liv	[de 'eːviə liwˀ]

TEMAS DIVERSOS

249. Várias palavras úteis

ajuda (f)	hjælp (f)	['jɛl'p]
barreira (f)	forhindring (f)	[fʌ'hen'dʁɛŋ]
base (f)	basis (f)	['bæːsis]
categoria (f)	kategori (f)	[katəgo'ʁi']
causa (f)	årsag (f)	['ɒːˌsæ'j]
coincidência (f)	sammenfald (i)	['sɑmənˌfal']
coisa (f)	ting (f)	['ten']
começo, início (m)	begyndelse (f)	[be'gøn'əlsə]
cômodo (ex. poltrona ~a)	bekvem	[be'kvɛm']
comparação (f)	sammenligning (f)	['sɑmənˌliːneŋ]
compensação (f)	kompensation (f)	[kʌmpɛnsa'ɕoˀn]
crescimento (m)	vækst (f)	['vɛkst]
desenvolvimento (m)	udvikling (f)	['uðˌvekleŋ]
diferença (f)	forskel (f)	['fɒːskɛl]
efeito (m)	effekt (f)	[e'fɛkt]
elemento (m)	element (i)	[elə'mɛn't]
equilíbrio (m)	balance (f)	[ba'lɑŋsə]
erro (m)	fejl (f)	['faj'l]
esforço (m)	anstrengelse (f)	['anˌstʁaŋ'əlsə]
estilo (m)	stil (f)	['sti'l]
exemplo (m)	eksempel (i)	[ɛk'sɛm'pəl]
fato (m)	faktum (i)	['fɑktɔm]
fim (m)	slut (f)	['slut]
forma (f)	form (f)	['fɒ'm]
frequente (adj)	hyppig	['hypi]
fundo (ex. ~ verde)	baggrund (f)	['bɑwˌgʁɔn']
gênero (tipo)	slags (i, f)	['slɑgs]
grau (m)	grad (f)	['gʁɑ'ð]
ideal (m)	ideal (i)	[ide'æ'l]
labirinto (m)	labyrint (f)	[laby'ʁɛn't]
modo (m)	måde (f)	['mɔːðə]
momento (m)	øjeblik (i)	['ʌjəˌblek]
objeto (m)	objekt (i)	['ʌbjɛkt]
obstáculo (m)	hindring (f)	['hendʁɛŋ]
original (m)	original (f)	[ɒigi'næ'l]
padrão (adj)	standard-	['stanˌdɑd-]
padrão (m)	standard (f)	['stanˌdɑ'd]
paragem (pausa)	ophold (i)	['ʌpˌhʌl']
parte (f)	del (f)	['de'l]

partícula (f)	partikel (f)	[pɑ'tikəl]
pausa (f)	pause (f)	['pɑwsə]
posição (f)	position (f)	[posi'ço'n]
princípio (m)	princip (i)	[pʁin'sip]

problema (m)	problem (i)	[pʁo'ble'm]
processo (m)	proces (f)	[pʁo'sɛs]
progresso (m)	fremskridt (i)	['fʁam‚skʁʁit]
propriedade (qualidade)	egenskab (f)	['ejən‚skæ'b]

reação (f)	reaktion (f)	[ʁɛak'ço'n]
risco (m)	risiko (f)	['ʁisiko]
ritmo (m)	tempo (i)	['tɛmpo]
segredo (m)	hemmelighed (f)	['hɛməli‚heð']
série (f)	serie (f)	['seɡ'jə]

sistema (m)	system (i)	[sy'ste'm]
situação (f)	situation (f)	[sitwa'ço'n]
solução (f)	løsning (f)	['lø:snɐŋ]
tabela (f)	tabel (f)	[ta'bɛl']
termo (ex. ~ técnico)	term (f)	['tæɡ'm]

tipo (m)	type (f)	['ty:pə]
urgente (adj)	haster	['hastə]
urgentemente	omgående	['ʌm‚ɡɔ'ənə]
utilidade (f)	nytte (f)	['nøtə]

variante (f)	variant (f)	[vɑi'an't]
variedade (f)	valg (i)	['val'j]
verdade (f)	sandhed (f)	['san‚heð']
vez (f)	tur (f)	['tuɡ']
zona (f)	zone (f)	['so:nə]

250. Modificadores. Adjetivos. Parte 1

aberto (adj)	åben	['ɔ:bən]
afetuoso (adj)	øm	['œm']
afiado (adj)	skarp	['skɑ:p]
agradável (adj)	rar, behagelig	['ʁɑ'], [be'hæ'jəli]
agradecido (adj)	taknemmelig	[tak'nɛm'əli]

alegre (adj)	munter	['mɔn'tʌ]
alto (ex. voz ~a)	høj	['hʌj']
amargo (adj)	bitter	['betʌ]
amplo (adj)	rummelig	['ʁɔməli]
antigo (adj)	oldtids-	['ʌl‚tiðs-]

apertado (sapatos ~s)	stram	['stʁam']
apropriado (adj)	brugbar	['bʁu:‚bɑ']
arriscado (adj)	risikabel	[ʁisi'kæ'bəl]
artificial (adj)	kunstig	['kɔnsti]

| azedo (adj) | sur | ['suɡ'] |
| baixo (voz ~a) | lav | ['læ'v] |

226

barato (adj)	billig	['bili]
belo (adj)	skøn	['skœn']

bom (adj)	god	['goð']
bondoso (adj)	god	['goð']
bonito (adj)	smuk	['smɔk]
bronzeado (adj)	solbrændt	['soːlˌbʁanˀt]
burro, estúpido (adj)	dum	['dɔm']

calmo (adj)	rolig	['ʁoːli]
cansado (adj)	træt	['tʁat]
cansativo (adj)	trættende	['tʁadənə]
carinhoso (adj)	omsorgsfuld	['ʌmˌsɒwsfulˀ]
caro (adj)	dyr, kostbar	['dyɐ̯'], ['kʌstˌbɑˀ]

cego (adj)	blind	['blen']
central (adj)	central	[sɛn'tʁɑˀl]
cerrado (ex. nevoeiro ~)	tyk	['tyk]
cheio (xícara ~a)	fuld	['fulˀ]

civil (adj)	borgerlig	['bɒːwʌli]
clandestino (adj)	hemmelig	['hɛməli]
claro (explicação ~a)	klar	['klɑˀ]
claro (pálido)	lys	['lyˀs]

compatível (adj)	forenelig	[fʌ'eˀnəli]
comum, normal (adj)	almindelig	[al'menˀli]
congelado (adj)	frossen	['fʁɔsən]
conjunto (adj)	fælles	['fɛlˀəs]
considerável (adj)	betydelig	[be'tyˀðəli]

contente (adj)	tilfreds	[te'fʁɛs]
contínuo (adj)	langvarig	['lɑŋˌvaˀi]
contrário (ex. o efeito ~)	modsat	['moðˌsat]
correto (resposta ~a)	rigtig	['ʁɛgti]
cru (não cozinhado)	rå	['ʁɔˀ]

curto (adj)	kort	['kɒːt]
de curta duração	kortvarig	['kɒːtˌvaˀi]
de sol, ensolarado	solrig	['soːlˌʁiˀ]
de trás	bag-	['bæː-]
denso (fumaça ~a)	tæt	['tɛt]

desanuviado (adj)	skyfri	['skyˌfʁiˀ]
descuidado (adj)	skødesløs	['skøːðəsˌløˀs]
diferente (adj)	forskellig	[fʌ'skɛlˀi]
difícil (decisão)	svær	['svɛˀɐ̯]
difícil, complexo (adj)	kompliceret	[kʌmpli'seˀʌð]

direito (lado ~)	højre	['hʌjʁʌ]
distante (adj)	fjern	['fjæɐ̯ˀn]
diverso (adj)	forskellig	[fʌ'skɛlˀi]
doce (açucarado)	sød	['søðˀ]
doce (água)	ferske	['fæɐ̯skə]
doente (adj)	syg	['syˀ]
duro (material ~)	hård	['hɒˀ]

educado (adj)	høflig	['høfli]
encantador (agradável)	kær	['kɛ'ɐ̯]

enigmático (adj)	mystisk	['mystisk]
enorme (adj)	enorm	[e'nɒ'm]
escuro (quarto ~)	mørk	['mœɐ̯k]
especial (adj)	speciel	[spe'ɕɛl']
esquerdo (lado ~)	venstre	['vɛnstʁʌ]

estrangeiro (adj)	udenlandsk	['uðən,lan'sk]
estreito (adj)	smal	['smal']
exato (montante ~)	eksakt, præcis	[ɛk'sakt], [pʁɛ'si's]
excelente (adj)	udmærket	['uð,mæɐ̯kəð]
excessivo (adj)	overdreven	['ɒwʌ,dʁɛ'vən]

externo (adj)	ydre	['yðʁʌ]
fácil (adj)	let	['lɛt]
faminto (adj)	sulten	['sultən]
fechado (adj)	lukket	['lɔkəð]
feliz (adj)	lykkelig	['løkəli]

fértil (terreno ~)	frugtbar	['fʁɔgt,bɑ']
forte (pessoa ~)	stærk	['stæɐ̯k]
fraco (luz ~a)	svag	['svæ'j]
frágil (adj)	skør	['skø'ɐ̯]
fresco (pão ~)	frisk	['fʁɛsk]

fresco (tempo ~)	kølig	['kø:li]
frio (adj)	kold	['kʌl']
gordo (alimentos ~s)	fed	['feð]
gostoso, saboroso (adj)	lækker	['lɛkʌ]

grande (adj)	stor	['sto'ɐ̯]
gratuito, grátis (adj)	gratis	['gʁɑ:tis]
grosso (camada ~a)	tyk	['tyk]
hostil (adj)	fjendtlig	['fjɛntli]

251. Modificadores. Adjetivos. Parte 2

igual (adj)	lige, ens	['li:ə], ['e'ns]
imóvel (adj)	ubevægelig	[ube'vɛ'jəli]
importante (adj)	vigtig	['vegti]
impossível (adj)	umulig	[u'mu'li]
incompreensível (adj)	uforståelig	[ufʌ'stɔ'əli]

indigente (muito pobre)	ludfattig	['luð'fati]
indispensável (adj)	nødvendig	[nøð'vɛn'di]
inexperiente (adj)	uerfaren	[uæɐ̯'fa'ɑn]
infantil (adj)	børne-	['bœɐ̯nə-]

ininterrupto (adj)	uafbrudt	[u:'ɑw,bʁut]
insignificante (adj)	ubetydelig	[ube'ty'ðəli]
inteiro (completo)	hel	['he'l]
inteligente (adj)	klog	['klɔ'w]

interno (adj)	indre	['endʁʌ]
jovem (adj)	ung	['ɔŋ']
largo (caminho ~)	bred	['bʁɛð']
legal (adj)	lovlig	['lɒwli]
leve (adj)	let	['lɛt]
limitado (adj)	begrænset	[be'gʁan'səð]
limpo (adj)	ren	['ʁɛ'n]
líquido (adj)	flydende	['fly:ðənə]
liso (adj)	glat	['glat]
liso (superfície ~a)	jævn	['jɛw'n]
livre (adj)	fri	['fʁi']
longo (ex. cabelo ~)	lang	['lɑŋ']
maduro (ex. fruto ~)	moden	['mo'ðən]
magro (adj)	tynd, mager	['tøn'], ['mæ'jʌ]
mais próximo (adj)	nærmest	['næɡmest]
mais recente (adj)	forrige	['fɒ:iə]
mate (adj)	mat	['mat]
mau (adj)	dårlig	['dɒ:li]
meticuloso (adj)	nøjagtig	[nʌj'ɑgti]
míope (adj)	nærsynet	['næɡˌsy'nəð]
mole (adj)	blød	['bløˀð]
molhado (adj)	våd	['vɔˀð]
moreno (adj)	mørkhudet	['mœɡkˌhu'ðət]
morto (adj)	død	['døð']
muito magro (adj)	mager, tynd	['mæ'jʌ], ['tøn']
não difícil (adj)	let	['lɛt]
não é clara (adj)	uklar	['uˌklɑ']
não muito grande (adj)	lille	['lilə]
natal (país ~)	hjem-	['jɛm'-]
necessário (adj)	nødvendig	[nøð'vɛn'di]
negativo (resposta ~a)	negativ	['negaˌtiw']
nervoso (adj)	nervøs	[næɡ'vø's]
normal (adj)	normal	[nɒ'mæ'l]
novo (adj)	ny	['ny']
o mais importante (adj)	vigtigst	['vegtist]
obrigatório (adj)	obligatorisk	[obliga'to'ɡisk]
original (incomum)	original	[ɒigi'næ'l]
passado (adj)	forrige	['fɒ:iə]
pequeno (adj)	lille	['lilə]
perigoso (adj)	farlig	['fɑ:li]
permanente (adj)	fast	['fast]
perto (adj)	nær	['nɛ'ɡ]
pesado (adj)	tung	['tɔŋ']
pessoal (adj)	personlig	[pæɡ'so'nli]
plano (ex. ecrã ~ a)	flad	['flæ'ð]
pobre (adj)	fattig	['fati]
pontual (adj)	punktlig	['pɔŋkli]

possível (adj)	mulig	['mu:li]
pouco fundo (adj)	grund	['gʁɔn']
presente (ex. momento ~)	nuværende	['nu‚vɛ'ʌnə]

prévio (adj)	tidligere, forrige	['tið‚li'ʌʌ], ['fɒ:iə]
primeiro (principal)	hoved-	['ho:əð-]
principal (adj)	hoved-	['ho:əð-]
privado (adj)	privat	[pʁi'væ't]

provável (adj)	sandsynlig	[san'sy'nli]
próximo (adj)	nær	['nɛ'ɐ̯]
público (adj)	offentlig	['ʌfəntli]
quente (cálido)	varm	['vɑ'm]

quente (morno)	varm	['vɑ'm]
rápido (adj)	hurtig	['hoɐ̯ti]
raro (adj)	sjælden	['ɕɛlən]
remoto, longínquo (adj)	fjern	['fjæɐ̯'n]
reto (linha ~a)	lige	['li:ə]

salgado (adj)	saltet	['saltəð]
satisfeito (adj)	tilfreds	[te'fʁɛs]
seco (roupa ~a)	tør	['tœ'ɐ̯]
seguinte (adj)	næste	['nɛstə]
seguro (não perigoso)	sikker	['sekʌ]

similar (adj)	lignende	['li:nənə]
simples (fácil)	enkel	['ɛŋ'kəl]
soberbo, perfeito (adj)	udmærket	['uð‚mæɐ̯kəð]
sólido (parede ~a)	solid, holdbar	[so'lið'], ['hʌl‚bɑ']
sombrio (adj)	mørk	['mœɐ̯k]

sujo (adj)	snavset	['snɑwsəð]
superior (adj)	højest	['hʌj'ɛst]
suplementar (adj)	yderligere	['yðʌ‚li'ʌʌ]
tranquilo (adj)	rolig	['ʁo:li]

transparente (adj)	gennemsigtig	['gɛnəm‚segti]
triste (pessoa)	sørgmodig	[sœɐ̯w'mo'ði]
triste (um ar ~)	trist	['tʁist]
último (adj)	sidste	['sistə]
úmido (adj)	fugtig	['fɔgti]

único (adj)	unik	[u'nik]
usado (adj)	brugt	['bʁɔgt]
vazio (meio ~)	tom	['tʌm']
velho (adj)	gammel	['gaməl]
vizinho (adj)	nabo-	['næ:bo-]

500 VERBOS PRINCIPAIS

252. Verbos A-B

abraçar (vt)	at omfavne	[ʌ 'ʌmˌfaw'nə]
abrir (vt)	at åbne	[ʌ 'ɔ:bnə]
acalmar (vt)	at berolige	[ʌ be'ʁo'ˌli'ə]
acariciar (vt)	at stryge	[ʌ 'stʁy:ə]

acenar (com a mão)	at vinke	[ʌ 'veŋkə]
acender (~ uma fogueira)	at tænde	[ʌ 'tɛnə]
achar (vt)	at tro	[ʌ 'tʁo']
acompanhar (vt)	at følge	[ʌ 'føljə]

aconselhar (vt)	at råde	[ʌ 'ʁɔ:ðə]
acordar, despertar (vt)	at vække	[ʌ 'vɛkə]
acrescentar (vt)	at tilføje	[ʌ 'telˌfʌj'ə]
acusar (vt)	at anklage	[ʌ 'anˌklæ'jə]

adestrar (vt)	at dressere	[ʌ dʁɛ'se'ʌ]
adivinhar (vt)	at gætte	[ʌ 'gɛtə]
admirar (vt)	at beundre	[ʌ be'ɔn'dʁʌ]
adorar (~ fazer)	at holde af ...	[ʌ 'hʌlə 'æ' ...]
advertir (vt)	at advare	[ʌ 'aðˌvɑ'ɑ]

afirmar (vt)	at påstå	[ʌ 'pʌˌstɔ']
afogar-se (vr)	at drukne	[ʌ 'dʁɔknə]
afugentar (vt)	at jage bort	[ʌ 'jæ:jə bɒ:t]
agir (vi)	at handle	[ʌ 'hanlə]

agitar, sacudir (vt)	at ryste	[ʌ 'ʁœstə]
agradecer (vt)	at takke	[ʌ 'tɑkə]
ajudar (vt)	at hjælpe	[ʌ 'jɛlpə]
alcançar (objetivos)	at opnå	[ʌ 'ʌpˌnɔ']

alimentar (dar comida)	at made	[ʌ 'mæ:ðə]
almoçar (vi)	at spise frokost	[ʌ 'spi:sə 'fʁɔkʌst]
alugar (~ o barco, etc.)	at leje	[ʌ 'lɑjə]
alugar (~ um apartamento)	at leje	[ʌ 'lɑjə]

amar (pessoa)	at elske	[ʌ 'ɛlskə]
amarrar (vt)	at binde	[ʌ 'benə]
ameaçar (vt)	at true	[ʌ 'tʁu:ə]
amputar (vt)	at amputere	[ʌ ɑmpu'te'ʌ]

anotar (escrever)	at notere	[ʌ no'te'ʌ]
anotar (escrever)	at skrive ned	[ʌ 'skʁi:və 'neð']
anular, cancelar (vt)	at aflyse	[ʌ 'awˌly'sə]
apagar (com apagador, etc.)	at viske ud	[ʌ 'veskə uð']
apagar (um incêndio)	at slukke	[ʌ 'slɔkə]

apaixonar-se ...	at forelske sig i ...	[ʌ fɒ:'ɛlskə sɑj i ...]
aparecer (vi)	at dukke op	[ʌ 'dɔkə ʌp]
aplaudir (vi)	at applaudere	[ʌ aplɑw'deʔʌ]
apoiar (vt)	at støtte	[ʌ 'støtə]
apontar para ...	at sigte på ...	[ʌ 'segtə pɔʔ ...]
apresentar (alguém a alguém)	at præsentere	[ʌ pʁɛsən'teʔʌ]
apresentar (Gostaria de ~)	at præsentere	[ʌ pʁɛsən'teʔʌ]
apressar (vt)	at skynde	[ʌ 'skønə]
apressar-se (vr)	at skynde sig	[ʌ 'skønə sɑj]
aproximar-se (vr)	at nærme sig	[ʌ 'næg̊ʔmə sɑj]
aquecer (vt)	at opvarme	[ʌ 'ʌp,vɑ:mə]
arrancar (vt)	at rive af	[ʌ 'ʁi:və 'æʔ]
arranhar (vt)	at skramme	[ʌ 'skʁɑmə]
arrepender-se (vr)	at beklage	[ʌ be'klæʔjə]
arriscar (vt)	at risikere	[ʌ ʁisi'keʔʌ]
arrumar, limpar (vt)	at rydde op	[ʌ 'ʁyðə ʌp]
aspirar a ...	at stræbe	[ʌ 'stʁɛ:bə]
assinar (vt)	at underskrive	[ʌ 'ɔnʌ,skʁiʔvə]
assistir (vt)	at assistere	[ʌ asi'steʔʌ]
atacar (vt)	at angribe	[ʌ 'an,gʁiʔbə]
atar (vt)	at binde fast	[ʌ 'benə 'fast]
atracar (vi)	at fortøje	[ʌ fʌ'tʌjʔə]
aumentar (vi)	at øge	[ʌ 'ø:jə]
aumentar (vt)	at øge	[ʌ 'ø:jə]
avançar (vi)	at fremme	[ʌ 'fʁamə]
avistar (vt)	at bemærke	[ʌ be'mæg̊kə]
baixar (guindaste, etc.)	at sænke	[ʌ 'sɛŋkə]
barbear-se (vr)	at barbere sig	[ʌ bɑ'beʔʌ sɑj]
basear-se (vr)	at være basere på ...	[ʌ 'vɛ:ʌ ba'seʔʌ pɔ ...]
bastar (vi)	at være nok	[ʌ 'vɛ:ʌ nʌk]
bater (à porta)	at banke	[ʌ 'bɑŋkə]
bater (espancar)	at slå	[ʌ 'slɔʔ]
bater-se (vr)	at slås	[ʌ 'slʌs]
beber, tomar (vt)	at drikke	[ʌ 'dʁɛkə]
brilhar (vi)	at skinne	[ʌ 'skenə]
brincar, jogar (vi, vt)	at lege	[ʌ 'lɑjə]
buscar (vt)	at søge efter ...	[ʌ 'sø:ə 'ɛftʌ ...]

253. Verbos C-D

caçar (vi)	at jage	[ʌ 'jæ:jə]
calar-se (parar de falar)	at tie stille	[ʌ 'ti:ə 'stelə]
calcular (vt)	at tælle	[ʌ 'tɛlə]
carregar (o caminhão, etc.)	at laste	[ʌ 'lastə]
carregar (uma arma)	at oplade	[ʌ 'ʌp,læʔðə]

casar-se (vr)	at gifte sig	[ʌ 'giftə saj]
causar (vt)	at forårsage	[ʌ fɒɒ'sæ'jə]
cavar (vt)	at grave	[ʌ 'gʁɑ:və]
ceder (não resistir)	at give efter	[ʌ 'gi' 'ɛftʌ]
cegar, ofuscar (vt)	at blænde	[ʌ 'blɛnə]
censurar (vt)	at bebrejde	[ʌ be'bʁaj'də]
chamar (~ por socorro)	at tilkalde	[ʌ 'tel‚kal'ə]
chamar (alguém para ...)	at kalde	[ʌ 'kalə]
chegar (a algum lugar)	at nå	[ʌ 'nɔ']
chegar (vi)	at ankomme	[ʌ 'an‚kʌm'ə]
cheirar (~ uma flor)	at lugte	[ʌ 'lɔgtə]
cheirar (tem o cheiro)	at lugte	[ʌ 'lɔgtə]
chorar (vi)	at græde	[ʌ 'gʁɑ:ðə]
citar (vt)	at citere	[ʌ si'te'ʌ]
colher (flores)	at plukke	[ʌ 'plɔkə]
colocar (vt)	at lægge	[ʌ 'lɛgə]
combater (vi, vt)	at kæmpe	[ʌ 'kɛmpə]
começar (vt)	at begynde	[ʌ be'gøn'ə]
comer (vt)	at spise	[ʌ 'spi:sə]
comparar (vt)	at sammenligne	[ʌ 'samən‚li'nə]
compensar (vt)	at kompensere	[ʌ kʌmpən'se'ʌ]
competir (vi)	at konkurrere	[ʌ kʌŋko'ʁɛ'ʌ]
complicar (vt)	at komplicere	[ʌ kʌmpli'se'ʌ]
compor (~ música)	at komponere	[ʌ kɔmpo'ne'ʌ]
comportar-se (vr)	at opføre sig	[ʌ 'ʌp‚fø'ʌ saj]
comprar (vt)	at købe	[ʌ 'kø:bə]
comprometer (vt)	at kompromittere	[ʌ kʌmpʁomi'te'ʌ]
concentrar-se (vr)	at koncentrere sig	[ʌ kʌnsən'tʁɛ'ʌ saj]
concordar (dizer "sim")	at samtykke	[ʌ 'sam‚tykə]
condecorar (dar medalha)	at belønne	[ʌ be'lœn'ə]
confessar-se (vr)	at tilstå	[ʌ 'tel‚stɔ']
confiar (vt)	at stole på	[ʌ 'sto:lə pɔ']
confundir (equivocar-se)	at forveksle	[ʌ fʌ'vɛkslə]
conhecer (vt)	at kende	[ʌ 'kɛnə]
conhecer-se (vr)	at stifte bekendtskab	[ʌ 'steftə be'kɛn't‚skæ'b]
consertar (vt)	at ordne	[ʌ 'ɒ:dnə]
consultar ...	at konsultere	[ʌ kʌnsul'te'ʌ]
contagiar-se com ...	at blive smittet	[ʌ 'bli:ə 'smetəð]
contar (vt)	at fortælle	[ʌ fʌ'tɛl'ə]
contar com ...	at regne med ...	[ʌ 'ʁajnə mɛ ...]
continuar (vt)	at fortsætte	[ʌ 'fɒ:t‚sɛtə]
contratar (vt)	at ansætte	[ʌ 'an‚sɛtə]
controlar (vt)	at kontrollere	[ʌ kʌntʁo'le'ʌ]
convencer (vt)	at overbevise	[ʌ 'ɒwʌbe‚vi'sə]
convidar (vt)	at indbyde	[ʌ 'en‚by'ðə]
cooperar (vi)	at samarbejde	[ʌ 'sama‚baj'də]

coordenar (vt)	at koordinere	[ʌ koɒdi'neˀʌ]
corar (vi)	at rødme	[ʌ 'ʁœðmə]
correr (vi)	at løbe	[ʌ 'løːbə]
corrigir (~ um erro)	at rette	[ʌ 'ʁatə]

cortar (com um machado)	at hugge af	[ʌ 'hɔgə 'æˀ]
cortar (com uma faca)	at skære af	[ʌ 'skɛːʌ 'æˀ]
cozinhar (vt)	at lave	[ʌ 'læːvə]
crer (pensar)	at tro	[ʌ 'tʁoˀ]

criar (vt)	at skabe	[ʌ 'skæːbə]
cultivar (~ plantas)	at dyrke	[ʌ 'dyɐ̯kə]
cuspir (vi)	at spytte	[ʌ 'spøtə]
custar (vt)	at koste	[ʌ 'kʌstə]
dar (vt)	at give	[ʌ 'giˀ]

dar banho, lavar (vt)	at bade	[ʌ 'bæˀðə]
datar (vi)	at datere	[ʌ da'teˀʌ]
decidir (vt)	at beslutte	[ʌ be'slutə]
decorar (enfeitar)	at dekorere	[ʌ deko'ʁɛˀʌ]

dedicar (vt)	at tilegne	[ʌ 'tel‚aj'nə]
defender (vt)	at forsvare	[ʌ fʌ'svɑˀɑ]
defender-se (vr)	at forsvare sig	[ʌ fʌ'svɑˀɑ saj]
deixar (~ a mulher)	at forlade	[ʌ fʌ'læˀðə]

deixar (esquecer)	at glemme	[ʌ 'glɛmə]
deixar (permitir)	at tillade	[ʌ 'te‚læˀðə]
deixar cair (vt)	at tabe	[ʌ 'tæːbə]
denominar (vt)	at kalde	[ʌ 'kalə]

denunciar (vt)	at angive	[ʌ 'an‚giˀ]
depender de ...	at afhænge af ...	[ʌ 'ɑw‚hɛŋˀə a ...]
derramar (~ líquido)	at spilde	[ʌ 'spilə]
derramar-se (vr)	at spildes ud	[ʌ 'spiləs uðˀ]

desaparecer (vi)	at forsvinde	[ʌ fʌ'svenˀə]
desatar (vt)	at løsne	[ʌ 'løsnə]
desatracar (vi)	at kaste los	[ʌ 'kastə 'lʌs]
descansar (um pouco)	at hvile	[ʌ 'viːlə]
descer (para baixo)	at gå ned	[ʌ gɔˀ 'neðˀ]

descobrir (novas terras)	at opdage	[ʌ 'ʌp‚dæˀjə]
descolar (avião)	at lette	[ʌ 'lɛtə]
desculpar (vt)	at undskylde	[ʌ 'ɔn‚skylˀə]
desculpar-se (vr)	at undskylde sig	[ʌ 'ɔn‚skylˀə saj]

desejar (vt)	at ønske	[ʌ 'ønskə]
desempenhar (papel)	at spille	[ʌ 'spelə]
desligar (vt)	at slukke	[ʌ 'slɔkə]
desprezar (vt)	at foragte	[ʌ fʌ'ɑgtə]

destruir (documentos, etc.)	at tilintetgøre	[ʌ te'entəð‚gœˀʌ]
dever (vi)	at måtte	[ʌ 'mʌtə]
devolver (vt)	at tilbagesende	[ʌ te'bæːje‚senˀə]
direcionar (vt)	at vise vej	[ʌ 'viːsə 'vɑjˀ]

234

dirigir (~ um carro)	at køre bil	[ʌ 'kø:ʌ ˌbi'l]
dirigir (~ uma empresa)	at lede	[ʌ 'le:ðə]
dirigir-se (a um auditório, etc.)	at tiltale	[ʌ 'telˌtæ'lə]
discutir (notícias, etc.)	at diskutere	[ʌ disku'te'ʌ]
disparar, atirar (vi)	at skyde	[ʌ 'sky:ðə]
distribuir (folhetos, etc.)	at uddele	[ʌ 'uðˌde'lə]
distribuir (vt)	at uddele	[ʌ 'uðˌde'lə]
divertir (vt)	at more	[ʌ 'mo:ʌ]
divertir-se (vr)	at more sig	[ʌ 'mo:ʌ saj]
dividir (mat.)	at dividere	[ʌ divi'de'ʌ]
dizer (vt)	at sige	[ʌ 'si:]
dobrar (vt)	at fordoble	[ʌ fʌ'dʌblə]
duvidar (vt)	at tvivle	[ʌ 'tviwlə]

254. Verbos E-J

elaborar (uma lista)	at sammenstille	[ʌ 'samənˌstel'ə]
elevar-se acima de ...	at rage op	[ʌ 'ʁɑ:wə 'ʌp]
eliminar (um obstáculo)	at fjerne	[ʌ 'fjæɐ̯nə]
embrulhar (com papel)	at pakke ind	[ʌ 'pakə 'en']
emergir (submarino)	at dykke ud	[ʌ 'døkə uð']
emitir (~ cheiro)	at sprede	[ʌ 'spʁɛ:ðə]
empreender (vt)	at foretage	[ʌ 'fɒːɒˌtæ']
empurrar (vt)	at skubbe	[ʌ 'skɔbə]
encabeçar (vt)	at lede	[ʌ 'le:ðə]
encher (~ a garrafa, etc.)	at fylde	[ʌ 'fylə]
encontrar (achar)	at finde	[ʌ 'fenə]
enganar (vt)	at bedrage	[ʌ be'dʁɑ'wə]
ensinar (vt)	at undervise	[ʌ 'ɔnʌˌvi'sə]
entediar-se (vr)	at kede sig	[ʌ 'ke:ðə saj]
entender (vt)	at forstå	[ʌ fʌ'stɔ']
entrar (na sala, etc.)	at komme ind	[ʌ 'kʌmə ˌen']
enviar (uma carta)	at sende, at afsende	[ʌ 'sɛnə], [ʌ 'awˌsɛnə]
equipar (vt)	at udstyre	[ʌ 'uðˌsty'ʌ]
errar (enganar-se)	at tage fejl	[ʌ 'tæ' faj'l]
escolher (vt)	at vælge	[ʌ 'vɛljə]
esconder (vt)	at gemme	[ʌ 'gɛmə]
escrever (vt)	at skrive	[ʌ 'skʁi:və]
escutar (vt)	at lytte	[ʌ 'lytə]
escutar atrás da porta	at smuglytte	[ʌ 'smu:ˌlytə]
esmagar (um inseto, etc.)	at knuse	[ʌ 'knu:sə]
esperar (aguardar)	at vente	[ʌ 'vɛntə]
esperar (contar com)	at forvente	[ʌ fʌ'vɛn'tə]
esperar (ter esperança)	at håbe	[ʌ 'hɔ:bə]
espreitar (vi)	at lure	[ʌ 'lu:ʌ]

esquecer (vt)	at glemme	[ʌ 'glɛmə]
estar	at ligge	[ʌ 'legə]
estar convencido	at være overbevist	[ʌ 'vɛːʌ 'ɒwʌbeˌviˀst]
estar deitado	at ligge	[ʌ 'legə]
estar perplexo	at være forvirret	[ʌ 'vɛːʌ fʌ'viɐ̯ˀʌð]
estar preocupado	at bekymre sig	[ʌ be'kømˀɐʌ sɑj]
estar sentado	at sidde	[ʌ 'seðə]
estremecer (vi)	at gyse	[ʌ 'gyːsə]
estudar (vt)	at studere	[ʌ stu'deˀʌ]
evitar (~ o perigo)	at undgå	[ʌ 'ɔnˌgɔˀ]
examinar (~ uma proposta)	at undersøge	[ʌ 'ɔnʌˌsøːjə]
exigir (vt)	at kræve	[ʌ 'kʁɛːvə]
existir (vi)	at eksistere	[ʌ ɛksi'steˀʌ]
explicar (vt)	at forklare	[ʌ fʌ'klɑˀɑ]
expressar (vt)	at udtrykke	[ʌ 'uðˌtʁœkə]
expulsar (~ da escola, etc.)	at bortvise	[ʌ 'boɐ̯tˌviˀsə]
facilitar (vt)	at lette	[ʌ 'lɛtə]
falar com ...	at tale med ...	[ʌ 'tæːlə mɛ ...]
faltar (a la escuela, etc.)	at skulke	[ʌ 'skulkə]
fascinar (vt)	at charmere	[ʌ ɕɑ'meˀʌ]
fatigar (vt)	at trætte	[ʌ 'tʁatə]
fazer (vt)	at gøre	[ʌ 'gœːʌ]
fazer lembrar	at påminde	[ʌ 'pʌˌmenˀə]
fazer piadas	at spøge	[ʌ 'spøːjə]
fazer publicidade	at reklamere	[ʌ ʁɛkla'meˀʌ]
fazer uma tentativa	at forsøge	[ʌ fʌ'søˀjə]
fechar (vt)	at lukke	[ʌ 'lɔkə]
felicitar (vt)	at gratulere	[ʌ gʁɑtu'leˀʌ]
ficar cansado	at blive træt	[ʌ 'bliːə 'tʁat]
ficar em silêncio	at tie	[ʌ 'tiːə]
ficar pensativo	at gruble	[ʌ 'gʁublə]
forçar (vt)	at tvinge	[ʌ 'tveŋə]
formar (vt)	at danne	[ʌ 'danə]
gabar-se (vr)	at prale	[ʌ 'pʁɑːlə]
garantir (vt)	at garantere	[ʌ gɑɑn'teˀʌ]
gostar (apreciar)	at holde af ...	[ʌ 'hʌlə 'æˀ ...]
gritar (vi)	at råbe, at skrige	[ʌ 'ʁɔːbə], [ʌ 'skʁiːə]
guardar (fotos, etc.)	at beholde	[ʌ be'hʌlˀə]
guardar (no armário, etc.)	at lægge væk	[ʌ 'lɛgə 'vɛk]
guerrear (vt)	at være i krig	[ʌ 'vɛːʌ i kʁiˀ]
herdar (vt)	at arve	[ʌ 'ɑːvə]
iluminar (vt)	at belyse	[ʌ be'lyˀsə]
imaginar (vt)	at forestille sig	[ʌ 'fɒːɒˌstelˀə sɑj]
imitar (vt)	at imitere	[ʌ imi'teˀʌ]
implorar (vt)	at bønfalde	[ʌ 'bœnˌfalˀə]
importar (vt)	at importere	[ʌ empɒ'teˀʌ]

indicar (~ o caminho)	at vise	[ʌ 'vi:sə]
indignar-se (vr)	at blive indigneret	[ʌ 'bli:ə endi'ne'ʌð]
infetar, contagiar (vt)	at smitte	[ʌ 'smetə]
influenciar (vt)	at påvirke	[ʌ 'pʌˌviɐ̯kə]
informar (~ a policia)	at meddele	[ʌ 'mɛðˌde'lə]

informar (vt)	at informere	[ʌ enfʊ'me'ʌ]
informar-se (~ sobre)	at få at vide	[ʌ 'fɔ' a 'vi:ðə]
inscrever (na lista)	at indskrive	[ʌ 'enˌskʁi'və]
inserir (vt)	at indsætte	[ʌ 'enˌsɛtə]

insinuar (vt)	at insinuere	[ʌ ensinu'e'ʌ]
insistir (vi)	at insistere	[ʌ ensi'ste'ʌ]
inspirar (vt)	at inspirere	[ʌ enspi'ʁɛ'ʌ]
instruir (ensinar)	at instruere	[ʌ enstʁu'e'ʌ]

insultar (vt)	at fornærme	[ʌ fʌ'næɡ'mə]
interessar (vt)	at interessere	[ʌ entʁə'se'ʌ]
interessar-se (vr)	at interessere sig	[ʌ entʁə'se'ʌ sɑj]
intervir (vi)	at intervenere	[ʌ entʌvə'ne'ʌ]
invejar (vt)	at misunde	[ʌ 'misˌɔn'ə]

inventar (vt)	at opfinde	[ʌ 'ʌpˌfen'ə]
ir (a pé)	at gå	[ʌ 'gɔ']
ir (de carro, etc.)	at køre	[ʌ 'kø:ʌ]
ir nadar	at bade	[ʌ 'bæ'ðə]

ir para a cama	at gå i seng	[ʌ 'gɔ' i 'sɛŋ']
irritar (vt)	at irritere	[ʌ iɡi'te'ʌ]
irritar-se (vr)	at blive irriteret	[ʌ 'bli:ə iɡi'te'ʌð]
isolar (vt)	at isolere	[ʌ iso'le'ʌ]

jantar (vi)	at spise aftensmad	[ʌ 'spi:sə 'ɑftənsˌmað]
jogar, atirar (vt)	at kaste	[ʌ 'kastə]
juntar, unir (vt)	at forene	[ʌ fʌ'enə]
juntar-se a ...	at tilslutte sig	[ʌ 'telˌslutə sɑj]

255. Verbos L-P

lançar (novo projeto, etc.)	at starte	[ʌ 'stɑ:tə]
lavar (vt)	at vaske	[ʌ 'vaskə]
lavar a roupa	at vaske	[ʌ 'vaskə]
lavar-se (vr)	at vaske sig	[ʌ 'vaskə sɑj]

lembrar (vt)	at huske	[ʌ 'huskə]
ler (vt)	at læse	[ʌ 'lɛ:sə]
levantar-se (vr)	at stå op	[ʌ stɔ' 'ʌp]
levar (ex. leva isso daqui)	at tage væk	[ʌ 'tæ' 'vɛk]

libertar (cidade, etc.)	at befri	[ʌ be'fʁi']
ligar (~ o radio, etc.)	at tænde	[ʌ 'tɛnə]
limitar (vt)	at begrænse	[ʌ be'gʁan'sə]
limpar (eliminar sujeira)	at rense	[ʌ 'ʁansə]
limpar (tirar o calcário, etc.)	at rengøre	[ʌ 'ʁɛ:nˌgœ'ʌ]

lisonjear (vt)	at smigre	[ʌ 'smi:ʌ]
livrar-se de ...	at blive fri for ...	[ʌ 'bli:ə fʁi: fʌ ...]
lutar (combater)	at kæmpe	[ʌ 'kɛmpə]
lutar (esporte)	at bryde	[ʌ 'bʁy:ðə]
marcar (com lápis, etc.)	at afmærke	[ʌ 'aw͵mæɡkə]
matar (vt)	at dræbe	[ʌ 'dʁɛ:bə]
memorizar (vt)	at memorere	[ʌ memo'ʁɛ'ʌ]
mencionar (vt)	at omtale, nævne	[ʌ 'ʌm͵tæ:lə], [ʌ 'nɛwnə]
mentir (vi)	at lyve	[ʌ 'ly:və]
merecer (vt)	at fortjene	[ʌ fʌ'tjɛ'nə]
mergulhar (vi)	at dykke	[ʌ 'døkə]
misturar (vt)	at blande	[ʌ 'blanə]
morar (vt)	at bo	[ʌ 'boˀ]
mostrar (vt)	at vise	[ʌ 'vi:sə]
mover (vt)	at flytte	[ʌ 'fløtə]
mudar (modificar)	at ændre	[ʌ 'ɛndʁʌ]
multiplicar (mat.)	at multiplicere	[ʌ multipli'se'ʌ]
nadar (vi)	at svømme	[ʌ 'svœmə]
negar (vt)	at fornægte	[ʌ fʌ'nɛgtə]
negociar (vi)	at forhandle	[ʌ fʌ'han'lə]
nomear (função)	at udnævne	[ʌ 'uð͵nɛw'nə]
obedecer (vt)	at underordne sig	[ʌ 'ɔnʌ͵ɒˀdnə saj]
objetar (vt)	at indvende	[ʌ 'en'͵vɛn'ə]
observar (vt)	at observere	[ʌ ʌbsæɡ've'ʌ]
ofender (vt)	at fornærme	[ʌ fʌ'næɡ'mə]
olhar (vt)	at se	[ʌ 'se']
omitir (vt)	at udelade	[ʌ 'uð͵læ'ðə]
ordenar (mil.)	at beordre	[ʌ be'ɒˀdʁʌ]
organizar (evento, etc.)	at arrangere	[ʌ aɑŋ'ɕe'ʌ]
ousar (vt)	at vove	[ʌ 'vɔ:və]
ouvir (vt)	at høre	[ʌ 'hø:ʌ]
pagar (vt)	at betale	[ʌ be'tæ'lə]
parar (para descansar)	at standse	[ʌ 'stansə]
parar, cessar (vt)	at ophøre	[ʌ 'ʌp͵hø'ʌ]
parecer-se (vr)	at ligne	[ʌ 'li:nə]
participar (vi)	at deltage	[ʌ 'del͵tæ']
partir (~ para o estrangeiro)	at rejse bort	[ʌ 'ʁajsə bɒ:t]
passar (vt)	at passere	[ʌ pa'se'ʌ]
passar a ferro	at stryge	[ʌ 'stʁy:ə]
pecar (vi)	at synde	[ʌ 'sønə]
pedir (comida)	at bestille	[ʌ be'stel'ə]
pedir (um favor, etc.)	at bede	[ʌ 'be'ðə]
pegar (tomar com a mão)	at fange	[ʌ 'faŋə]
pegar (tomar)	at tage	[ʌ 'tæ']
pendurar (cortinas, etc.)	at hænge	[ʌ 'hɛŋə]
penetrar (vt)	at trænge ind	[ʌ 'tʁaŋə 'en']

pensar (vi, vt)	at tænke	[ʌ 'tɛŋkə]
pentear-se (vr)	at rede	[ʌ 'ʁɛ:ðə]
perceber (ver)	at bemærke	[ʌ be'mæʁkə]
perder (o guarda-chuva, etc.)	at tabe, at miste	[ʌ 'tæ:bə], [ʌ 'mestə]

perdoar (vt)	at tilgive	[ʌ 'tel,giʔ]
permitir (vt)	at tillade	[ʌ 'te,læ'ðə]
pertencer a ...	at tilhøre	[ʌ 'tel,hø'ʌ]
perturbar (vt)	at forstyrre	[ʌ fʌ'styɐ'ʌ]

pesar (ter o peso)	at veje	[ʌ 'vɑjə]
pescar (vt)	at fiske	[ʌ 'feskə]
planejar (vt)	at planlægge	[ʌ 'plæ:n,lɛgə]
poder (~ fazer algo)	at kunne	[ʌ 'kunə]

pôr (posicionar)	at placere	[ʌ pla'seʔʌ]
possuir (uma casa, etc.)	at besidde, at eje	[ʌ be'sið'ə], [ʌ 'ɑjə]
predominar (vi, vt)	at dominere	[ʌ domi'neʔʌ]
preferir (vt)	at foretrække	[ʌ fɒ:ɒ'tʁakə]

preocupar (vt)	at bekymre	[ʌ be'køm'ʁʌ]
preocupar-se (vr)	at være urolig	[ʌ 'vɛ:ʌ u'ʁo'li]
preparar (vt)	at forberede	[ʌ 'fɒ:be,ʁɛð'ə]
preservar (ex. ~ a paz)	at bevare	[ʌ be'vɑ'ɑ]

prever (vt)	at forudse	[ʌ 'fɒuð,seʔ]
privar (vt)	at berøve, at fratage	[ʌ be'ʁœ'və], [ʌ 'fʁɑ,tæʔ]
proibir (vt)	at forbyde	[ʌ fʌ'by'ðə]
projetar, criar (vt)	at projektere	[ʌ pʁɒɕɐk'teʔʌ]
prometer (vt)	at love	[ʌ 'lɔ:ve]

pronunciar (vt)	at udtale	[ʌ 'uð,tæ:lə]
propor (vt)	at foreslå	[ʌ 'fɒ:ɒ,slɔʔ]
proteger (a natureza)	at beskytte	[ʌ be'skøtə]
protestar (vi)	at protestere	[ʌ pʁotə'steʔʌ]

provar (~ a teoria, etc.)	at bevise	[ʌ be'viʔsə]
provocar (vt)	at provokere	[ʌ pʁovo'keʔʌ]
punir, castigar (vt)	at straffe	[ʌ 'stʁɑfə]
puxar (vt)	at trække	[ʌ 'tʁakə]

256. Verbos Q-Z

quebrar (vt)	at bryde	[ʌ 'bʁy:ðə]
queimar (vt)	at brænde	[ʌ 'bʁanə]
queixar-se (vr)	at klage	[ʌ 'klæ:jə]
querer (desejar)	at ville	[ʌ 'vilə]

rachar-se (vr)	at sprække	[ʌ 'spʁakə]
ralhar, repreender (vt)	at skænde	[ʌ 'skɛnə]
realizar (vt)	at realisere	[ʌ ʁeali'seʔʌ]
recomendar (vt)	at anbefale	[ʌ 'anbe,fæʔlə]
reconhecer (identificar)	at genkende	[ʌ 'gɛn,kɛn'ə]
reconhecer (o erro)	at erkende	[ʌ æɐ̯'kɛn'ə]

239

recordar, lembrar (vt)	at huske	[ʌ 'huskə]
recuperar-se (vr)	at blive rask	[ʌ 'bliːə 'ʁɑsk]
recusar (~ alguém)	at afslå	[ʌ 'awˌslɔʔ]
reduzir (vt)	at mindske	[ʌ 'menskə]
refazer (vt)	at lave om	[ʌ 'læːvə ʌmʔ]
reforçar (vt)	at styrke	[ʌ 'styɐ̯kə]
refrear (vt)	at afholde	[ʌ 'awˌhʌlʔə]
regar (plantas)	at vande	[ʌ 'vanə]
remover (~ uma mancha)	at fjerne	[ʌ 'fjæɐ̯nə]
reparar (vt)	at reparere	[ʌ ʁɛpə'ʁɛʔʌ]
repetir (dizer outra vez)	at repetere	[ʌ ʁɛpə'teʔʌ]
reportar (vt)	at rapportere	[ʌ ʁɑpo'teʔʌ]
reservar (~ um quarto)	at reservere	[ʌ ʁɛsæɐ̯'veʔʌ]
resolver (o conflito)	at bilægge	[ʌ 'biˌlɛgə]
resolver (um problema)	at løse	[ʌ 'løːsə]
respirar (vi)	at ånde	[ʌ 'ʌnə]
responder (vt)	at svare	[ʌ 'svɑːɑ]
rezar, orar (vi)	at bede	[ʌ 'beʔðə]
rir (vi)	at grine	[ʌ 'gʁiːnə]
romper-se (corda, etc.)	at briste	[ʌ 'bʁɛstə]
roubar (vt)	at stjæle	[ʌ 'stjɛːlə]
saber (vt)	at vide	[ʌ 'viːðə]
sair (~ de casa)	at gå ud	[ʌ 'gɔʔ uðʔ]
sair (ser publicado)	at udkomme	[ʌ 'uðˌkʌmə]
salvar (resgatar)	at redde	[ʌ 'ʁɛðə]
satisfazer (vt)	at tilfredsstille	[ʌ 'tefʁɛðsˌsteʔlə]
saudar (vt)	at hilse	[ʌ 'hilsə]
secar (vt)	at tørre	[ʌ 'tœɐ̯ʌ]
seguir (~ alguém)	at følge efter ...	[ʌ 'føljə 'ɛftʌ ...]
selecionar (vt)	at udvælge	[ʌ 'uðˌvɛlʔjə]
semear (vt)	at så	[ʌ 'sɔʔ]
sentar-se (vr)	at sætte sig	[ʌ 'sɛtə sɑj]
sentenciar (vt)	at idømme	[ʌ 'iˌdœmʔə]
sentir (vt)	at føle	[ʌ 'føːlə]
ser diferente	at adskille sig fra ...	[ʌ 'aðˌskelʔə sɑj 'fʁɑʔ ...]
ser indispensável	at være nødvendig	[ʌ 'vɛːʌ nøð'vɛnʔdi]
ser necessário	at være behøvet	[ʌ 'vɛːʌ be'høʔvəð]
ser preservado	at være bevaret	[ʌ 'vɛːʌ be'vɑʔʌð]
ser, estar	at være	[ʌ 'vɛːʌ]
servir (restaurant, etc.)	at betjene	[ʌ be'tjɛʔnə]
servir (roupa, caber)	at passe	[ʌ 'pasə]
significar (palavra, etc.)	at betyde	[ʌ be'tyʔðə]
significar (vt)	at betyde	[ʌ be'tyʔðə]
simplificar (vt)	at forenkle	[ʌ fʌ'ɛŋʔklə]
sofrer (vt)	at lide	[ʌ 'liːðə]
sonhar (~ com)	at drømme	[ʌ 'dʁœmə]

sonhar (ver sonhos)	at drømme	[ʌ 'dʁœmə]
soprar (vi)	at blæse	[ʌ 'blɛ:sə]
sorrir (vi)	at smile	[ʌ 'smi:lə]
subestimar (vt)	at undervurdere	[ʌ 'ɔnʌvuɐ̯'deʔʌ]
sublinhar (vt)	at understrege	[ʌ 'ɔnʌˌsdʁɑjə]
sujar-se (vr)	at blive snavset	[ʌ 'bli:ə 'snɑwsəð]
superestimar (vt)	at overvurdere	[ʌ 'ɒwʌvuɐ̯'deʔʌ]
supor (vt)	at antage	[ʌ 'anˌtæʔ]
suportar (as dores)	at tåle	[ʌ 'tɔ:lə]
surpreender (vt)	at forundre	[ʌ fʌ'ɔnʔdʁʌ]
surpreender-se (vr)	at være overrasket	[ʌ 'vɛ:ʌ 'ɒwʌˌʁɑskəð]
suspeitar (vt)	at mistænke	[ʌ 'misˌtɛŋʔkə]
suspirar (vi)	at sukke	[ʌ 'sɔkə]
tentar (~ fazer)	at forsøge	[ʌ fʌ'søʔjə]
ter (vt)	at have	[ʌ 'hæ:və]
ter medo	at frygte for ...	[ʌ 'fʁœgtə fʌ ...]
terminar (vt)	at afslutte	[ʌ 'awˌslutə]
tirar (vt)	at tage ned	[ʌ 'tæʔ 'neðʔ]
tirar cópias	at kopiere	[ʌ ko'pjeʔʌ]
tirar fotos, fotografar	at fotografere	[ʌ fotogʁɑ'feʔʌ]
tirar uma conclusão	at konkludere	[ʌ kʌŋklu'deʔʌ]
tocar (com as mãos)	at røre	[ʌ 'ʁœ:ʌ]
tomar café da manhã	at spise morgenmad	[ʌ 'spi:sə 'mɒ:ɒnˌmɑð]
tomar emprestado	at låne	[ʌ 'lɔ:nə]
tornar-se (ex. ~ conhecido)	at blive	[ʌ 'bli:ə]
trabalhar (vi)	at arbejde	[ʌ 'ɑ:ˌbɑjʔdə]
traduzir (vt)	at oversætte	[ʌ 'ɒwʌˌsɛtə]
transformar (vt)	at transformere	[ʌ tʁansfɒ'meʔʌ]
tratar (a doença)	at behandle	[ʌ be'hanʔlə]
trazer (vt)	at bringe	[ʌ 'bʁɛŋə]
treinar (vt)	at træne	[ʌ 'tʁɛ:nə]
treinar-se (vr)	at trænes	[ʌ 'tʁɛ:nəs]
tremer (de frio)	at ryste	[ʌ 'ʁœstə]
trocar (vt)	at udveksle	[ʌ 'uðˌvɛkslə]
trocar, mudar (vt)	at veksle	[ʌ 'vɛkslə]
usar (uma palavra, etc.)	at anvende	[ʌ 'anˌvɛnʔə]
utilizar (vt)	at anvende	[ʌ 'anˌvɛnʔə]
vacinar (vt)	at vaccinere	[ʌ vaksi'neʔʌ]
vender (vt)	at sælge	[ʌ 'sɛljə]
verter (encher)	at hælde op	[ʌ 'hɛlə ʌp]
vingar (vt)	at hævne	[ʌ 'hɛwnə]
virar (~ para a direita)	at svinge	[ʌ 'sveŋə]
virar (pedra, etc.)	at vende	[ʌ 'vɛnə]
virar as costas	at vende sig bort	[ʌ 'vɛnə saj bɒ:t]
viver (vi)	at leve	[ʌ 'le:və]
voar (vi)	at flyve	[ʌ 'fly:və]

voltar (vi)	at komme tilbage	[ʌ 'kʌmə te'bæːjə]
votar (vi)	at stemme	[ʌ 'stɛmə]
zangar (vt)	at gøre vred	[ʌ 'gœːʌ 'vʁɛðˀ]
zangar-se com …	at være vred på …	[ʌ 'vɛːʌ 'vʁɛð pɔˀ …]
zombar (vt)	at håne	[ʌ 'hɔːnə]

www.ingramcontent.com/pod-product-compliance
Lightning Source LLC
Chambersburg PA
CBHW062051080426
42734CB00012B/2617